aruco

パリ
Paris

こんどの旅行も、みんなと同じ、お決まりコース？

「みんな行くみたいだから」「なんだか人気ありそうだから」
とりあえず押さえとこ。そんな旅もアリだけど……
でも、ホントにそれだけで、いいのかな？

やっと取れたお休みだもん。
どうせなら、みんなとはちょっと違う、
とっておきの旅にしたくない？

『aruco』は、そんなあなたの
「プチぼうけん」ごころを応援します！

★女子スタッフ内でヒミツにしておきたかったマル秘スポットや穴場のお店を、
　思い切って、もりもり紹介しちゃいます！

★観ておかなきゃやっぱり後悔するテッパン観光名所 etc. は、
　みんなより一枚ウワテの楽しみ方を教えちゃいます！

★「パリでこんなコトしてきたんだよ♪」
　帰国後、トモダチに自慢できる体験がいっぱいです。

そう、パリでは、
もっともっと、
新たな驚きや感動が
私たちを待っている！

さあ、"私だけのパリ"を見つけに
プチぼうけんにでかけよう！

aruco には、
あなたのプチぼうけんをサポートする
ミニ情報をいっぱい散りばめてあります。

地元の人とのちょっとしたコミュニケーションや、とっさに役立つひとこと会話を、各シーンにおりこみました☆

女子ならではの旅アイテムや、トラブル回避のための情報もしっかりカバー☆

知っておくとトクする情報、アドバイス etc. をわかりやすくカンタンにまとめてあります☆

右ページのはみだしには編集部から、左ページのはみだしには旅好き女子のみなさんからのクチコミネタを掲載しています☆

エッフェル塔

	TOTAL 2時間
オススメ時間 9:00〜12:00	予算 €20〜30

並ぶのがイヤなら日時予約を
エッフェル塔の敷地内に入るには、まず保安検査を受けなければならないが、常に長蛇の列。長時間待つのを避けたければ、ウェブサイトで日時指定のチケットを購入しよう。ただし雨でも変更できない。

プチぼうけんプランには、予算や所要時間の目安、アドバイスなどをわかりやすくまとめています。

物件データのマーク

🏠	住所
⏰	営業時間、開館時間
休	休館日、定休日
料	料金（ムニュは定食）、予算
交	交通アクセス
予	予約の必要性
☎	電話番号
FAX	ファクス
Free	無料ダイヤル
URL	URL
✉	E-Mail アドレス

Card	クレジットカード
	A…アメリカン・エキスプレス
	D…ダイナース
	J…ジェーシービー
	M…マスター
	V…ビザ
室	ホテルの部屋数
日	日本語メニューあり
英	英語メニューあり
M	地下鉄
郊	高速郊外鉄道

別冊MAPのおもなマーク

❶	ツーリストインフォメーション
R	レストラン
C	カフェ
S	ショップ
H	ホテル

本書は2023年7〜9月の取材に基づいていますが、ご旅行の際は必ず現地で最新情報をご確認ください。また掲載情報による損失などの責任を弊社は負いかねますので予めご了承ください。

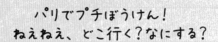

パリでプチぼうけん！
ねえねえ、どこ行く？なにする？

観光にグルメにお買い物。

うーん、やりたいことはキリがない！

ココ行っておけばよかった、

あれ食べとけばよかった……、

そんな後悔をしないように、

ピピッときたものにはハナマル印をつけておいて！

女の子の
夢とあこがれを
ぜんぶかなえてくれる
それがパリ

全方向から迫りくる色彩の波
新感覚のアート体験に夢中！ P.20 →

昔のメリーゴーラウンドで
遊べる所があるの、知ってる？ P.26 →

最旬パリも
しっかり
カバーしましょ♪♪

新名所が続々誕生！
進化するパリから目が離せない P.28 →

フルコースを食べながら
市内観光できちゃうなんて！ P.30 →

絶対ほしいキッチン雑貨
蚤の市でお気に入り見っけ！ P.38 →

1泊すれば感動倍増！ 絶景に合いに、
モン・サン・ミッシェルへ小旅行 P.46 →

© Chris Barmat

初めてのレビューショー
気分上げて一緒にカンカン♪ P.41 →

美食の都でボナペティ！
料理もスイーツもみんなトレ・ボ〜ン！

ハイハイ、ダイエットは帰ってから！

€20台で本格フランス料理
行きつけの店できちゃうよね P.62 →

©victor-boccard

パリでしか食べられない
気鋭のパティシエが作る極上スイーツ P.72 →

©Simon Detraz

まさにアート作品！
美しきチョコレートの世界へ P.70 →

帰りたくないなぁ！

スマホ操作で注文できちゃう
いまどきフードコートへGo！ P.90 →

どこから見ても絵になる〜
シェアしたくなる美景カフェ P.96 →

もうパンが止まらない！
相性抜群の「おとも」たち P.84 →

"運命の出会い"は逃がしちゃダメ！
ビビっときたらとりあえず買っちゃお☆

パリ雑貨の
トリコに
なっちゃうの
わかるわかる！

行列必至のブティック「セザンヌ」で
パリジェンヌコーデをマスター　**P.102 →**

クリエイターが創る
オンリーワンのアクセ！　**P.108 →**

メイド・イン・フランスの
かわいい雑貨にメロメロ～　**P.110 →**

環境に優しいおしゃれ術
「セカンドハンド」に注目！　**P.104 →**

自分らしい香りをまとって
身につけたい大人のたしなみ　**P.112 →**

「お帰り～」って声が
聞こえてきそうなホテルをチョイス

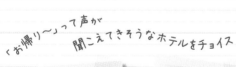

©Jérôme Galland

窓からの眺めも
ホテルの決め手のひとつよね　**P.169 →**

非日常感を味わいたいから
デザインは重要ポイント！　**P.171 →**

©G.Grasset pour Astotel

シネフィル集まれ～
映画愛が詰まったホテル　**P.172 →**

Contents

Let's go!

便利だね！

"取りはずせる"
別冊MAP

巻末

ざっくり知りたい！パリ基本情報

これだけ知っておけば安心だね

お金のコト

通貨・レート €1（ユーロ）＝ 約159円 （2023年10月現在）

フランスの通貨単位は€（ユーロ）、補助通貨単位はCent（セント）。
それぞれフランス語読みは「ウーロ」と「サンチーム」。

両替 ### レートは両替所によって異なる

円からユーロ現金への両替は、空港や町なかの両替所を利用するのが一般的。レート、手数料は両替所ごとに違うので必ず確認を。ATMでのキャッシングも可能（金利には留意を）。

チップ ### 感謝の気持ちとして

レストランの料金にはサービス料が含まれているので原則としてチップは必要ないが、高級店では食事代の5〜10％を目安に、きりのいい金額を紙幣で。

物価 ### 交通は日本と同じくらい。外食は日本より高め

（例）（500ml）＝€0.50〜、🚌＝最低料金€7.30、
🚊＝1回券€2.10、🍴＝€20〜）

▶ お金について詳細はP.184をチェック！

ベストシーズン 4月から9月頃

春の訪れは東京よりやや遅い4月頃。乾燥している夏はさわやかだが、最近では猛暑の年も。秋の訪れは東京よりも早く、8月下旬にもなるとコートが必要な日もある。11月はもう冬。1年を通して天気が変わりやすく、夏でも朝晩は冷え込む。

夏の間は21時頃まで明るいよ！

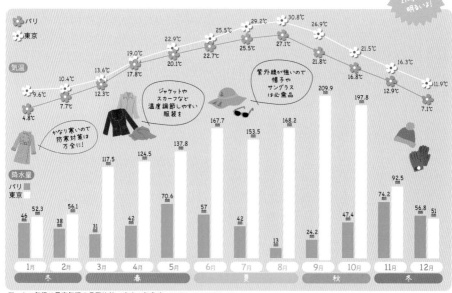

データ：気温は最高気温の月平均値　東京：気象庁　フランス：Météo France

	日本からの	
飛行時間	直行便で約**14**時間	

ビザ 3ヵ月以内の観光は**必要なし**

パスポートの有効期間が、フランスを含むシェンゲン協定加盟国出国時より3ヵ月以上残っていることが必要。

時差 −**8**時間（サマータイム期間は−7時間 2024年は3/31〜10/26、2025年は3/30〜10/25）

日本	8	9	10	11	12	13	14	15	16	17	18	19	20	21	22	23	0	1	2	3	4	5	6	7
フランス	0	1	2	3	4	5	6	7	8	9	10	11	12	13	14	15	16	17	18	19	20	21	22	23
フランス(サマータイム)	1	2	3	4	5	6	7	8	9	10	11	12	13	14	15	16	17	18	19	20	21	22	23	0

※サマータイムは廃止が検討されている

言語 フランス語

旅行期間 5泊7日以上が望ましい

交通手段 メトロ、RER、バスが便利

詳細はP.180

7月14日の革命記念日は、シャンゼリゼ大通りでの軍事パレードや、打ち上げ花火など華やかなイベントが楽しめる

2024〜25年の祝祭日

1月1日	元日 Jour de l'An
3月31日	復活祭 Pâques ※4/20('25)
4月1日	復活祭の翌月曜日 Lundi de Pâques ※4/21('25)
5月1日	メーデー Fête du Travail
5月8日	第2次世界大戦終戦記念日 Victoire du 8 mai 1945
5月9日	キリスト昇天祭 Ascension ※5/29('25)
5月19日	聖霊降臨祭 Pentecôte ※6/8('25)
5月20日	聖霊降臨祭の翌月曜日 Lundi de Pentecôte ※6/9('25)
7月14日	革命記念日 14 Juillet
8月15日	聖母被昇天祭 Assomption
11月1日	諸聖人の日 Toussaint
11月11日	第1次世界大戦休戦記念日 Armistice
12月25日	クリスマス Noël

ふーん しらなかったなあ

フランスはキリスト教に関する祝日が多く、年によって異なる移動祝祭日（※）がある。移動祝祭日は毎年日にちが変わるので注意！

英語は割と通じる

「フランス人はフランス語しか話さない」とよく言われているが、パリの観光スポットやホテルでは、英語が通じるところが多い。カフェやレストランも、観光客が多い地区の店なら、たいてい英語を話せるスタッフがいる。ただし、挨拶だけは「ボンジュール（こんにちは）」とフランス語で言いたいもの。

日付の書き方

フランスと日本では年月日の書き方が異なるので注意しよう。日本と順番が異なり、「日・月・年」の順で記す。例えば、「2024年10月5日」の場合は、「5/10/2024」と書く。「8/10」などと書いてあると、日本人は8月10日だと思ってしまうが、これは10月8日のこと。

祝祭日の営業

パリでは祝祭日に休業するショップやレストランが多い。すべての祝祭日を休む店もあれば、一部のみ休業という店もある。年中無休とうたっている場合でも、年末年始を休んだりすることもあるので、必ず行きたい店がある人は、旅行期間中の営業日を確認しておくと安心。

パリの詳しいトラベルインフォメーションは、P.174〜をチェック！

パリ★
フランス

3分でわかる！
パリかんたんエリアナビ

パリは長径約18km、短径約9.5kmの楕円形で、東京の山手線の内側くらいの広さ。
ゆるやかなカーブを描くセーヌ川によって右岸（北側）と
左岸（南側）に二分され、20の区からなり、個性的なエリアに分かれている。
町歩きに出かける前に、おもなエリアの位置と特徴をおさえておこう。

A エレガントな並木通り
シャンゼリゼ
Champs-Elysees

凱旋門のあるシャルル・ド・ゴール広場からコンコルド広場まで、全長2kmに及ぶシャンゼリゼ大通り。高級ブランド店が並ぶモンテーニュ大通りやジョルジュ・サンク大通りを含め、パリで最も華やかな界隈。

シャンゼリゼ大通り → P.124
凱旋門 → P.147

B 美術館を中心にしたエリア
ルーヴルからオペラ地区
Louvre〜Quartier de l'Opéra

ルーヴル美術館とチュイリリー公園からパレ・ロワイヤル、オペラ大通りにかけて、最も観光客の多いエリア。パレ・ガルニエ（オペラ座）の裏側には2大デパートがあり、おみやげが一度に買えちゃう。

オペラ地区 → P.126
ルーヴル美術館 → P.148
パレ・ガルニエ → P.162
パッサージュ → P.164

いっしょに公園のおさんぽいかが？

N

シャルル・ド・ゴール空港まで約26km

1区(1ᵉ)から時計回りで20区(20ᵉ)まで

17ᵉ

9ᵉ

凱旋門

パレ・ガルニエ

A 8ᵉ

16ᵉ パッシー

7ᵉ

G

エッフェル塔

15ᵉ

6ᵉ

モンパルナス タワー

F

14ᵉ

パリの形はエスカルゴっていわれているよ

ノートルダム大聖堂 → P.160
サント・シャペル → P.158
シテ島&サン・ルイ島 → P.128

C パリ発祥の地はここ
シテ島&サン・ルイ島
Iles de la Cité et St-Louis

ノートルダム大聖堂のあるシテ島は、パリ発祥の地ともいわれる。シテ島の背後に、ちょっぴり控えめな姿でセーヌに浮かぶのがサン・ルイ島。名物アイスクリームをなめながら、散策を楽しもう。

E 左岸の知性が集まるエリア

サン・ジェルマン・デ・プレ からカルチェ・ラタン
St-Germain des Prés~Quartier Latin

作家や哲学者ゆかりの場所が多いサン・ジェルマン・デ・プレと学生街カルチェ・ラタン。こだわりの専門店から高級ブティックまでそろう、ショッピングエリアとしても魅力がつきない場所。

サン・シュルピス教会→P.160

サン・ジェルマン・デ・プレ教会→P.161

カルチェ・ラタン→P.134

サン・ジェルマン・デ・プレ→P.136

F 画家たちが集った地

モンパルナス
Montparnasse

国鉄モンパルナス駅界隈。20世紀初頭に藤田嗣治やシャガールといった画家たちが集っていたエリアで、老舗カフェやアトリエなどゆかりの場所が今も残る。ここでのランチはクレープに決まり。

モンパルナス・タワー→P.41

モンパルナス→P.138

G 展望ポイントがいっぱい

エッフェル塔界隈
La Tour Eiffel

エッフェル塔を中心とするエリア。塔の下から南東に延びるシャン・ド・マルス公園、セーヌ川を挟んで塔と向き合うシャイヨー宮。どの場所からも、展望が楽しめる。シャイヨー宮の南西一帯は高級住宅地パッシー。

エッフェル塔→P.22

サクレ・クール聖堂

18^e

19^e

10^e

H

2^e

E

11^e

3^e

D

4^e

C

20^e

5^e

12^e

ベルシー

セーヌ川

13^e

オルリー空港まで約17km

歩き飽きないのよね、パリって

H ノスタルジックなパリの下町

モンマルトル Montmartre

パリの北側にある小高い丘で、頂に建つのは白亜の聖堂サクレ・クール。石段や小道など、画家たちが愛したパリの風景が残り、歩くだけでノスタルジックな気持ちになれる。

モンマルトル→P.132

サクレ・クール聖堂→P.133

D パリのお屋敷街から革命の地へ

マレ地区からバスティーユ
Le Marais~Bastille

シテ島の北に広がる一帯は、貴族の館が点在するマレ地区。さらに東に進めばフランス革命勃発の地、バスティーユ。ゲイタウンでもあり、ゲイ、ストレートを問わずおしゃれカップルの多い地区。

マレ地区→P.130

要注意エリアはどこ？

リスク回避で安全な旅を！

一般的に郊外に寄るほど治安は悪化する。特にモンマルトル以北は要注意エリア。"観光客+混雑"のコンボが発生しやすいルーヴル、シャンゼリゼ界隈は、特に女性を狙った路上窃盗もあるので気をつけたい。

旅の安全情報→P.186

13

aruco パリ 最旬 TOPICS

パリは日々進化中!

©Tony Frank

©Pierre Terrasson

音楽ファンも映画ファンも必見!

ゲンズブールの家が公開に

2023年9月

ミュージシャン、映画監督などマルチな才能を発揮し、ジェーン・バーキンの元パートナーとしても知られるセルジュ・ゲンズブールの家が公開された。展示は2ヵ所。実際に暮らしていたメゾンMaisonは書斎などが生前の状態のまま公開され、さらに同じ通りにピアノバーを併設した美術館ミュゼMuséeがオープンした。メゾン＆ミュゼがセットになったチケットは、発売開始後、2023年分が即完売になるほどの人気。「ニュースレター」に登録すると、次回発売日を知らせてくれる。

Map 別冊P.12-B2/P.13-C3
サン・ジェルマン・デ・プレ

🏠メゾン 5bis, rue de Verneuil 7e、ミュゼ 14, rue de Verneuil 7e ⏰9:30〜20:00（水・金〜22:30）休月 料メゾン＆ミュゼ€25、ミュゼのみ€12。チケットはウェブサイトで販売 URLwww.maisongainsbourg.fr

©Alexis Raimbault

1. 没後30年以上経っても愛され続けるゲンズブール 2. 創作の場だった書斎も見ることができる 3. 暮らした家の外壁はファンによる落書きで埋め尽くされている

©Alexis Raimbault pour la Maison Gainsbourg

ミュゼはピアノバーが併設され、カクテルを楽しむことができる

ヘルシーな一品料理を楽しんで

☆

2022年3月

©Marielle Gaudry

ブールデル美術館にレストランがオープン

☆

彫刻家アントワーヌ・ブールデルの美術館（→P.155）が、修復工事を経て再開。娘ローディアが暮らした2階にカフェレストラン「ローディアRhodia」がオープンした。ブールデル家の食卓へのオマージュを感じさせる大テーブルを配した空間で、ランチや軽食を楽しめる。

1. ランチはセビーチェや旬の野菜料理を楽しめる 2. ローディアの夫ミッシェル・デュフェがデザインしたアールデコ様式の内装が残る

©Marielle Gaudry

DATA →P.155

ノートルダム大聖堂の再開は2024年12月予定

2019年4月に起こった火災のため、屋根と尖塔を焼失したノートルダム大聖堂。現在大規模な修復工事が行われている。幸い被害を受けなかったファサードは、正面の広場から見ることができる。

正面広場に設置された聖母子像のレプリカは、工事の様子を見守っているかのよう

2024年12月

焼け落ちた尖塔の工事も進行中!

アートとグルメの発信地パリ。
今、パリジェンヌの間で話題の最旬スポットと、
知っておきたい旅の新情報をまとめてお届け！

明るく
開放的な
空間に

パリの駅がリニューアル

-2025年

パリにある6つの主要駅で、数年前より大規模な改修工事が行われている。すでに工事が終了したモンパルナス駅の構内は、自然光を取り入れた明るく気持ちのよい空間に変貌。併設の商業施設では、「駅なか」ショッピングやグルメをより楽しめるようになった。ほかの駅でも工事が進められており、周辺の再開発を含め、駅界隈が大きく変わりそうだ。

1. 古典的な駅舎と現代的な駅舎が並ぶ北駅　2. モンパルナス駅にあるヴァザリリのフレスコ画（奥）も修復された　3. リヨン駅では駅の変遷の展示も　4. 自動改札が増えたサン・ラザール駅

11号線を走る
新車両
MP14

2023年

ホームドアの設置も進んでいる

パリのメトロで新車両導入

メトロの路線で、新車両の導入が進められている。例えば11号線では、1960年代（！）から運転していた車両MP59に代わり、新車両MP14が導入された。より快適にパリの町を移動できそう。

自転車レーンが増加中

2021年-

パリでは、市の方針により、自転車走行のための専用レーンが急増中。例えば、ルーヴル美術館が面しているリヴォリ通りで車が走れるのは、タクシーや配送車のための1車線のみ。サイクリストに優しい町になったパリで、レンタサイクル（→P.142）試してみる？

ほとんど車を
見かけない
リヴォリ通り

← Ⓜ 4 Bagneux

Aléria
Porte d'Orléans
Mairie de Montrouge
Barbara
Bagneux–Lucie Aubrac

パリ郊外まで
路線が延長
された4号線

2022-
2025年

メトロの路線が延長される

2022年、メトロの4・12・14号線が延長され、終点が変更された。2024年には、14号線がさらに南に延長され、オルリー空港まで結ばれる予定だ。また、パリの南近郊を走る新たな15号線の新設工事が進んでいる。2025〜2030年開通予定。

進む脱プラスチック

2023年

2023年1月より、リユースしないプラスチック製品の使用が禁止された。このため、テイクアウト用のフォークやナイフも木製に。ホテルの洗面所でも、置かれているのは紙コップ。日本からプラスチック製のものを持参して捨てることのないように。

スーパーマーケットでも木製カトラリーのみ販売

リサイクル
ボックスも
よく見かける

パリ5泊7日 aruco的 究極プラン

プチぼうけん
しちゃうぞ！

お休みは1週間。食べたいものはいっぱいあるし、定番＆穴場スポットも楽しんで、
パリ在住気分だって味わいたい！　そんなよくばり女子のために、
arucoが遊びまくりのパリ超満喫プランをご紹介。

Day1 火曜
時差ボケも吹っ飛ぶ おもしろスポットをぐるり！

パリに着いたら早朝からスイッチ・オン。
エンジン全開で飛ばしていこー！

早朝 夜発のフライトでシャルル・ド・ゴール空港到着

ロワシーバス 約60分

8:30 ホテルに荷物を預ける

地下鉄 30分

9:30 「レ・ドゥー・マゴ」で **朝食** P.95

ボンジュール パリ♥

地下鉄 30分

11:00 Bonjour **エッフェル塔** にごあいさつ！ P.22

塔の1階にあります。

©Bellot

地下鉄 20分

12:30 「マダム・ブラッスリー」でランチ P.24

14:00 **凱旋門**の屋上テラスに上る P.147

シャンゼリゼを見下ろせる！

地下鉄 30分

16:00 モンマルトルの丘 **サクレ・クール聖堂**へ P.133,146

アメリにでてきた！

プー

地下鉄 30分

「ジュ・テームの壁」に願いごと。ステキなパリジャンに出会えますように！ P.167

18:30 「ル・バラヴ」で 初日にカンパイ！ P.93

Day2 水曜
絵画もオペラも世界遺産も！ アート三昧で知的美人を目指す

今日は優雅なアート鑑賞を中心に。
リュクスな時間でココロに磨きをかける！

9:00 **ルーヴル美術館**で必見の名作を巡る P.148

イケメン？

鑑賞後、美術館内のショップで **アート・グッズ**を買おう

徒歩 16分

11:00 **オランジュリー美術館** P.156

モネ〜

地下鉄 12分

13:00 「ミショー」で **サンドイッチ** P.83

©Micho

徒歩 3分

14:30 **パッサージュ**を散策 P.164

地下鉄 10分

15:30 **パレ・ガルニエ**で ゴージャスな内装にうっとり P.126,162

ブティックであこがれのバレエグッズ

地下鉄 30分

20:30 一度ホテルに戻って着替えたら…… **セーヌ川ディナークルーズ** P.31

セーヌ河岸は世界遺産なのよ

16

Day3 木曜
宮殿、スイーツ、名画美女…乙女度100%のラブリーな1日

キラキラ宮殿からスイーツまで
マリー・アントワネット気分にたっぷり浸って！

8:11 サン・ミッシェル・ノートルダム駅からヴェルサイユへ

近郊列車 40分

9:00 ヴェルサイユ宮殿で夢見心地 P.52

> アンジェリーナでひと休み P.55

> 甘～いショコラ・ショー

近郊列車 30分

帰路はルートを変えて
ヴェルサイユからモンパルナス駅へ

15:00 「フード・ソサエティ・パリ・ゲテ」でクレープのランチ P.90

©STUDIO SLURP

地下鉄 10分

16:00 オルセー美術館で名画美女巡り P.152

> 木曜のオルセーは夜までオープン

© Musée d'Orsay / Sophie Boegly

> 色気を学んで…

地下鉄 10分

18:00 「リッツ・パリ・ル・コントワール」でマドレーヌを買う P.67

> いろんなフレーバーが♪

©Bernhard Winkelmann

地下鉄 20分

19:00 「ブラッスリー・デ・プレ」で P.62 ビストロディナー

©Bastien Lattanzio

©joannpai

Day4 金曜
ゆったりパリの風を感じてパリジェンヌ気分を満喫！プチプラみやげもまとめ買い

運河沿いの散歩で太陽を浴びた後は
おみやげを集中購入しちゃいましょう！

10:00 サン・マルタン運河沿いをのんびりお散歩 P.140

> 「アントワーヌ・エ・リリ」でお買い物も

12:00 「オテル・デュ・ノール」でランチ P.140

徒歩 10分

13:00 「モノプリ」レピュブリック店でバラマキみやげを全力購入！ P.120

徒歩 5分

14:00 「ル・シャルダン・スクレ」でお菓子とお茶 P.97

地下鉄 18分

16:00 激安ショップ「シティファルマ」でコスメ用品をまとめ買い P.114

> パリの「マツキヨ」って呼ばれてる

徒歩 10分

17:15 「ラ・グランド・エピスリー・ド・パリ」で総菜とデザートを購入 P.84

地下鉄 30分

18:30 デリを並べてお部屋ディナー
アパルトマン滞在ならレンジも使えて便利 P.37

> パリで暮らす気分

蚤の市巡りでお宝探し！最後の夜は奮発しちゃおう☆

蚤の市で"かわいいものセンサー"をフル稼働。
戦利品を広げて最後の夜にカンパーイ！

10:30

クリニャンクールの蚤の市からStart! P.38

気分は雑貨ハンター♪

地下鉄30分

13:00

「ル・パン・コティディアン」でタルティーヌ P.89

徒歩5分

14:30

「フルックス」でインテリア小物を買う P.110

徒歩4分

15:30

©BALAYLUDOVIC

「セザンヌ」マレ店で流行をチェック P.102

パリジェンヌ御用達の店

徒歩13分

16:30

「オフィシーヌ・ユニヴェルセル・ビュリー」で香水をゲット P.113

徒歩2分

17:30

「ジャック・ジュナン」でチョコをおみやげに P.70

地下鉄30分

19:00

「ミモザ」で最後の美食 P.65

地中海テイスト

おいしい思い出つくれた！

©BENEDETTA CHIALA

©Charlotte Brunet

帰国日だって気を抜かない。パリ時間をとことん味わい尽くす！

帰りの荷物をまとめたら、
朝市で最後の思い出チャージ。

10:00

バスティーユの朝市をひと巡り P.35

感じるアート

徒歩11分

11:00

「アトリエ・デ・リュミエール」でアート没入体験 P.20

地下鉄15分

12:30

「ボー・エ・ミ」の P.77 イートインでランチ

©Bo et Mie

徒歩5分

13:30

「サマリテーヌ」で建築を楽しむ P.28

徒歩9分

15:00

サント・シャペルでステンドグラスを堪能 P.158

地下鉄10分＋ロワシーバス約60分

光のシャワー

18:00 空港へ。夜の便で帰国の途に

こんなの買っちゃいました！

P.39

カフェ・オ・レ・ボウル
クリニャンクールの蚤の市で見つけた大きめのボウル。€20

P.25
エッフェル塔形栓抜き
エッフェル塔のブティックで購入したグッズ。€6.95

ジャム
「コンフィチュール・パリジェンヌ」のジャム。€14.90
P.85

P.113
石鹸
「オリザ・ルイ・ル・グラン」の香り高い石鹸。€15

曜日別アレンジのヒント

美術館巡りは月・火以外に

パリのモニュメント、美術館の多くは、月曜または火曜が休館日。この曜日はショッピングなどにあてよう。また第1日曜が無料になる美術館もあるので、月の初めにパリに行くなら、うまく組み合わせて。

週末は蚤の市巡り

蚤の市が立つのは土曜、日曜が中心。週末は蚤の市でお宝探しに。

スペシャルな
思い出を♪

"私だけのパリ"を
手に入れる！
とびっきりのプチぼうけん

初めてでも、何度目でも、私だけの特別なパリを見つけるために
チャレンジしたいあんなことこんなこと。
arucoが選んだ13のプチぼうけんで、
欲張りゴコロを満たしてあげる♡

L E T ' S G !

プチ ぼうけん ①

「アトリエ・デ・リュミエール」で大迫力の没入型アート体験!

有名画家の作品を、プロジェクションによって部屋全体に映し出す「アトリエ・デ・リュミエール」。
美術館で鑑賞するのとはまた違った、ダイナミックなアートの世界に浸ってみない?

ようこそ
私の世界へ

Atelier des Lu

絵画の世界にすっぽり包まれて!

19世紀の鋳物工場を改装して2018年にオープン。新たな壁と床の総面積3300 m²、高さ10mの空間に映し出される巨大な映像は圧巻! まるで絵画の中に入り込んだような、躍動感あふれるアートの世界を体感しよう。

アトリエ・デ・リュミエール

TOTAL 1時間

オススメ時間 10:00～11:00

予算 €16

1日の最初か最後に行くのがオススメ
アトリエ・デ・リュミエールは、パリの中心部にある主要観光地から若干離れた地区にあるので、移動時間を考慮して予定を組みたい。

がらんとした空間の壁や床が大スクリーンに

空間が大変身!

名作が続々と

色彩のパワー！

ゴッホが全方位に！

メトロ駅にも広告が

床にも映し出される映像。ときには目の錯覚で、床が動いているように感じることもある

アトリエ・デ・リュミエールを楽しむための**3**つのポイント

大迫力の没入型アート体験！

1 観る場所を変えてみる

会場は広く、壁面によって映し出される画像が異なることもある。階段を上ったテラス状の場所もあり、観るアングルを変えるとより楽しめる。床に座り込んで観ている人も多いので、視界を遮らないよう気をつけて。

2 プログラムの内容を確認

午前と午後でプログラムが変わることが多いため、ウェブサイトで内容を確認しよう。時期によっては、自然などを撮影した映像で構成されることもある。画家の経歴など、プログラムについて解説したパネルも掲示されている。

3 記念写真を送ってもらえる

会場が暗いので目立たないが、奥に「フォトブースPhotobooth」と書かれた小さなスペースがある（写真下）。画面の案内に従って操作すると、ポートレートが撮影される。メールアドレスを入力すればプログラムに合わせたフレーム付き画像を送ってくれるので、訪問の記念に。

記念にパチリ♥

フォトブースではポートレートの撮影が可能

19世紀のモンマルトルヘタイムスリップした気分に

絵画を大画面の映像で楽しむ
アトリエ・デ・リュミエール
Atelier des Lumières

Map 別冊P.15-C2 パリ東部

🏠38, rue St-Maur 11e
🕙10:00〜20:00（日によって異なる。ウェブサイトで要予約）💰€16、5〜25歳€11 🚇M③Rue St-Maurより徒歩5分 🔗www.atelier-lumieres.com/fr

エッフェル塔マニア宣言！
ビューポイントから　おみやげまで徹底チェック

パリのシンボルといえば、やっぱりエッフェ
エッフェル塔愛を満たしてくれるグッズまで

ル塔。ベストショットを狙うのはもちろん、
まるごと教えちゃいます！

Tour Eiffel

シャイヨー宮は
王道の撮影ス
ポット。エッフェ
ル塔まで下り坂
になっているの
で、ここからス
タートすると、歩
いていくのが楽
チン

憧れのエッフェル塔
どこから撮る？

世界中の人から愛される"鉄の貴婦
人"エッフェル塔。その姿をひとめ
見たら、誰よりもたくさん写真に撮
りたいと思ってしまうはず。効率よ
く回ってとびっきりのシャッター
チャンスを狙ってみて！

大人も
乗れるのよ〜

もちろん
自分も
入れなきゃ

TROCADERO M

エッフェル塔を
設計したのは
エッフェルさん

シャイヨー宮

メリーゴーラウンドと
のツーショットは最高に
ロマンティック！

この構図
最高〜！

RER
CHAMP DE
MARS TOUR EIFFEL

シャン・ド・
マルス公園

メトロの
中からも
パシャリ

M BIR HAKEIM

私は
ジャンヌ・
ダルクよ！

地上も走るメトロ6号線がビ
ル・アケム橋の上を通る貴重
なショットをおさえよう

メトロ6号線Bir Hakeim駅からス
タートするなら、ビル・アケム橋の真
ん中にある像を入れた写真も忘れないで

エッフェル塔

TOTAL 2時間

オススメ時間	9:00～12:00
予算	€20～30

💡 並ぶのがイヤなら日時予約を
エッフェル塔の敷地内に入るには、まず保安検査を受けなければならない、常に長蛇の列。長時間待つのを避けたければ、ウェブサイトで日時指定のチケットを購入しよう。ただし雨でも変更になる。

いい写真撮れたかな？

夏はテラス席からの眺めが最高！

エッフェル塔が見えるレストラン
カフェ・ド・ロム Café de l'Homme

シャイヨー宮、人類博物館 Musée de l'homme内にあるレストラン。博物館2階にある、よりカジュアルな「カフェ・ルシー Café Lucy」も眺めがいい。

©Pierre Monetta

Map 別冊P.10-B2

🏠17, pl. du Trocadéro 16e ☎01.44.05.30.15 🕐12:00～翌2:00 🗓1/1 ア・ラ・カルト料金€70～100 Card A.M.V. 要 🗣望ましい Ⓜ⑥⑨Trocadéroより徒歩3分 URL www.cafedelhomme.com

緑の芝生が広がるシャン・ド・マルス公園側から見るエッフェル塔はさわやかな表情ね

レースのような細かい模様もバッチリ

塔の下から見上げれば"ド迫力写真"が撮れる

全体を撮るなら公園からがおすすめ

ECOLE MILITAIRE Ⓜ

夜は光のドレスをまとって
夜のイルミネーションも必見。通常のライトアップのほか、毎正時に約5分間、塔全体が点滅してキラキラする。モンパルナス・タワーから見る夜景もおすすめ（→P.41）。

まだまだあるビューポイント
エッフェル塔をパリのいろんな場所から見てみよう！

セーヌ河岸
セーヌ河岸に立つ塔。川や橋とセットにすると、よりパリらしい風景に。

アレクサンドル3世橋とともに

サン・ドミニク通り
グルメな店が集まるサン・ドミニク通りからは、意外と近くに見える。

通りの向こうにそびえ立つ塔

エッフェル塔 Tour Eiffel

Map 別冊P.11-C3

🏠5, av. Anatole France 7e 🕐9:15～23:45（夏～翌0:45、季節により異なる）（入場は閉館の1時間前まで）🗓無休 🎫2階まで€11.30（階段）、€18.10（エレベーター）、最上階まで€21.50（階段＋エレベーター）、€28.30（エレベーター）　ウェブサイトで日時を指定した予約が可能。保安検査では「avec billet/with ticket（チケットあり）」と示された列に並ぶこと。Ⓜ⑥Bir Hakeimより徒歩5分 RER Champ de Mars Tour Eiffelより徒歩3分 URL www.toureiffel.paris

エッフェル塔の歴史をちょっと

1889年開催のパリ万国博のために26ヵ月の突貫工事で完成したエッフェル塔。建設当時は景観を損ねると批判も出たが、今ではパリを代表する観光名所に。

1889	5月6日、20年の存続期限を定めてエッフェル塔公式オープン。
1900	再びパリ万国博のパビリオンに。
1904	ギュスターヴ・フェリエが軍事用の電波送信に利用することを提案。
1910	1909年に取り壊しが予定されていたが、無線交信機として利用するため存続決定。
1921	ラジオ放送開始。
1944	第2次世界大戦中の閉鎖を経て再開。
2022	最上部にラジオ用アンテナが取り付けられ、背が6m伸びて高さ324mから330mに。

エッフェル塔の名の由来となった、設計者ギュスターヴ・エッフェル

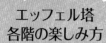

エッフェル塔
各階の楽しみ方

1階（日本式の2階）、2階、最上階、それぞれ異なる眺めを楽しめる。最上階は入場制限をすることがあるので、チケットを購入した場合は、エレベーターを乗り換えて先に昇ったほうがいい。

背が伸びたよ

330m

いくぶん見下ろしながらカンパ～イ！

シャンパンバー（グラス€22～）、ギュスターヴ・エッフェルとエジソンが語らう場面を再現した小部屋。悪天候の日は地上がまったく見えないこともあるので注意。

CHAMPAGNE

276m

最上階
Sommet

町のつくりがはっきりわかる

到着！

280m

2階から最上階へはエレベーターのみ。定員が限られているため待たされることも。

エレベーター

各階に掲示されたQRコードを読み込むと、建設当時の工事の様子が画面に！

シャイヨー宮の眺め

展望ギャラリーからパノラマを楽しめる。高級レストラン「ジュール・ヴェルヌ」へは地上から直通のエレベーターで。

115m

2階
2er étage

階段
357段

地産地消にこだわった食材を使用

1階にはティエリー・マルクスがプロデュースするレストラン「マダム・ブラッスリー」がある。

1階には、一部地上が透けて見える「ガラスの床」がある。スリルを味わいたい人に！

57m

1階
1er étage

階段
347段

夏の間はテラスカフェがオープン。再使用可能なグラスを専用ボックスに返却すると€2戻ってくる。

エッフェル塔プチ知識

エッフェル塔は、サビを防ぐため、7年おきに塗装し直されている。2021～2022年に塗り直された新しい塗装色は、光の加減で金色にも見える「黄茶色」。

下りだけ階段にしても

下に注目！

エレベーターの基本システムは開業当時と同じ。レプリカも一緒に昇降している

€10~

どれを選ぶ？

エッフェル塔グッズコレクション

「エッフェル塔」は人気のモチーフ。
エッフェル塔の各階にあるオフィシャルショップや、
市内の雑貨店などで、パリらしいグッズを見つけよう。

キッチンにも
エッフェル塔

ワインオープナー
ポップな形で
パーティも盛り
上がりそう **A**

€19.95

マグネット
エッフェル塔モ
チーフの定番
グッズ。リヴォ
リ通りのおみや
げ店（→P.100）
などで

置き物
部屋に置いた
り、SNSで画
像をアップす
るときの小道
具にも

€19.99 **A**

スノードーム
定番のおみやげ。
エッフェル塔モ
チーフだけでも、
いろいろな種類
がある

€10~ **C**

€6.95

おろし金
ポップな形のおろ
し金。チーズ
をおろすのに
使ってみて

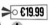

€12.42 **B**

スプーンと栓抜き
食事のたびにパリの旅
を思い出してね **A**

€4.95

シール
色違いで楽しめるシールは
プレゼント包装の必需品
12枚入り **E**

Le chocolat
des Français
MADE IN FRANCE
Noir 71% cacao
Extra dark chocolate 71%

大 €6.50

パスポートケース
パスポートはフランス
のスタンプでいっぱい
にしたいよね **C**

€10~

€4.50

Le chocolat
des Français
MADE IN FRANCE
Lait et éclats d'amandes
Milk chocolate with almonds

マグカップ
右はフランスを
代表する陶器
メーカー「ジア
ン」製 **D**

Vive
la
France!

€20

€40

チョコレート **A** **F**
「ル・ショコラ・
デ・フランセ」の
かわいいイラスト
付き板チョコ

小 €3.45

歯ブラシ
歯ブラシ立
てがなくても
自立する！

€4.99 **A** **B**

Shop List

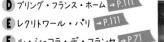

A エッフェル塔オフィシャルショップ（各階にある）　**D** ブリング・フランス・ホーム →P.111

B ピローヌ →P.129　　　　　　　　　　　　　　**E** レクリトワール・パリ →P.111

C レ・パリゼット →P.110　　　　　　　　　　　**F** ル・ショコラ・デ・フランセ →P.71

Tour Eiffel

プチ
ぼうけん
2

エッフェル塔マニア宣言！

プチ
ぼうけん 3

19世紀のメリーゴーラウンドに乗れる！
大人も遊べる
移動遊園地博物館

どれも
本物よ！

移設可能な遊具でできた「移動遊園地」。
100年以上前の遊具で遊べる場所を発見！

博物館はどうしてできた？
19世紀末～20世紀初頭の遊具を収集することに情熱を傾けた俳優でディーラーのジャン・ポール・ファヴァンが、当時の縁日の様子を再現すべく博物館をつくった。

まわる
まわる～♪

お祭り
気分で！

大馬車に
乗れるよ！

子供たちだけでなく、大人も乗って楽しめる

Musée des Arts Forains

ファンタジーの世界へ

博物館というと、鑑賞するだけ、というのがお決まり。ところがこの博物館は、展示物に触れるどころか実際に乗ることができる。童心に返って、楽しんでみて。

©Sébastien Siraudeau

©Pavillons de Bercy

博物館の見学

TOTAL 1時間30分

オススメ時間	11:00～ 12:30
予算	€18.80

特別に予約なしで開館する期間あり
移動遊園地博物館の見学は原則予約制だが、年末年始、ヨーロッパ文化遺産の日（9月第3土・日曜）などに特別公開されることがある。ウェブサイトでチェックしよう。

ワイン倉庫だった建物を博物館に改装。今もその面影が残る

移動遊園地博物館
Musée des Arts Forains

Map 別冊P.19-D3 ベルシー

1880～1920年頃、ヨーロッパでポピュラーとなった移動遊園地。当時実際に使われた、メリーゴーラウンドなどの遊具が展示されている。

🏠53, av, des Terroirs de France 12e ☎01.43.40.16.22 ⏰見学は予約制（おもに水、週末。ウェブサイトで予約可）💴€18.80、4～11歳€12.80 Ⓜ Cour St-Emilionより徒歩5分 🔗arts-forains.com

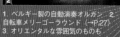

1. ベルギー製の自動演奏オルガン　2. 自転車メリーゴーラウンド（→P.27）
3. オリエンタルな雰囲気のものも

©©eyesevent

ヴェネツィアンサロンのメリーゴーラウンド

2
ヴェネツィアのカーニバルをイメージして造られた「ヴェネツィアンサロン」。金色のゴンドラや白鳥の背に乗って、ゆったりと回れば、もう夢見心地。

1900年頃の回転木馬

1
フランス、ドイツなど複数の国が合同で仕上げた回転木馬。今も乗ることができるが、とてもデリケートなので、乗車中に立ったり、木馬の耳をつかんだりはしないこと！

©Sébastien Siraudeau

試してみたい 4つの遊具

広大なスペースにさまざまな遊具が置かれた博物館。なかでもぜひ乗って使って遊んでみたいのはこの4つ！

ぼくも見つけてね

競馬ゲーム

4
投げたボールがうまく穴に入ると、騎手の乗った馬の人形が進む仕組み。一番早くゴールした人が勝ちというわけ。アナログならではの魅力満載。

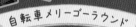

力を合わせてメリーゴーラウンドを運転！ 通常の約2倍のスピードが出るので、気をつけて！

自転車メリーゴーラウンド

3
1861年にペダル式二輪車が発明されたことで登場したという、博物館で最もユニークなこの乗り物。なんと、自分でペダルをこいで走らせるシステムだ。

ぜったい負けないね！

見学がもっと楽しくなるミニ知識

木馬の顔はどっち向き？
イギリスの木馬は、他のヨーロッパ諸国と違って左に向いている。イギリスは左側通行で時計回りに回るからなんだって。

©Pavillons de Bercy

空飛ぶ象さん？
「テアトル・ド・メルヴェイユ」という部屋にあるのが「象の熱気球」。技術革新が進んだ時代ならではのアトラクション。

映画にも登場！
移動遊園地博物館は、ウッディ・アレン監督の作品『ミッドナイト・イン・パリ』のロケ地にもなったそう。映像をチェック！

話題の新スポットを巡って
おしゃれでアートなパリさんぽ

いつもダイナミックに進化し続けるパリ。
新名所として人気を集めるスポットを巡って、新しい魅力を発見しよう!

01	サマリテーヌ
↓ 徒歩7分	
02	ブルス・ド・コメルス ピノー・コレクション
↓ 徒歩9分	
03	国立図書館リシュリュー館
↓ 徒歩10分	
04	カフェ・ニュアンス
↓ 徒歩8分で着くM①Tuileries からM①Saint Paul下車。徒歩6分	
05	カルナヴァレ博物館

NEW SPOT

**DÉCOUVREZ LES
NOUVEAUX HAUTS-LIEUX
DE LA MODE À PARIS!**

こまやかな装飾があしらわれた内部
©Samaritaine_GDLC

新しいパリを見つける1日

リニューアル工事を経て再開した
美術館や新しい施設、デザイン性
の高いカフェなど、「パリの今」を
感じられる場所を訪ねてみよう。

おしゃれなアートさんぽ

TOTAL
4時間

オススメ時間 13:00~17:00　予算 €20

ほかの新名所と合わせたプランも
カフェ・ニュアンスのあとに、コンコルド広場に
面した旧海軍本部が博物館に生まれ変わった
「オテル・ド・ラ・マリンヌ」を訪ねることも可能。
また、2021年にリニューアルオープンしたヴィ
クトル・ユゴー記念館(→P.155)を加えても。

復元された優雅な建築
サマリテーヌ Samaritaine

ポン・ヌフのたもとに立つ老舗デパート
「サマリテーヌ」が、16年に及ぶ閉鎖期
間を経て2021年に複合施設として再
開。20世紀初頭の華やかな装飾がよみ
がえった。SANAA(妹島和世と西沢立
衛のユニット)が設計を担当したリヴォ
リ通り側のファサードもチェックして。

Map 別冊P.13-C2 ルーヴル界隈

左: SANAAによる
斬新なデザインの
ファサード　上:
アールヌーヴォー
の装飾が外壁を彩
る　下: アールデ
コ様式の建築

♠9, rue de la Monnaie 1er　🕙10:00~20:00
休5/1　M⑦Pont Neufより徒歩2分
URL www.dfs.com/fr/samaritaine

©Tadao Ando Architect & Associates, Niney et Marca Architectes, Agence Pierre-Antoine Gatier Photo Patrick Tourneboeuf

フレスコ画が残るギャラリー

NEW SPOT 02

古典建築で現代アートを
ブルス・ド・コメルス ピノー・コレクション
Bourse de Commerce-Collection Pinault

19世紀の商品取引所を、安藤忠雄の設計により美術館として再構築。実業家フランソワ・ピノー氏の膨大な現代アートコレクションを展示している。

Map 別冊P.13-C2〜D2 レ・アール

🏠 2, rue de Viarmes 1er
🕐 11:00〜19:00（金・第1土〜21:00）
🈶 火、5/1
🈸 €14　Ⓜ④Les Hallesより徒歩3分　URL www.pinaultcollection.com

前衛的なテイストも感じるデザイン

おしゃれさんが集まる
カフェ・ニュアンス
Café Nuances

コーヒーのクオリティにこだわるハイセンスなカフェ。ローズなど種類豊富なフレーバーラテも人気。

NEW SPOT 4

Map 別冊P.13-C1 オペラ地区

上: ラテアートに花びらを添えて
右: おしゃれな袋入りコーヒー豆

🏠 25, rue Danielle Casanova 1er
🕐 8:00〜18:00（土・日曜9:00〜）
🈶 一部祝　Ⓜ⑦⑭Pyramidesより徒歩4分　URL cafenuances.com

まだまだある！
出かけてみたいおしゃれスポット

森の中にあるギャラリー
フォンダシオン・ルイ・ヴィトン
Fondation Louis Vuitton

ルイ・ヴィトン財団が手がけた企画展専門のギャラリー。フランク・ゲーリー設計の斬新なフォルムが印象的。

Map 別冊P.4-A1 ブローニュの森

🏠 8, av. du Mahatma Gandhi 16e
URL www.fondationlouisvuitton.fr

美しいドレスにため息
イヴ・サン・ローラン美術館
Musée Yves Saint Laurent

ファッションデザイナーのイヴ・サン・ローランを記念した美術館。ドレスのコレクションに魅了される。

Map 別冊P.11-C2 シャンゼリゼ界隈

🏠 5, av. Marceau 16e
URL museeyslparis.com

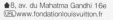

プチぼうけん♪
おしゃれでアートなパリさんぽ

美しすぎる閲覧室がある
国立図書館リシュリュー館
Bibliothéque Nationale de France - Site Richelieu

6区にある国立図書館が開館するまで使われ、現在は別館として使われているリシュリュー館。改修されて2022年に再開、楕円形の閲覧室オーバルルームla salle Ovalは必見だ。

Map 別冊P.13-C1 ルーヴル界隈

🏠 5, rue Vivienne 2e　🕐 10:00〜18:00（曜日によって異なる）🈶 月の午前、1/1、復活祭翌日の月、5/1、聖霊降臨祭翌日の月、7/14、8/15、12/25　🈯 無料　Ⓜ③Bourseより徒歩3分　URL www.bnf.fr/fr/richelieu

NEW SPOT 03

楕円形の天窓と閲覧室を取り囲む書棚が印象的なオーバルルーム。企画展を行う博物館も併設している

ミュシャのデザインも観られる
カルナヴァレ博物館
Musée Carnavalet - Histoire de Paris

NEW SPOT 05

2021年にリニューアルオープン。パリの歴史に関するコレクションを展示。ミュシャがデザインした宝飾店を再現した部屋もある。

Map 別冊P.14-B2 マレ地区

🏠 23, rue Sévigné 3e　🕐 10:00〜18:00（入場は45分前まで）🈶 月、1/1、5/1、12/25　🈯 無料　Ⓜ①St-Paulより徒歩5分　URL www.carnavalet.paris.fr

上: 看板が並ぶ展示室
右: ミュシャによる優雅な装飾も観ることができる

流れるパリの景色もごちそう♪
レストランバス&セーヌ川クルーズ

Lunch
Bus
Tour

バスや船に乗ってるだけで観光とグルメが同時に楽しめるツアーは、まさに一石二鳥の欲張りプラン。ランチとディナー、どっちにする?

ガラス張りの
パノラミックバス!
2階が客席よ

ランチバスツアー

TOTAL
1時間
45分

オススメ時間 12:15～14:00
予算 €70～

🚌 パリ観光のスタートにおすすめ
ランチツアーで明るい時間帯に乗れば、観光名所の位置関係もつかみやすい。写真撮影のベストポジションを覚えておこう。

グラスが
倒れる心配は
不要!

エッフェル塔の
間近で
本格フレンチを
堪能!

走るレストランで
ランチバスツアー

凱旋門近くの集合場所から乗って、食事しながらパリの有名観光スポットを巡るバスツアー。約1時間45分でフルコースの本格フレンチと基本的な観光ポイントの両方が楽しめる。

パリジャンも注目する新感覚の観光バス
ビュストロノーム Bustronome

「バスBus」と「ガストロノームGastronome(食通)」を組み合わせて名づけられたビュストロノームは、眺めのいい2階建てのレストランバス。ランチとディナーのコースがある。ウェブサイトから要予約。

Map 別冊P.11-C1 シャンゼリゼ界隈

🏠 2, av. Kléber 16e ☎09.54.44.45.55
Ⓜ①②⑥ 🚇Charles de Gaulle Etoileより徒歩3分 URL www.bustronome.com
車内設備:トイレ、冷暖房

Lunch menu 例

ⓐ マッシュルームとヘーゼルナッツのカプチーノ風 ⓐ
ⓑ 色鮮やかなビーツ、グラブラックスサーモンの西洋わさびクリーム添え ⓑ
ⓒ スズキのソテーと根セロリ ⓒ
ⓓ チーズの盛り合わせ ⓓ
ⓔ レモンとベリーのドーム型デザート ⓔ
※メニューは季節によって異なる。ウェブサイトで確認のこと

走行ルートを示したシートで
観光ポイントを確認できる

日本語
オーディオ
ガイドも!

バスのルート

凱旋門(出発15分前に集合)
トロカデロ広場
エッフェル塔
シャン・ド・マルス公園
アンヴァリッド
グラン・パレ
マドレーヌ広場
パレ・ガルニエ
ルーヴル美術館
オルセー美術館
コンコルド広場
シャンゼリゼ大通り
凱旋門

ランチ	ディナー
⏰ 毎日 12:15～14:00、12:45～14:00	⏰ 毎日 19:45～22:30、20:45～23:30
💴 €70(食事のみ) €90(飲み物付き)	💴 €120(食事のみ) €150(飲み物付き)

ライトアップが楽しめる
ディナーコースは旅のしめくくりに

Dinner Cruise Tour

いくつもの橋をくぐりながらセーヌを進む

© JP Salle

プチぼうけん、5
レストランバス＆セーヌ川クルーズ

ロマンティックなパリの夜
ディナークルーズ

世界遺産にも登録されているセーヌ河岸。ノートルダム大聖堂やエッフェル塔など、歴史的モニュメントがライトアップされた風景を遊覧船で楽しめる。エッフェル塔近く、イエナ橋のたもとから出発して2時間30分。本格的なフランス料理を味わえるディナークルーズは、とびきりの思い出になること間違いなし！

夜景を楽しみながらの食事は最高ね

ちょっぴりおめかしして乗りたい
バトー・パリジャン
Bateaux Parisiens

2種類あるバトー・パリジャンのディナークルーズのうち、おすすめは歌と生バンドの演奏が入る20:30出航のコース。ウェブサイトから要予約。

Map 別冊P.11-C3 セーヌ川

🚢 Port de la Bourdonnais 7e Ⓜ❻Bir Hakeimより徒歩7分 ⒸChamp de Mars Tour Eiffelより徒歩5分 URL www.bateaux-parisiens.com 船内設備：トイレ、冷暖房

生演奏付きディナークルーズ
🕐 毎日 20:30～23:00（15分前までに乗船）
💶 €109、€139、€179、€215（席の位置、飲み物の内容によって異なる）

そのほかのディナークルーズ（生演奏なし）
🕐 18:15～19:30 💶 €89、€119、€149

クルーズ後半にはダンスタイムも

ムーディーな生演奏が雰囲気を盛り上げる

ディナークルーズ

TOTAL 2時間30分

オススメ時間 20:30～23:00
予算 €109～

👗 ディナークルーズのドレスコード
ロマンティックな雰囲気を楽しむためにも、Tシャツ、ジーンズ、スニーカーなどは避け、おしゃれをしていきたい。男性はジャケット着用がベター。

Dinner menu例

🍴 スモークサーモン、フェンネルとアーティチョークのサラダ ⓐ
🍴 3種類の鴨料理、野菜のココット ⓑ
🍴 チョコレートケーキ、バニラクリーム添え ⓒ
※メニューは季節によって異なる。ウェブサイトで確認のこと

© JP Salle

イルミネーションを楽しむには

バスツアーでもクルーズでも、夜のコースでイルミネーションを満喫するなら、夏よりも冬のほうがベターだ。6～8月は21時を過ぎないと暗くならないので、ライトアップされたモニュメントは遅い時間にならないと見られないことも。

ルーヴル美術館

コンシェルジュリー

ノートルダム大聖堂

クルーズコース

セーヌ川

エッフェル塔　乗船所　オルセー美術館

出航と同時にディナーが始まる。観光のアナウンスはないので、モニュメントを見逃さないで！

光り輝くモニュメントにうっとり～☆

© Visit-in

暮れゆくパリの夜に乾杯へ～！

© JP Salle

© JP Salle

オペラ歌手がエプロン姿で熱唱!?
「ベル・カント・パリ」で
オペラ&美食をダブルで満喫 ♥

さっき料理を運んできたサービス係が、いきなり本格的なオペラを歌い出す。
美食と生歌の迫力に酔いしれながら、プライベートのディナーショー気分を味わってみて。

聴き惚れるな～

食事もおいしい！

気軽に聴きにきて

料理と歌声をお届け♪

一緒に歌おう♪

オペラ鑑賞というと正装して音楽に集中するイメージがあるけれど、18世紀には食事がサービスされることもあったとか。そんな、「音楽と美食の出会い」を気軽に楽しんでもらう場として誕生したのが「ベル・カント・パリ」。劇場と違い、すぐそばで聴く美声にうっとりすること間違いなし！

美声を堪能してね

ベル・カント・パリ

TOTAL 2時間30分

オススメ時間 19:30〜22:00

予算 約€120

鑑賞のマナーは？
歌の間は、会話をやめて耳を傾けよう。出口近くのカウンターにボックスが置いてあるので、サービスに満足したら€5ほどのチップを。

オペラ付きのレストラン

ベル・カント・パリ
Bel Canto Paris

オペラを聴きながら食事できるユニークなレストラン。サービス係は皆プロのオペラ歌手で、15分おきにオペラの名曲を歌ってくれる。

Map 別冊P.14-A3 マレ地区

🏠72, quai de l'Hôtel de Ville 4e ☎01.42.78.30.18
🕐19:30〜（予約は20:30まで15分間隔で）無休 €98（乾杯用以外の飲み物別）
ウェブサイトで要予約
Ⓜ⑦Pont Marieより徒歩3分
URL www.lebelcanto.com

みんなで歌おう！「乾杯の歌」

「ベル・カント・パリ」で歌われる楽曲は、毎日変わる。モーツァルトの『魔笛』など、親しみやすく比較的短い曲が中心なので、オペラに詳しくなくても心配不要。1曲だけ、毎回必ず歌われるのが『椿姫』に出てくる「乾杯の歌」。専用のグラスに注がれた発泡酒をもって、「ラララ〜」で一緒にハモろう！

カンパ〜イ！

プチぼうけん。

オペラ＆美食をダブルで満喫！

ボリュームたっぷり

ディナーも堪能して！

オペラと合わせて楽しむのは本格フランス料理のフルコース。前菜、主菜、デザートとも数種類のなかから選ぶことができる。

ハーモニーも楽しんで

情感たっぷりに歌います

そろそろ乾杯の準備！

1. ジューシーな羊肉のロースト
2. アペリティフから始まるディナー　3. フォワグラの厚みも十分
4. サクサクのミルフイユ

「乾杯の歌」用発泡酒

この日 aruco が選んだメニューはこちら！

アミューズ（突き出し）	グジェール（塩味のシュー）とサーモンのタルタル ☆
前菜	自家製カモのフォワグラ、トーストと玉ねぎのコンフィチュール ☆
主菜	子羊背肉のロティ、エシャロットのコンフィ添え ☆
デザート	ミルフイユ、ブルボンバニラのクリーム ☆

パリならシャンソン！という方はこちらへ

今もパリに残る老舗シャンソン酒場
オ・ラパン・アジル
Au Lapin Agile

フランスらしくシャンソンをたっぷり聴いてみたいなら、モンマルトルにあるシャンソニエ「オ・ラパン・アジル」へ。エディット・ピアフも出演した老舗で、ピカソやユトリロも常連客だった名所。「オ・シャンゼリゼ」など、おなじみの懐メロシャンソンを歌い手とお客が一緒になって大合唱。サビの部分だけでも一緒に歌って盛り上がろう！

ぼくが目印だよ

Map 別冊P.7-C1
モンマルトル

🏠 22, rue des Saules 18e
☎ 01.46.06.85.87
🕐 21:00 〜 翌1:00　🚫 月・水・日　💴 €35（1ドリンク込み）
🚇 ⑫Lamarck Caulaincourtより徒歩3分
🔗 au-lapin-agile.com

1. 自家製サクランボ酒を飲みながら一緒に合唱！
2. レトロな雰囲気むんむん　3. 舞台はなく、まん中のテーブルに歌い手たちが座って歌い始める

深夜まで歌うわよ

プチぼうけん 7

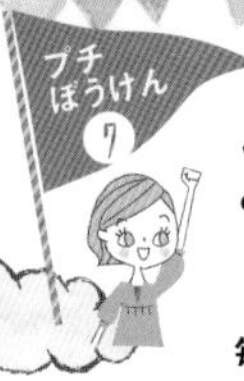

暮らすようなパリ体験！ マルシェでお買い物&アパルトマン滞在

毎日どこかで開かれているパリのマルシェ（朝市）。
買い物カゴを片手に紛れ込めば、パリの日常を体感できる♪
野菜やお総菜でアパルトマンでのお部屋ごはんも充実！

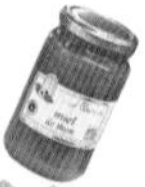

マルシェでお買い物

TOTAL 1~2時間

オススメ時間 9:00～12:00　予算 €15～

マルシェでの買い物のコツ
マルシェでは基本的に現金払い。小銭を用意しておこう。注文の列ができていたり、自分で袋に詰めたり、買い方は店によって違うので、他の人の様子を観察してみて。

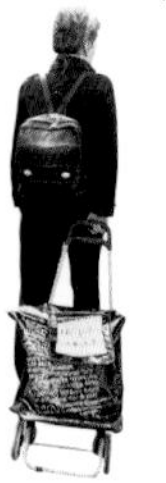

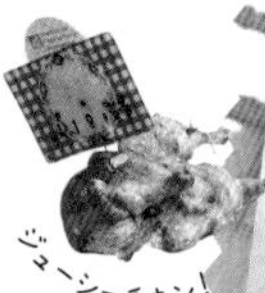

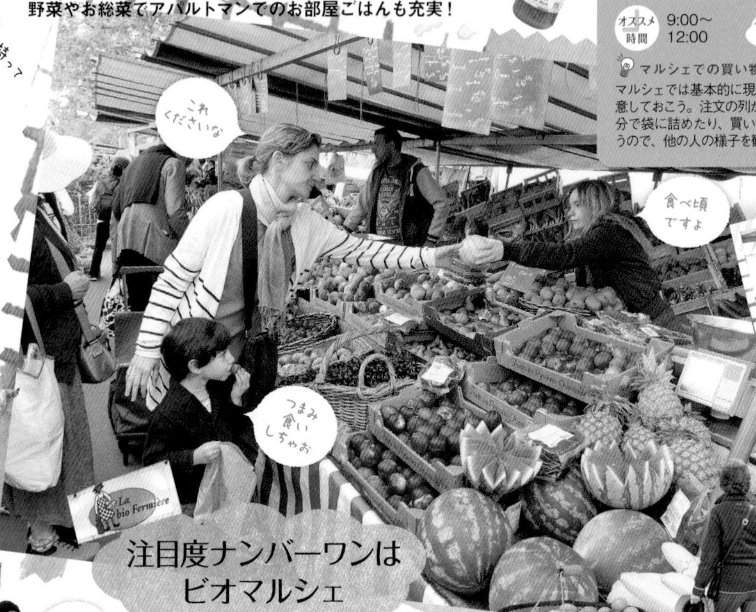

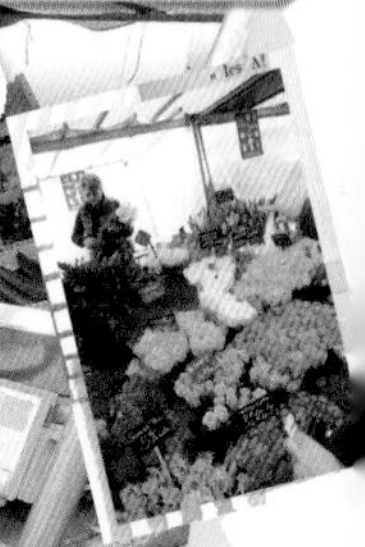

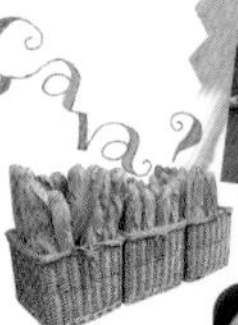

カートつきのマイバッグを持って

ジューシーチキン！

これくださいな
食べ頃ですよ
つまみ食いしちゃお
La bio Fermière

Ça va?

注目度ナンバーワンはビオマルシェ

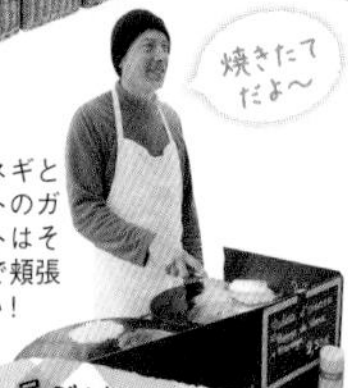

焼きたてだよ～

タマネギとポテトのガレットはその場で頬張りたい！

パリではビオ（オーガニック）製品がすっかり定着している。値段はちょっとお高めでも、安全で上質な物を求める人たちが買い物に出かけるのがビオマルシェ。色鮮やかな野菜や果物を見ているだけでビタミンパワーを補給できそう！

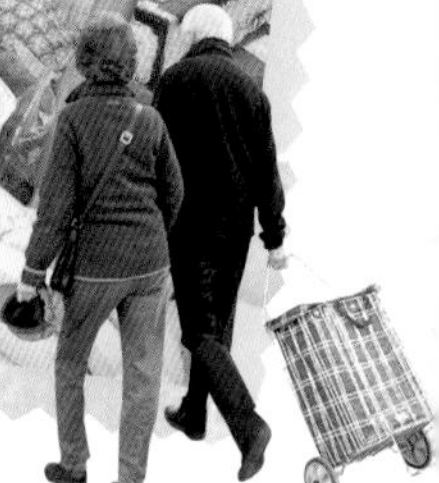

大混雑必至！

ラスパイユのビオマルシェ

Marché Biologique Raspail

日曜に開かれるラスパイユのビオマルシェは、食料品のほか石鹸や化粧品、衣料品までビオ製品が勢揃い。フレッシュハーブの生ジュースやタマネギとポテトのガレットなど、その場で食べられるものも、もちろんビオ。

Map 別冊P.16-B1 サン・ジェルマン・デ・プレ

Bd. Raspail 6e　日7:00～14:30　交Ⓜ⑫Rennesよりすぐ

お部屋ごはんのために買いたいもの

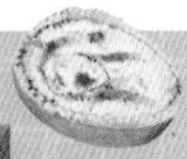

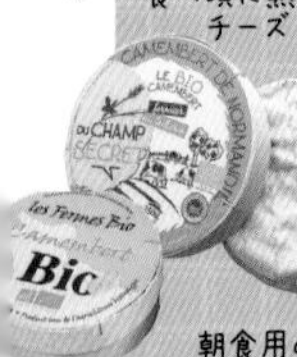

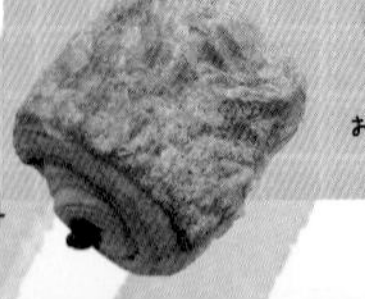

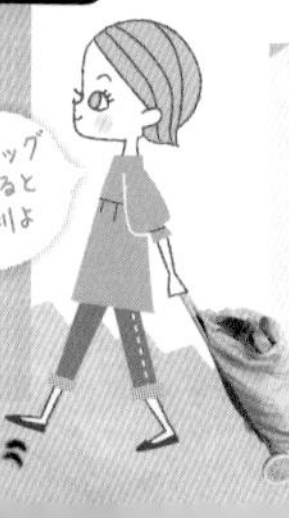

食べ頃に熟したチーズ
CAMEMBERT DE NORMANDIE
LE BIO
DU CHAMP SECRET
Les Fermes Bio
Camembert Bio
カマンベールは丸い容器がかわいい！

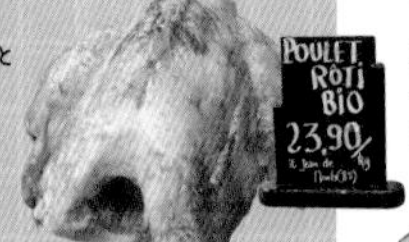

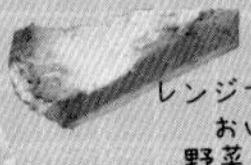

レンジで温めるとおいしい野菜のタルト

ローストチキンをディナー用に
POULET RÔTI BIO
23,90

朝食用のパンも買い込んで

おやつにつまみたいクッキーも

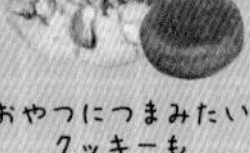

朝食に欠かせないフルーツ入りヨーグルト
Yaourt aux fruits
au lait entier
Ferme Dore

エコバッグがあると便利よ

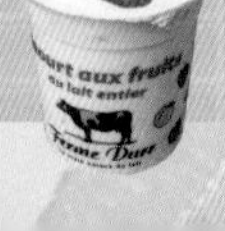

ABマークに注目！

「AB」は「アグリキュルチュール・ビオロジックAgriculture Biologique（有機農業）」のことで、フランス政府お墨付きのオーガニック食品に付けられるマークだ。「Bioビオ」の文字以外にも注目してみよう。

CERTIFIÉ AB AGRICULTURE BIOLOGIQUE

Bonjour

ボンジュール
Bonjour!
こんにちは！

メルシィ
Merci!
ありがとっ！

おまけだよ

フランス語で買ってみよう！

マルシェでの買い物は、フランス語が分からなくても、身振り手振りを駆使したり、メモも使えば、それほど難しくないはず。でも、少しだけフランス語で言えると、お店の人とのやりとりがもっと楽しくなるのでチャレンジしてみよう。

ケ・ス・ク・ヴ・ルコマンデ
Qu'est-ce que vous recommandez?
どれがオススメですか？

バナーヌ
Banane!
バナナ！

はい、どうぞ

ジュ・プ・グテ
Je peux goûter?
味見してもいいかしら？

エクスキューゼ・モワ
Excusez-moi!
すみませーん！

スィル・ヴ・プレ
S'il vous plaît!
お願いしまーす！

セ・トゥ
C'est tout.
それだけでいいわ

アヴェック・サ
Avec ça?
他に何かいる？

セ・コンビヤン
C'est combien?
これいくら？

プチぼうけん！

暮らすようなパリ体験！

Légume & fruit
野菜&果物 単語帳

トマト	……	**tomate** トマト
キャベツ	……	**chou** シュー
ジャガイモ	……	**pomme de terre** ポム・ド・テール
ラディッシュ	……	**radis** ラディ
アスパラガス	……	**asperge** アスペルジュ
レモン	……	**citron** シトロン
リンゴ	……	**pomme** ポム
イチゴ	……	**fraise** フレーズ
アプリコット	……	**abricot** アプリコ
モモ	……	**pêche** ペッシュ
ニンニク	……	**ail** アイユ
マッシュルーム	……	**champignon de paris** シャンピニョン・ド・パリ
栗	……	**marron** マロン

こんなマルシェにも行ってみたい！

アンファン・ルージュのマルシェ
Marché des Enfants Rouges
Map 別冊P.14-B2
マレ地区

いくつものレストランが入っていて、各国料理が食べられる人気のマルシェ。

◎8:30〜20:30（木〜21:30、日〜17:00）㊡月

アリーグルのマルシェ
Marché d'Aligre
Map 別冊P.19-C1
バスティーユ界隈

パリで一番安いと評判の庶民派マルシェ。雑貨・日用品市もやっている。

◎8:00〜13:00、16:00〜19:30（土はノンストップ、日8:00〜13:00）㊡月

バスティーユのマルシェ
Marché Bastille
Map 別冊P.14-B3
バスティーユ

週に2日だけ開かれるパリのベーシックな朝市。お散歩感覚で歩いてみて。

◎木7:00〜13:30、日7:00〜14:30

どこに行こう？

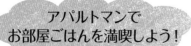

アパルトマンで お部屋ごはんを満喫しよう！

ホテルじゃなくてアパルトマン（＝アパート）に滞在すれば、憧れの"パリ暮らし"が体験できる。マルシェやスーパーで買ったお総菜でお部屋ごはんが楽しめるのは、アパルトマンならでは！

Bonjour!

アパルトマンに泊まる
TOTAL 5泊〜

オスメス時間 24時間　予算 €940〜

アパルトマン滞在での注意点
自分の部屋以外は一般の人たちが普通に暮らしていることを忘れずに。鍵の管理や騒音、ゴミ出しなどルールとマナーを守ってこそ快適に滞在できる。

パリジェンヌ気分ね〜♪

スイーツをたくさん買ってお部屋で食べ比べ♪ゆったりくつろぎながら満喫できます

いつもは外出ギリギリまで寝ていたいけど、パッと起きれるから不思議〜。朝食もゆったり楽しんで

洗濯機は素材（coton木綿、laineウール、synthétique化繊など）と水温を指定する。水温は40℃を基準にしてみて

アイロン

洗濯機

電子レンジ

炊飯器も！

水切り器

トースター

電気ポット

フライパン

Point 1
充実のキッチン！
なんといっても、設備の整ったキッチン付きというのが最高のポイント。清潔で機能的なキッチンには、必要なものがひと通り揃ってる。

お皿いろいろ

Point 2
生活必需品も パリ仕様
洗濯機やアイロンなども「パリ暮らし」に欠かせない生活アイテム。住人用のゴミ集積場所もしっかり確認して。

セジュール・ア・パリのお部屋にはショッピングカートもある。近くのマルシェへの買い出しに使えます

ゴミ置き場

日本人コンシェルジュの安心対応
セジュール・ア・パリ
Séjour à Paris

パリ中心部の観光やショッピングに便利な地区にある約15の部屋を取り扱っている。申し込みからチェックイン時のオリエンテーションまですべて日本語ででき、滞在中のリクエストにも細やかに応じてもらえるのがうれしい（一部有料）。

✉ info@sejouraparis.fr
💰 1泊€188〜（物件によって異なる。最低5泊から）。長期割引あり
Card A.M.V.
URL www.sejouraparis.fr

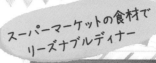

たとえばこんな お部屋ディナーはいかが？

凝った料理じゃなくても1品だけ作るとか、レンジでチンも加えるとか、お総菜を買ってくるだけでも楽しい！

おいしそう！

スーパーマーケットの食材で リーズナブルディナー

マルシェの野菜で 手料理 +α

手軽に作れるメニューと買ったものを組み合わせたディナー。マルシェで買った新鮮野菜を煮込んだラタトゥイユと、お肉屋さんで買ったローストチキンでバランスOK！ボリューム満点！

ラタトゥイユは簡単南仏料理。野菜をコトコト煮込めばできあがり！

レンジでチンするチキンをメインにしたお手軽ディナーでも十分満足できちゃう。サラダもワインも全部スーパーで調達。

こんなに買って約€20。買いすぎないように気を付けて〜

チーズと生ハム、オリーブなどでワインを飲むのもいいね！

食料品店のお総菜で ぜいたくディナー

お総菜屋さんでちょっと奮発。ワインもワインショップで買って、パリの夜にカンパーイ！

フレッシュミント入りタブレ
taboulé menthe fraiche

いんげんのサラダ
salade haricot vert

サーモンのメダイヨン
médaillon de saumon

キッシュ・ロレーヌ
quiche lorraine

チーズのテリーヌ
terrine de fromages

ミニ会話

お総菜の買い方

お総菜は量り売りが一般的。値段は100g当たりか1kg当たりで表示されている。「2人分ください」など、人数を伝えれば簡単、容器を出して「このサイズでいい？」とか、実際に分量をとって「このくらい？」と聞いてくれる。

タブレを200gください
Deux cents grammes de taboulé, s'il vous plaît.
ドゥー・サン・グラム・ド・タブレ・スィル・ヴ・プレ

2人分です
Pour deux personnes.
プール・ドゥー・ペルソンヌ

どれにしようかな

お総菜を買うなら

ルノートル Lenôtre
Map 別冊P.14-B3
URL www.lenotre.com

ストレー Stohrer
Map 別冊P.13-D1
URL stohrer.fr

プチ
ぼうけん
8

達人パリジェンヌが案内！蚤の市でお宝ハンティング

週末のパリは、かわいいアンティーク雑貨を探しに蚤の市へGO！
プロのガイドさんに、効率よく回るコツを教えてもらおう。

クリニャンクール

ヴァンヴ

VERNAISON

宝物探しの
旅に出発！

VERNAISON
ALLEE 5
№84-92

蚤の市で掘り出し物探し

クリニャンクールの蚤の市

TOTAL
4時間

オススメ
時間　11:00〜

予算　€50〜

蚤の市でのお役立ちグッズ
大きめのバッグやエコバッグは必携。手
が汚れることもあるので、ウエットティッ
シュがあると便利。蚤の市周辺はスリが
多いので、手荷物は最小限に。

2000店以上のショップが連なる

クリニャンクール（サントゥアン）の蚤の市
Les Puces de Paris St-Ouen

パリ最大規模を誇る広大な蚤の
市。きちんと区画整理され、それ
ぞれのエリアに名前がついている
ので歩きやすい。いくつかエリア
を絞って回るのがおすすめ。

Map 別冊 P.5-C1　北部

パリの蚤の市のなかでも「クリニャンクールの蚤の市（現地での呼称は「サントゥアンの蚤の市」）」は、店の数も約2000と膨大で、どこから回ればよいのか悩むことも。蚤の市を熟知したガイドと一緒に行くのも一案だ。

おすすめの
店にご案内
します

案内人 ソレーヌ・コラさん
日本語が堪能で、日本のテレビ番
組にも出演経験があるフランス政
府公認ガイド。最少催行人数2名
からの「パリ旅ツアー」を主宰。
一番人気の「クリニャンクール蚤
の市ツアー」はホテルから同行し
所要4時間、料金ひとり€130〜。
URL www.paristabitours.com

いつの時代の
ものですか？

上：地図も掲示されている
左：「ピッツブロック」（→P.39）
のポーリーヌさんと

◐土・日・月曜10:00〜17:30（店によって異なる）◑85番バスMarché aux Puces下車すぐ、Ⓜ⑬Garibaldiより徒歩20分

パリ市内からは🚇で下車
パリ市内へは🚌から乗車

達人に教わる蚤の市攻略のコツ

1 クリニャンクールの蚤の市は、区画整理されエリアごとに名前がついている。旅行者なら、雑貨を扱う「ヴェルネゾンVernaison」エリアへ。

2 メトロを利用するならⓂ⑬Garibaldiがおすすめ。Ⓜ④Porte de Clignancourt周辺は治安面ですすめられない。

3 営業時間は店によってマチマチ。土・日曜の11:00頃から回り始めるのがベスト。3〜4時間みておきたい。月曜は休業する店が多い。

4 値段交渉は€30を超えた商品から。断られた場合はあまりしつこく粘らないこと。

5 安い値段で宝物を買えるのが蚤の市の魅力。€20程度のビンテージ食器もあるので根気よく探して！

おもなエリアの名称と特徴
Ⓐ Vernaisonヴェルネゾン：
インテリア小物、テーブルウ
エア、アクセサリーなど
Ⓑ Dauphineドーフィヌ：イン
テリア、雑貨、古書など
Ⓒ Serpetteセルペット：アン
ティーク家具、人気高級ブ
ランドのビンテージ品など
Ⓓ Paul Bertポール・ベール：
インテリア雑貨、アン
ティーク家具など

Rue des Rosiers
Av. Michelet
Bd. Périphérique

住所はエリア名、通りAlléeの番号、
スタンドStand番号で表示される

コラさんのおすすめショップはここ！
inクリニャンクール

「ヴェルネゾン」
エリアの
お店です

カン・ノ・グラン・メール・クセ
Quand Nos Grands-Mères Cousaient
Allée 7, Stand 140

「私たちのおばあちゃん
が縫い物をしていた頃」
という名のとおり、手
芸用品が充実している。

左：1920年代のボッ
クス€32　右：ボタ
ン1個€2.10

プチ
ぼうけん3

蚤の市でお宝ハンティング

ピルケース
€10（左）、€18（右）

ピッツブロック
Pittsbroc
Allée 3, Stand 70

雑貨やアクセサリーがところ
狭しと並ぶ。値段は€10～。

ここがおすすめ♥
レトロなボタ
ンや絵柄がす
てきな箱もお
すすめ。

ルフレ・ド・パリ
Reflet de Paris
Allée 8, Stand 167

洋服やバッグ、ファブリック
系のビンテージなどを扱う店。

ここがおすすめ♥
レースの種類
が豊富で、
カーテンまで
買えますよ。

左：1880～1950年代
のリボン€9（赤）、
€3（白）上：1900年
代のバッグ€45

ここがおすすめ♥
手頃な値段で
すてきなジュ
エリーが見つ
かりますよ。

イル・アンティーク
ils antiques
Allée 7, stand 135

店名の「イル（彼ら）」はアンティーク
やビンテージのことだそう。長い年月を
過ごしてきた「彼ら」をいとおしむ気持
ちが詰まった店。

ここがおすすめ♥
オーナーである
岡本彩さんのアン
ティークへの
愛が伝わってく
る店です。

ボリス・アンティーク
boris antique
Allée 7, Stand 152

アンティーク好き
なボリスさんが芸
術大学に通いなが
ら店を運営。

ここがおすすめ♥
ハイクオリ
ティの陶器や、
年代ものの
「ジアン」も見
つかります。

上：カフェ・オ・
レ・ボウル€20
下：19世紀のジアン
の皿€15

左：カフェ・オ・レ・
ボウル€25　右：皿€22、
スプーン€20

ここがおすすめ♥
古着が充実し
ている店。生
地やボタンも
あるので裁縫
好きな方にも。

左：ブラウス€85
右：糸€4

ロール・ド・ヴィロトレイ
Laure de Villoutreys
Allée 6, Stand 101

ブラウスやドレ
スなど古着が
ぎっしり。かわ
いいボタンやリ
ボンもある。

イデー・ブロック
Idées Broc
Allée 8, Stand 163

フランスら
しい絵柄の
陶器が充実
している店。

かかっているカップ
すべて€10

ここがおすすめ♥
カップの種類
の多さはダン
トツ。値段も
手頃です。

サイズ違いのカップ
€15（小）～、€30（大）

ミニ会話

👉 写真を撮ってもいいですか？
Je peux prendre une photo?
ジュ・プー・プランドル・ユンヌ・フォト？

これはいくらですか？
C'est combien? セ・コンビヤン

安くしてください
Pouvez-vous faire moins cher,
s'il vous plaît? プヴェ・ヴ・フェール・
モワン・シェール・スィル・ヴ・プレ

こちらも行ってみたい！

日本人好みの青空市
ヴァンヴの蚤の市
Les Puces de Vanves

雑貨好きなら必須の蚤の市。2時
間もあれば十分回れる規模なの
で、お散歩気分で楽しめる。

Map 別冊P.4-B3　南部

🕐 土・日7:00～14:00（夕方まで
開いている店もある）🚇13 Porte
de Vanvesより徒歩3分

Ⓜ Bd. Brune
Porte de Vanves
Av. Marc Sangnier

Bd. Périphérique

は蚤の市エリア

プチ
ぼうけん
9

光の町が待っている！
初めての「夜パリ」満喫プラン

夜になると、ぐんとロマンティックに変貌するパリ。
その魅力をたっぷり、安心して楽しめるスポットをご紹介。

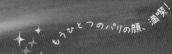
もうひとつのパリの顔、満喫！

モンパルナス・タワー
59階からの眺め

「夜パリ」の楽しみは
眺め？それとも雰囲気？

さまざまなモニュメントがライトアップされるパリの町。輝く町をまるごと眺めたり、船やバスから流れゆく風景を鑑賞したり、楽しみ方はいろいろ。

夜のパリを楽しむ

TOTAL 1時間

オススメ時間 日没〜23:00

予算 €17〜300

ディナーと眺望をセットにしてもモンパルナス・タワー、エッフェル塔ともに眺望の良いレストランがあり、夜景を眺めながら、美食を楽しむことができる。

ディナー
クルーズも！
©JP Salle
詳細は→P.31

光のドレス
まといました

エッフェル塔
Map 別冊 P.11-C3

凱旋門
Map 別冊 P.11-C1

おすすめ夜景スポット

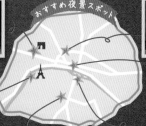
アンヴァリッド
Map 別冊 P.12-A3

パレ・ガルニエ
Map 別冊 P.7-C3

ルーヴル美術館
Map 別冊 P.13-C2
© pyramide du Louvre,
arch. I.M.Pei
詳細は→P.42

コンシェル
ジュリー
Map 別冊 P.13-D3

59階へ来てね!

プチぼうけん 9

初めての「夜パリ」満喫プラン

絶品の夜景を見るなら

モンパルナス・タワー
Tour Montparnasse

「パリで眺望の良い場所」と聞いて、誰もが思い浮かべるのはエッフェル塔。夜中まで開いているし、確かに眺めは素晴らしいけれど、唯一の欠点は「エッフェル塔そのものが見られない」こと。塔の入ったパリらしい夜景を見たければ、モンパルナス・タワーがおすすめだ。

Map 別冊P.16-B2 モンパルナス

🏠33, av. du Maine 15e 🕘9:30～23:30 (10～3月の日～木～22:30、金・土・祝の前日～23:00) 🈺無休
💶€19 🚇M④⑥⑫⑬Montparnasse Bienvenüeより徒歩2分
URLwww.tourmontparnasse56.com
レストラン「ル・シエル・ド・パリLe Ciel de Paris」 ☎01.40.64.77.64
🕘8:00～23:00 昼ムニュ(月～土) €60、€42、€32、夜ムニュ
€76、€140 🏠ランチとディナーは必須 URLwww.cieldeparis.com

華麗な夜を過ごすなら

ナイトショー
Spectacle

一度は体験してみたい、一流キャバレーでのナイトショー。ダンサーたちによる華やかなレビューが毎夜繰り広げられる。

夢の世界へようこそ!

© Cyril Zekser

モンマルトルの丘の麓にある「赤い風車(ムーラン・ルージュ)」

© Chris Barmat

華麗さにうっとり

© D.Duguet

© J.Habas

映画の舞台にもなった
ムーラン・ルージュ
Moulin Rouge

1889年創業の世界で最も有名なキャバレー。ダンサーたちが繰り広げる豪華絢爛なショーを堪能したい。見逃せないのは大迫力のフレンチ・カンカン、忘れられない夜になること間違いなし!

Map 別冊P.7-C1 モンマルトル

🏠82, bd. de Clichy 18e ☎01.53.09.82.82
🍽ディナーショー(19:00～)€225～、ドリンクショー(21:00～または23:00～)€122～
🚇M②Blancheより徒歩1分 URLwww.moulinrouge.fr

こちらもおすすめ ▶▶

映画にもなった有名キャバレー
クレイジー・ホース
Crazy Horse

女性ダンサーたちのボディラインの美しさは群を抜く。洗練された演出も魅力。「ヌード」が基本のショーだが、女性だけでも安心して楽しめる。

Map 別冊P.11-D2 シャンゼリゼ界隈

🏠12, av. George V 8e ☎01.47.23.32.32 🕘20:00～、22:30～
(土19:00、21:30、23:45) 🍽ドリンクショー€135～、ショーのみ
€115 🚇M①Alma Marceauより徒歩2分
URLwww.lecrazyhorseparis.com

左岸の歴史あるキャバレー
パラディ・ラタン
Paradis Latin

フレンチ・カンカン発祥の店ともされる老舗で、現在はクリエイティブなショーを展開している。有名シェフとコラボしたディナーも好評。

Map 別冊P.18-A1 カルチェ・ラタン

🏠28, rue du Cardinal Lemoine 5e ☎01.43.25.28.28
🍽ディナーショー€175～(19:30～)、ショーのみ€80～(21:30～)
🚇M⑩Cardinal Lemoineより徒歩2分
URLwww.paradislatin.com

ナイトミュージアムで大人のアート鑑賞

アートとイルミ、両方堪能！

雰囲気が変わるのね

東芝の提供により、LED照明に変わったガラスのピラミッドを眺められる「ル・カフェ・マルリー」のテラス席 ©pyramide du Louvre, arch. I.M.Pei

イルミネーション点灯の時間をねらってお茶しても

パリの美術館のなかには、曜日によって夜遅くまで開館しているところがある。鑑賞後は、そのままイルミネーション散歩に出かけるもよし、アートの余韻にひたりながらのアペリティフもステキ。

夜も開館している美術館

ルーヴル美術館：金は〜21:45	→P.148
オルセー美術館：木は〜21:45	→P.152
国立近代美術館：木は企画展のみ〜23:00	→P.157
ケ・ブランリー・ジャック・シラク美術館：木〜22:00	URL www.quaibranly.fr
パレ・ド・トーキョー：木〜24:00	URL www.palaisdetokyo.com

たとえばこんなプランで

18:00
ルーヴル美術館見学

いつもなら閉館する時間に見学をスタート。日中よりゆったりと鑑賞できるのがうれしい。

20:00
「ル・カフェ・マルリー」でイルミネーション鑑賞

ルーヴルの一角にあるカフェで、ライトアップされた中庭を眺めながらディナーかお茶を。

ル・カフェ・マルリー
Le Café Marly

☎01.49.26.06.60 ●8:00〜翌2:00 休無休 コーヒー€5〜

1
2

ケ・ブランリー・ジャック・シラク美術館の見学後はエッフェル塔のライトアップをパレ・ド・トーキョーは毎日深夜までオープン

夜の町歩き、気をつけたいこんなこと

★日没は何時頃？
季節によってかなり変わるので注意したい。夏の日没は21:00を過ぎてから。イルミネーションが見られるのは22:00以降となる。反対に冬は、17:30頃には日が暮れ、夜の時間が長くなる。

★治安
シャンゼリゼ大通り、パレ・ガルニエ界隈といった繁華街は、夜遅くまで人通りが多く、それほど心配しなくてもいい。ただ、宿泊ホテルの界隈が繁華街からはずれる場合はハズ、帰りが遅くならないよう気をつけたい。

★防寒
イルミネーションがより華やかになるクリスマス時期など、冬の夜は寒さが厳しいため、防寒の準備を。夏も夜になると冷え込むことがあるので、上着の用意があると安心だ。

★終電、終バスの時刻は？
メトロの運転時間は5:30〜翌0:30頃。RERは翌1:00頃まで運転しているが、あまり遅い時間の利用はすすめられない。バスは通常7:00〜20:30。路線によっては深夜まで運転しているほか、深夜バスNoctilienも47路線ある。

深夜バスの乗り場。路線などの詳しい情報はウェブサイトで確認 URL www.ratp.fr

✦きら✦きら✦ ノエル 絶景SPOT BEST3

クリスマスは「ノエル」っていうんだよ

広場も大通りもイルミネーションで輝く
クリスマス仕様のパリに合いに行こう。

BEST 1

シャンゼリゼ大通り〜コンコルド広場

クリスマスシーズン（11月下旬〜1月10日頃）のライトアップのなかで、最も華やかなのがシャンゼリゼ大通り。歩道の並木に取り付けられた照明が灯れば、そこはきらめく光のプロムナードに。

Map 別冊P.11-C1〜D1、P.12-A1〜B1

Ⓜ①②⑥ⒺⒶCharles de Gaulle Etoile
①George V ①⑨Franklin D. Roosevelt
①⑧⑫Concordeの各駅間

凱旋門から眺める
シャンゼリゼ大通りは、
光の帯のよう

恋人たちが最も
絵になるキラキ
ライルミ

通りに並ぶブ
ティックもクリ
スマス仕様に

車には
気をつけて

シャンゼリゼ撮影のコツ

大通りを撮るには、中央に数ヵ所ある信号の所で撮るのがいいが、場所によっては次の信号の光が写り込んでしまう。光の具合を確かめながら撮ろう。

BEST 2

オペラ界隈

オペラ地区にあるふたつのデパート「ギャラリー・ラファイエット」と「プランタン」では、意匠を凝らしたイルミネーションを実施。動く人形が置かれたショーウインドーも楽しい。宝飾店が並ぶヴァンドーム広場も豪華さがアップ。

ヴァンドーム広場はシック＆リュクスな飾り付けで

Map 別冊P.12-B1

Ⓜ③⑦⑧Opéraより徒歩5分

毎年異なる
デザインで

「プランタン」のショーウインドー。子供たちはダンスを踊る人形たちにくぎ付け！

Map 別冊P.6-B3

Ⓜ③⑨Havre Caumartinより徒歩1分

イルミネーションや、美しい丸天井の下に設置されるビッグツリーが毎年注目を集める「ギャラリー・ラファイエット・パリ・オスマン」

Map 別冊P.7-C3

Ⓜ⑦⑨Chaussée d'Antin La Fayetteより徒歩1分

聖夜の
輝きを
再び！

3

ノートルダム大聖堂

2019年4月の火災で一部が焼失し、2023年秋現在再建中。工事完了は2024年12月の予定で、クリスマスにはよみがえった姿が見られるかもしれない。

Map 別冊P.13-D3

Ⓜ④Citéより徒歩3分
URL www.notredamedeparis.fr

再開後は、キリスト生誕の場面を小さな人形で再現した「クレッシュCrèche」を、再び聖堂内で観ることができるはず

ミステリーゾーンに潜入？
知られざるパリの地下探検！

下水道博物館
ルーヴル宮
サン・マルタン運河
（地下水路）
カタコンブ

GALERIE TURGOT

地上には美しいモニュメントが立ち並ぶパリだけど、
実は地下もすごいって知ってた？　こんな所があったの？って
きっと驚く、ユニーク＆秘密の地下スポットにご案内！

パリは地下にも名所あり！

19世紀の大規模な
都市改造計画によっ
て整備された

EXPLORATION DU SOUTERRAIN DE PARIS

地下に
博物館が！

オペラ座の地下深くに湖があるという伝説
から、『オペラ座の怪人』の小説が生まれ
るなど、パリの地下にはいろんな物語が秘
められていそう。公開されている「地下名
所」を巡って、秘密のパリ探検に出発！

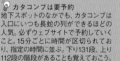

パリの地下探検

TOTAL 1〜2時間

オススメ時間 10:00〜12:00
予算 €9〜30

カタコンブは要予約
地下スポットのなかでも、カタコンブは
入口にいつも長蛇の列ができるほどの人
気。必ずウェブサイトで予約していくこ
と。15分ごとに時間が区切られてお
り、指定の時間に並ぶ。下り131段、上り
112段の階段があることも覚えておこう。

1

パリ市民の暮らしを支える

下水道博物館 Musée des Egouts de Paris

ユゴー作の『レ・ミゼラブル』にも登
場するパリの下水道。19世紀に整備さ
れたもので、全長2600kmにもおよぶ。
その一部を歴史とともに紹介している。

Map 別冊P.11-D2 エッフェル塔界隈

社会科見学気分で
回ってみるのも
楽しいよ！

1. 掃除用具などレアな展示がたくさん　2.
下水道の仕組みや歴史を展示したコーナー
3. 下水道グッズも販売

🏠アルマ橋Pont d'Almaのたもと。7e　🕐10:00〜17:00
（入場は1時間前まで）　📅月　💴€9　🚇M⑨Alma
Marceauより徒歩2分　🌐musee-egouts.paris.fr

44

地下に息づく黄泉の国

カタコンブ Catacombs de Paris

パリ市内の共同墓地に葬られていた約600万体の骨を納骨した地下墓地。壁面が骸骨で埋められた地下道が延々と続く。全長1.5km、抜け道はないので、体調とも相談して。

Map 別冊P.17-C3 モンパルナス

🏠1, av. du Colonel Henri Roi-Tanguy 14e（出口は21 bis, av. René Coty **Map** 別冊P.5-C3）🕘9:30～20:30（入場は1時間前まで。ウェブサイトで要予約）🈺月、1/1、5/1、12/25 💰€29 🚇④⑥🚊B Denfert Rochereauからすぐ 🔗www.catacombes.paris.fr

骨には決して触れないこと！

1.「立ち止まりなさい！ ここからは黄泉の国です」と書かれた入口。思わず姿勢を正してしまう 2. 出口にはショップがあり、ドクログッズなどを販売している 3. アート作品のように美しく並べられた骸骨 4. 常に14℃くらいに保たれているので羽織るものを用意したい

入口と出口は別の場所

クルーズで楽しむ地下水路

サン・マルタン運河 Canal St-Martin

セーヌ川と近郊の運河を結ぶため、19世紀に造られた運河で2kmほど地下水路を通る。運河クルーズを利用すれば、唯一の天窓から光が差し込む、神秘的な水の旅を楽しめる。

サン・マルタン運河クルーズ「カノラマCanauxrama」

Map 別冊P.14-B3 バスティーユ界隈

🏠50, bd. de la Bastille 12e 🕘アルスナル港発14:30 💰€23 🚇①⑤⑧Bastilleからすぐ 🔗www.canauxrama.com

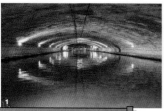

遊覧船でのんびり

1. 田原桂一によるプリズムを使った作品が設置されたことも 2. 地下水路の入口 3. 風情のある地上の風景

工事で発見された城壁

中世のルーヴル
Louvre médieval

ルーヴル美術館と地下で連絡しているカルーゼル・デュ・ルーヴルの一画にある。13世紀、ルーヴル宮がパリを守る要塞だった時代の壁で、美術館を大リニューアルした際に発見された。

Map 別冊P.13-C2 ルーヴル

🏠99, rue de Rivoli 1er 🕘10:00～19:00（金～20:00）🈺無料 🚇①⑦Palais Royal Musée du Louvre直結

パリの町を守りました

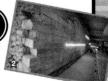

1. フィリップ・オーギュスト王の時代に建造された城壁 2. 現代作家のインスタレーションに使われることも

アートなメトロ駅巡り

パリの地下を最も占有しているのがメトロ。駅によっては凝った装飾が施され、さながら地下のアートギャラリー。

左：潜水艦内部のようなArts et Métiers駅 **Map** 別冊P.14-A1
右：壁画が描かれたAbbesses駅の階段 **Map** 別冊P.7-C1

海に浮かぶ神秘の修道院
モン・サン・ミッシェルへの小旅行

プチぼうけん⑪ ゆみ

中世から多くの巡礼者を迎えてきた聖地。
モン・サン・ミッシェルの魅力を楽しみ尽くそう。

大潮を体験する

TOTAL 3時間

オススメ時間 季節によって異なる

予算 交通費 約€200

天候に合わせられる柔軟な日程に
この地方は雨が多く、満潮時に天候に恵ま
れるとは限らない。満潮は1日2回チャンス
があるので、両方チェックできるような、余
裕をもったスケジュールに。

幻想的～

パリからの詳細アクセス

ロマネスク様式の修道院が最初に建設されて
から1000年。長期におよんだ環境復元工事を
経て、修道院が水に囲まれる本来の姿を取り
戻した奇跡の島を訪ねよう。

モン・サン・ミッシェル
Mont St-Michel

◎モン・サン・ミッシェル観光局
対岸の駐車場と島内にある。
URL www.ot-montsaintmichel.
com

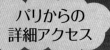

サン・マロ
モン・サン・ミッシェル
レンヌ
セーヌ川
パリ

Mont St-Michel

●●●● 徒歩ルート
━━━ シャトルバス、経路

モン・サン・ミッシェルを遠望する絶好のスポット

クエノン河ロダム

メルキュール・モン・サン・ミッシェル

R ル・プレ・サレ

H ル・レ・サン・ミッシェル
遊歩道
レ・ギャラリー・デュ・モン・
サン・ミッシェル（スーパーマーケット）

La Jacotière Ardevon

シャトルバス馬車乗り場 H

i 無料WCあり

飛行場方面→

レンヌなどの
国鉄駅と結ぶ
公共バスの
ターミナル

駐車場

ポントルソン
↓方面

N 0 500m

対岸から島へのアクセス

徒歩▶駐車場から島まで所要約40分
シャトルバス▶島と対
岸を結ぶ無料のシャト
ルバス「ル・パスー
ル」。7:30～24:00運
行。所要約12分

モン・サン・ミッシェルへのアクセス

◎**高速列車TGVでパリからレンヌ経由で**
パリ・モンパルナス駅からTGVでレンヌRennes（所要約1時間40分～2時間）
へ。レンヌ駅に隣接したバスターミナルGare Routièreから直通バスで約1時間
10分。TGVは要予約。バスもウェブサイトでの予約が望ましい。
フランス国鉄 URL www.sncf-connect.com バス URL keolis-armor.com

◎**サン・マロ経由でモン・サン・ミッシェルへ**
パリから城壁の町サン・マロを見てから向かうルートもある。パリ～サン・マロ間
約3時間、サン・マロからバスで1時間10分。

◎**地方内普通列車TERでパリからポントルソン経由で**
夏のピーク期に運行する最も安い手段。パリからTERでポントルソンPontorson
へ（所要約3時間30分～4時間）。モン・サン・ミッシェル行き路線バスで約
25分。終点から島へは約350m。

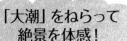
Mont St-Michel

「大潮」をねらって絶景を体感！

大潮の日には海に浮かぶような完全に孤島の姿を見せるモン・サン・ミッシェル。「馬のギャロップ」ともたとえられるドラマチックな潮の満ち干き、自然が生み出した奇跡の風景を体感してみて。

1 大潮の日を知るには？

大潮が観測できる日は、観光局の潮の干満の日時を示すカレンダー（Tide schedules）で確認できる。満潮時の水位が12.85 mに達するとき、モン・サン・ミッシェルは1時間ほど海に囲まれた島となる。大潮のまったくない月もあるので、ウェブサイトで確認しよう。
URL www.ot-montsaintmichel.com/en/tide-schedules/

島の入口も水びたしに

カレンダーで赤くマーキングされているのが大潮の日。満潮時には、看板も半分まで浸かるほどの高さに。

ここをcheck!

ウエットスーツ着てきたわ！

2 どこで見る？

絶景だわ～

満ちてくる潮の様子を見るには、満潮の2時間前頃からスタンバイ。島から湾全体を見渡すのもいいけれど、水に囲まれた島を見るなら、連絡橋から。最初は緩やかな潮の流れが、ある時点から驚くほどの速さで満ちてくる。大自然のエネルギーを間近に感じたければ、こちらがおすすめ。

島から見る

眺めがよいのは城壁。修道院の「西のテラス」から見渡すのも一案

すごいスピード

見学のヒント 🐦

● 満潮は朝と夜の2回。その時刻は日によって異なる。夜遅い時間だと、満ち干きの様子は暗くて見られないが、P.46のような幻想的な夜景を見ることができる。プランニングのヒントに。
● 満潮になると、島寄りの連絡橋の先端部は水につかってしまう。濡れても大丈夫な靴、服装で。
● 満潮前後1時間ほどは、シャトルバスがストップする。早めに移動して、見学場所を確保しよう。

連絡橋から見る
島に向かって右側から見ると、島全体がきれいに見える。

石畳を歩いて島内を散策

11世紀に建てられて以来、多くの巡礼者を迎えてきたモン・サン・ミッシェル。島を歩いて、聖地のパワーを感じ取ろう。石畳で階段も多いので、散策は歩きやすい靴で。

それはお告げから始まった

モン・サン・ミッシェルのプチ歴史

709年	大天使ミカエル（サン・ミッシェル）のお告げを聞いた聖オベールが最初の教会を建設
966年	ベネディクト会修道院となり、修道院の建設開始
1023年	ロマネスク様式の修道院付属教会と北側に最初の修道院建設
12世紀	西側と南側に修道院が増築
13世紀	ゴシック様式の傑作「ラ・メルヴェイユ（驚異）」建設
14-15世紀	百年戦争でイギリス海峡に浮かぶ要塞に。百年戦争後、巡礼ブームとなり、多くの巡礼者が訪れる
19世紀	フランス革命時、破壊と略奪に遭い、修道会は解散。その後、牢獄として使われる
19世紀末	歴史的建造物として登録され、修復が始まる
1966年	修道院建設1000年。修道士が戻り、修道院が再開
1979年	ユネスコ世界遺産登録
2006年	周辺の環境を守り、かつての景観を取り戻すための環境復元工事開始
2015年	環境復元工事終了。孤島である姿を再び見ることができるように

てっぺんで輝きます！

お告げの場面のレリーフ

島内の散策プラン

日帰りの場合は、帰りのバスの時刻に合わせて、時間配分を考えよう。

- 島の入口から修道院まで歩く　20分
- 修道院内の見学　1時間～1時間30分
- 城壁を歩く　30分
- 食事　1時間
- グランド・リュの散策　30分

バスの時間大丈夫？

大天使ミカエル
Statue de St-Michel

尖塔上に置かれた、金色の輝く大天使ミカエル（サン・ミッシェル）像。1897年、彫刻家エマニュエル・フレミエの作。

ラ・メルヴェイユ
La Merveille

3層からなるゴシック様式の部分で、美しさと建築技術の高さから「ラ・メルヴェイユ（驚異）」と呼ばれている。砂州を見渡せる回廊もその一部。

修道院 →P.49

修道院付属教会
Eglise Abbatiale

西のテラス
Terrasse de l'Ouest

湾を見渡せる展望スポット。

グランド・リュ
Grande Rue

中世の時代、巡礼者のための旅籠や商店が並んでいた参道。「大通り（グランド・リュ）」とは名ばかりで、実際はとても狭い。

サントベール礼拝堂
Chapelle St-Aubert

8世紀に修道院を築いた聖オベールを祀る礼拝堂。

城壁
Remparts

島が難攻不落の砦だった頃の面影を伝える城壁。現在は遊歩道になっている。

注意！

干潟を歩くときはガイド付きで
干潮時には、島の周囲に広大な干潟が広がる。ガイドなしで歩くことは禁止されているので、必ずツアーに参加しよう。日本語で申し込めるツアーもある。
URL www.accent-aigu.com

ガブリエル塔
Tour Gabriel

16世紀に城壁の守りを固めるために建てられた塔。19世紀からは灯台となっている。

ラ・メール・プラール
La Mère Poulard

オムレツ（→P.51）で有名な歴史的ホテル・レストラン。館内には宿泊した有名人の写真とサインが飾ってある。

卵をたくさん使うわよ！

王の門
Porte du Roy

砦の守りを固めるため15世紀に建てられた門。侵入者を防ぐ跳ね橋をもつ。

迷路みたいな 修道院見学

数世紀にわたって増改築を繰り返してきた修道院の造りは、いろんな建築様式がミックス。内部は複雑に入り組んでいるけれど、表示に従って進めば迷子になる心配なし。

修道院 Abbaye

⏰5～8月9:00～19:00、9～4月9:30～18:00
（入場は閉館の1時間30分前まで）休1/1、5/1、12/25 料€11ウェブサイトからの予約が望ましい
URL www.abbaye-mont-saint-michel.fr

食卓室 Réfectoire

修道士たちが食事をとった場所。側壁に設けられた59の小窓から差し込む光が、空間に神聖な雰囲気を与えている。

西のテラス Terrasse de l'Ouest

修道院付属教会の入口に面したテラス。周囲を見渡すすばらしい眺めを楽しめる。

眺望ポイント！

ラ・メルヴェイユ

中間階「迎賓の間」へ

北翼廊
身廊
南翼廊
大階段

上階

回廊 Cloître

修道士の瞑想の場。

下階「司祭の間」へ

ラ・メルヴェイユ

修道院付属教会 Eglise Abbatiale

内陣は一度崩壊し1523年にフランボワイヤンゴシック様式で再建された。

騎士の間 Salle des Chevaliers

メルヴェイユ棟にある見学最後の部屋。修道士たちの執務室として使われた。

荷揚げ
ハシゴ

大階段

中間階

迎賓の間 Salle de Hôtes

王や貴族たちを迎えるための貴賓室。

大車輪 Grande Roue

19世紀に牢獄として使われた際、食物を上階に運ぶため設置されたものを復元。

サン・マルタン礼拝堂 Chapelle St-Martin

11世紀当時の姿を留める貴重な場所。

太柱の礼拝堂 Crypte des Gros-Piliers

上階にある聖堂の内陣を支える土台として、15世紀半ばに設けられた地下礼拝堂。

ラ・メルヴェイユ

出口 プティック

Goal！
司祭の間
（チケット売場）

入口

岩盤

Start！

イッキに上階へ！

下階

哨戒の間 Salle des Gardes

ここから見学スタート。

サンテティエンヌ（聖ステファヌス）礼拝堂 Chapelle St-Etienne

納骨堂に隣接した、死者のための礼拝堂。

大階段 Grande Degré

階段を上りきると、西のテラスに出る。

夕暮れ＆夜明け ウオッチング

夕暮れと夜明けはカメラを持ってスタンバイ。幻想の島が、1日でいちばん美しく輝く時間を体験しよう！

※3月末の日没＆日の出を追ってみました。
※日没＆日の出の時刻は季節によって異なります。

Coucher du soleil 夕暮れ

日没後まもなく、オレンジ色がうっすらと残る空

この日の日没は20:30

20:40

Lever du soleil 夜明け

この日の日の出は08:06

07:24

墨1色で描かれたような幻想的な姿

21:18
島全体がライトアップ

光の島になりました

08:03
太陽の光が朝もやを薄いオレンジ色に染めて

朝もやに包まれます

夏は夜の拝観も楽しめます

超軽量飛行機で 空中遊覧

熟練のパイロットと2人乗り軽量飛行機で楽しむ遊覧飛行。特別な準備は必要なく、短い飛行時間でも充分満足できる。眼下に絶景が広がり、感動すること間違いなし。

① 予約して飛行場へ

ようこそ

飛行を希望する日時を明示して、レジス・マオRégis Maoさんまで電話またはメールで予約（英語可）。送迎のタクシーが必要なら問い合わせを。

簡単な説明（仏・英語）を受けてから搭乗し、安全ベルトを締める。触ってはいけない箇所などもあるので、注意をよく聞くこと。

② いざ搭乗！

右足から乗ります

③ 絶景を満喫！

気分サイコー！

滑走路へと移動して離陸！窓がなく吹きっさらしの状態なので、最初は風の強さに驚くかも。カメラは吹き飛ばされないよう、首から下げておいたほうが安全。

島になった気分〜

ノルマンディー・ユー・エル・エム
Normandie ULM

飛行機の種類は、プロペラが上部にある「オートジャイロAutogire」と後部にある「ユー・エル・エム・パンデュレールULM Pendulaire」の2種類。風の強い日や初心者には安定性の高い前者をすすめられる。

♠ Aérodrome 50300 Le Val St-Père ☎06.81.99.24.79 / 02.33.58.10.13 〒モン・サン・ミッシェル遊覧20分間€100〜110、モン・サン・ミッシェルと湾30分間€140〜150 URLwww.normandie-ulm.com ✉contact@normandie-ulm.com

気をつけたいポイント

◉ 高所恐怖症の人にはすすめられない。
◉ 上空は地上よりもかなり気温が下がる。防寒具を貸してくれるが、夏でも暖かい格好で。
◉ 荷物は一切持たず（カメラは可）、またロッカーもないので、交替で荷物を預かれる友人や家族と一緒がおすすめ。
◉ ヘルメットを着用するのでカメラのファインダーはのぞくことができない。
◉ 悪天候の場合は実施されない。朝、確認の電話をする。

羊にも会えるよ

やや風のある日は「オートジャイロ」で遊覧飛行

GOURMET
グルメ

モン・サン・ミッシェルならではの名物料理、おすすめのおみやげはこちら。

Map 本誌P.46

おすすめレストラン

ル・プレ・サレ Le Pré-Salé

島の対岸にあるホテル「メルキュール・モン・サン・ミッシェル」内のレストラン。明るい雰囲気のなか、子羊のもも肉ローストなど、プレ・サレ料理を味わえる。

塩キャラメルのソフトは人気！

🏠 Route du Mont St-Michel　☎02.33.60.24.17
🕐12:00～14:00、19:00～21:15　休月　Ⓜ︎ムニュ€25、€35、プレ・サレ€34～
Card A.M.V.　予望ましい
URL restaurants.le-mont-saint-michel.com

潮風味の**子羊ロースト**
L'agneau de pré-salé rôti
海辺の牧草を食べて育つモン・サン・ミッシェルの羊は、ほんのりと潮の風味が。シンプルなローストがいちばん。

ガレット Galette
ソバ粉と有塩バターで作ったクレープ。チーズや卵、ソーセージなど具のバリエーションが豊富。グランド・リュに面したクレープリーなどで。

モン・サン・ミッシェルのオムレツ
L'omelette de Mont St-Michel
グランド・リュに面したレストラン「ラ・メール・プラール」の名物。ふわふわに泡立てて暖炉で焼き上げる。19世紀、巡礼者のために考案されたものだが、今は観光客向けの一品。

超定番！

モン・サン・ミッシェルのサブレ
Les galettes sablées du Mont St-Michel
新鮮なノルマンディー産バターをたっぷり使ったクッキー。オムレツの考案者でもある「メール・プラール（プラールおばさん）」のクッキーが有名。

缶入りも

イラスト入り！

ノルマンディーとブルターニュでちょうど境にあるモン・サン・ミッシェルを取りっこ？

塩バターキャラメル
Caramel beurre salé　バターの風味が濃厚なキャラメル。夏は溶ける可能性があるので要注意。

SOUVENIR
おみやげ

水からおみやげまで揃うおすすめショップ

レ・ギャルリー・デュ・モン・サン・ミッシェル
Les Galeries du Mont St-Michel

対岸ホテル街にあるスーパーマーケット。飲み物や軽食はもちろん、名産物が揃い、おみやげを買うのに便利。

スノードームも

🏠 Route du Mont St-Michel
🕐9:00～19:00（2・3・10・11月～18:30、7月中旬～8月下旬～20:00）
休11月中旬～2月上旬

HOTEL
ホテル

部屋から島を眺望できる

ルレ・サン・ミッシェル Relais St-Michel

修道院から約2km、島のちょうど対岸にあり、ほぼすべての客室のバルコニーから修道院の全景を眺めることができるパノラマ自慢のホテル。人気があるので早めに予約を。

🏠 Route du Mont St-Michel　☎02.33.89.32.00
Ⓢシングル、ダブルとも€234～　朝食込み　Card A.D.J.M.V.
客39　URL lemontsaintmichel.info

シャトルバスの停留場が目の前

メルキュール・モン・サン・ミッシェル
Mercure Mont St-Michel

レンヌやサン・マロからのバスが着くターミナルのそばにあるので、荷物が重くても安心。客室は広くて快適。ツアーでよく利用されるが個人旅行にもおすすめ。

🏠 Route du Mont St-Michel　☎02.33.60.14.18　Ⓢシングル、ダブルとも€114～　朝食€16　Card A.M.V.　客100
URL all.accor.com/hotel/1263/index.ja.shtml

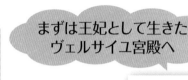

ヴェルサイユに咲いた一輪のバラ

マリー・アントワネットが愛した 秘密の隠れ家へ

フランスの歴史上一番有名な女性、マリー・アントワネットの素顔に触れる一日。

私の履歴書

マリー・アントワネットってどんな人？

Marie-Antoinette

オーストリアからフランスに嫁いできたとき、私はまだ14歳でした。夫のルイ16世は地味なうえに性的不能。若い私がどんなに退屈したかわかるでしょ？ それで、夜ごと踊りに出かけたり、ドレスや宝石を次々と注文したり。私はただ普通の女としての喜びを求めただけ。でも、一国の王妃としては軽率だったわね。1789年、革命勃発とともに私は捕らえられ、やがて断頭台の露と消えたのです。

階段の手すりにはMAのモノグラムを

〜え〜知らなかった！

まずは王妃として生きた ヴェルサイユ宮殿へ

キラキラ シャンデリアが まぶしー

ヴェルサイユ宮殿の日常は、起床から3度の食事、就寝まで、太陽王ルイ14世が定めた厳格な儀式の形で行われていた。ハプスブルク家の末っ子として自由奔放に育ったマリー・アントワネットにとってはとまどうことばかりだった。

わぁ〜 豪華ね

 宮殿と庭園

TOTAL 3時間

オススメ時間 9:00〜12:00 ／ 予算 €30〜

朝一番の時間帯を予約
宮殿の見学は予約が必要。ゆっくり見学するなら朝一番の時間帯で。所要1時間ほど。宮殿を出たら、広大な庭園を散策。

 鏡の回廊
Galerie des Glaces

17世紀末に完成した「鏡の回廊」。357枚の鏡で装飾され、その豪華さはフランス王の栄光をヨーロッパ中に鳴り響かせた

ヴェルサイユ宮殿 Map 本誌P.53

Château de Versailles

⏰9:00〜18:30（11〜3月は〜17:30、マリー・アントワネットの離宮12:00〜）㊡月、一部祝 ㊟宮殿 €19.50（ウェブサイトから要予約）、離宮€12、1日パスポート（宮殿＋離宮）€28.50、パリ・ミュージアム・パス使用可（→P.145、ウェブサイトで日時を指定）。18歳未満無料、11〜3月の第1日曜無料 URL www.chateauversailles.fr

🚌 ヴェルサイユへのアクセス

パリから行く方法は3とおりある。①パリ RER C 線の各駅から終点ヴェルサイユ・シャトー・リヴ・ゴーシュVersailles Château Rive Gauche駅下車（パリ市内のRER C線の各駅から30〜40分）。宮殿まで約800m。②国鉄モンパルナス駅からヴェルサイユ・シャンティエVersailles Chantiers駅まで15〜30分。宮殿まで約1.6km。③国鉄サン・ラザール駅からヴェルサイユ・リヴ・ドロワトVersailles Rive Droite駅まで40分。宮殿まで約1.4km。

ヴェルサイユ ● パリ ◎ パリ セーヌ川

マリー・アントワ
ネットの生涯に思
いをはせて……

ヴェルサイユ

・王妃の家 Maison de la Reine
村里 Le Hameau
マリー・アントワネットの離宮 ・愛の神殿 Temple de l'Amour
Domaine de Marie-Antoinette
プティ・トリアノン Petit Trianon
グラン・トリアノン ⓒアンジェリーナ
Grand Trianon・ ・マリー・アントワネットの離宮入口
プチトラン
Grand Canal
大運河
Petit Canal
小運河
Ⓡ ラ・プティット・ヴニース
・アポロンの泉
Bassin d'Apollon
ラトナの泉
Bassin de Latone
アンジェリーナ
プチトラン乗り場
ⓒヴェルサイユ宮殿
Château de Versailles
アルム広場
Pl. d'Armes
コスチューム・Ⓢ
エ・シャトー

ヴェルサイユ・リヴ・ドロワト駅
Versailles-Rive Droite
ネプチューンの泉
Bassin de Neptune
ノートルダム教会
Eglise Notre-Dame
ノートルダム・
マルシェ広場の市場
大廐舎
La Grande Ecurie
馬車ギャラリー
La Galerie des Carrosses
ヴェルサイユ・シャトー・リヴ・ゴーシュ駅
Versailles Château Rive Gauche

0　　　500m

ヴェルサイユ・シャンティエ駅
Versailles Chantiers

オペラ劇場
Opéra Royal
ルイ16世とマリー・アント
ワネットの結婚式を機に造
られたオペラ劇場。仮面舞
踏会など祝宴に利用された

ルイ14世が造園家ル・
ノートルに造らせた庭園

とっても
華やか！

庭園へ

入口

王妃の寝室
Chambre de la Reine

すべてが
きらびやか！

歴代フランス王妃が
使った寝室。この部屋
で大半の時間を過ごし、
人々の訪問を受けてい
た。"公開出産"が行わ
れたのがこのベッド

礼拝堂
Chapelle Royale

婚礼が
行われたのは
ココ！

大理石の装飾と天井画
が美しい王室礼拝堂。
ジュール・アルドゥア
ン=マンサール設計で、
ゴシック様式とバロッ
ク様式が調和している

ひとりの女として過ごした プティ・トリアノンへ

ルイ16世が王位につくとまもなく、マリー・アントワネットはプティ・トリアノンという自分だけの離宮を手に入れた。子どもたちや親しい女友達だけをそばに置いての、自由気ままな日々。ときには愛人とこっそり逢い引きしたことも。ここにいるときだけ、マリー・アントワネットは王妃ではなく、ひとりの女に戻れたのだ……。

新古典主義建築の傑作、プティ・トリアノン。前には花々に彩られたフランス式庭園がある

やすらぎに満ちた「お供の間」

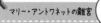

マリー・アントワネットの離宮

TOTAL 4時間

オススメ時間	12:00~16:00	予算	€25~

📍午後は離宮でのんびり
午後はプチトランに乗って、マリー・アントワネットが愛した離宮へ。庭園や村里をのんびりと散策しよう。

村里にはウサギも羊もいます

離宮の寝室

宮殿本館とは正反対の軽やかで可憐な内装。マリー・アントワネットの繊細な趣味がよくわかる

かわいい部屋♥

ヴェルサイユの神髄！
ルイ14世の自慢の庭園

見ないと損ですよ

造園家ル・ノートルによる庭園も、ヴェルサイユの見どころのひとつ。フランス式庭園の最高傑作ともいわれている。春から秋には水と音楽のスペクタクルの「大噴水ショー」が行われ、また、夏には庭園が色とりどりにライトアップされる「夜の大噴水ショー」も開催される。

涼しげでしょ！

プチトランでラクラク巡ろう！
広大なヴェルサイユの庭園！なんと宮殿から離宮は1.5km離れているので、プチトランに乗るのもいい。€8.50で途中下車も可能。

おみやげもマリー・アントワネットで！
宮殿内にあるブティックのなかで、「クール・ド・マルブル Cour de Marbre」は最も品揃えがよい。

水辺には「愛の神殿」が

イギリス式庭園に流れる川の中洲に建つ「愛の神殿」。ここで愛人フェルゼンと密会したとか

村里のなかでひときわ大きな「王妃の家」。まるで絵本の中の家のよう

なりきりマリー・アントワネット体験♡

宮殿近くのスタジオでドレスをレンタルして、優雅な写真を撮ってみては？　プリンセス気分満点～！

手作りドレスで大変身
コスチューム・エ・シャトー　Costumes & Châteaux
Map 本誌P.53

🏠 1, pl. St-Louis 78000 Versailles
☎ 01.71.41.07.95　💴 衣装レンタル€130～、撮影€80～
要予約　✉ costumes.et.chateaux@gmail.com

©Costumes&Châteaux

ひと休みするなら...

宮殿のお庭でランチするゼイタク
ラ・プティット・ヴニーズ La Petite Venise

庭園の大運河近く、木立の中にひっそりとたたずむイタリアンレストラン＆サロン・ド・テ。夏はバラの花が咲き乱れるテラス席がおすすめ。

Map 本誌P.53

🏠 Parc du Château de Versailles　☎ 01.39.53.25.69　🕐 11:45～18:00（11～3月～17:00）　📅 11～3月の月、1/1、12/25、1/8～2/9（'24）　💴 ア・ラ・カルト予算約€40　**Card** M.V.　英

宮殿の一角にあるサロン・ド・テ
アンジェリーナ Angelina

パリの「アンジェリーナ」のサロン・ド・テが宮殿内にある。モンブランとショコラ・ショー（ホットココア）で甘いひとときを。離宮にももう1店ある。

Map 本誌P.53

🏠 Pavillon d'Orléans　☎ 01.39.20.08.32　🕐 10:00～17:30（土・日～18:30、11～3月9:30～17:00）　📅 月、1/1、5/1、12/25　💴 モンブラン€10.50、ショコラ・ショー€8.90　**Card** A.J.M.V.　英
URL www.angelina-paris.fr

チョコレートのパリコレ？
サロン・デュ・ショコラを味わい尽くす！

毎年秋に開催されるチョコレートの祭典「サロン・デュ・ショコラ」。
有名ショコラトリーからカカオの生産者まで集結する夢のイベントだ。

彩り
あざやか〜

サロン・デュ・ショコラ

TOTAL
3時間

オススメ
時間 10:00〜
13:00　予算 €60〜80

楽しみ方のコツ
ブースを巡るだけでなく、サロンで行われるいろんなイベントをウェブサイトでチェックして、入場時間を決めよう。

お祭り気分で
楽しもう

毎年多数の出展者が参加する「サロン・デュ・ショコラ」は、世界に先駆けて新作を発表する場ともなっている。ブースを出さず、イベントにのみ登場するショコラティエもいるので、ウェブサイトでプログラムを確認しよう。

一緒に
楽しみましょ〜

板チョコ人気
上がってます！

甘い香りが
漂ってきそう

ショコラの
世界に
ようこそ！

ファミリーなら子
供のアトリエへ

チョコレートを使った料理やデザートのデモンストレーションも行われる

チョコレートの
アート作品も

**いつ、どこで
開かれる？**
10月下旬〜11月上旬（'23は10/28〜11/1）に5日間開催。会場はパリ国際見本市会場。
Map 別冊P.4-B3

**チケットの
買い方**
サロン・デュ・ショコラのウェブサイトで購入可能。€16（'23）
URL www.salon-du-chocolat.com

**混雑を
避けるには**
土・日・祝日は最も混雑するので、平日、特に午前中がおすすめ。学校が休みになる水曜も混みがち。

細工の施されたチョ
コレートアート

イベントの楽しみ方

1 ブース巡り

試食が
楽しみ♪

まずは広い会場をひと巡り。ブースに立つショコラティエ本人と、直接話ができるチャンスも。

2 ショーやイベントを満喫

ステージスペースで行われるシェフのデモンストレーションやショーを楽しめる。

3 お買い物

ブースを一巡しながら、買いたいチョコをリストアップしておき、効率よくショッピング。新製品のチェックもお忘れなく。

食べる
楽しみ♪

ダイエットは
ひとやすみ

食いしん坊のパラダイス
笑顔になれる
パリのしあわせグルメ

パリを訪れる旅人の悩みのひとつ。
それは、おいしいものが多すぎて、何を食べるか迷ってしまうこと！
そんな悩める旅人のために、aruco厳選、とっておきのお店を教えちゃう。
料理もパンもスイーツも、ここだけは行かなくちゃ！

01 人気スイーツを並ばずに購入する方法は?

例えば、人気パティシエ、セドリック・グロレのパティスリーなど、ウェブサイトで日時指定してスイーツを予約できる店がある。「Click&Collect」と書かれていれば、予約可能だ。並びたくない人は利用してみては(一部商品のみの場合もあるのでよく確認して)。

ラ・パティスリー・デュ・ムーリス・バール・セドリック・グロレ →P.72

フルーツの彫刻食べたい〜

©victor-boccard

02 「居酒屋」スタイルがトレンド?タパスバーが大流行!

「前菜、主菜、デザート」のコースにとらわれず、好きなものを好きなときに注文できるタパスバーが増殖中。ノンストップ営業、予約不要(不可)の店もあるので、旅行者にも利用価値大!

カウンターで気軽に

パリ通が伝授!

もっとお得に、aruco流 グルメ

本格フレンチからパン、スイーツまで、パリグルメを満喫するための

03 人気店もらくらくネット予約できるお役立ちサイト「ザ・フォーク」

操作はカンタン

レストランの予約を電話するのはちょっと不安、という人は、グルメサイト「ザ・フォーク」を利用しては。アプリ版もある(アプリストアから「TheFork Restaurant」で検索)。口コミ評価もわかるし、店によっては割引もあってお得。

ザ・フォーク The Fork
URL thefork.fr (仏語)
URL www.thefork.com (英語)

店と日時を決めたら氏名とメールアドレスを入力

04 パリにもあります「ハッピーアワー」!

店頭の看板をチェック!

店がすいている夕方などの時間に、ビールやカクテルを割引で提供するサービス「ハッピーアワー」。一部のカフェなどで実施されている。食事開始時刻の遅いパリでは、20:00頃までとハッピーな時間が長いのも魅力。

05 スイーツファンなら季節限定モノに注目!

復活祭やクリスマスシーズンに、季節限定のお菓子を買うのも楽しみのひとつ。 公現祭(クリスマス後2回目の日曜)に合わせて作られるアーモンドのパイ「ガレット・デ・ロワ」で、フランス式運だめしに挑戦しても。

「ガレット・デ・ロワ」の中にはフェーヴと呼ばれる陶製の人形が入っていて、切り分けたときに当たるとその日の王様に

06 クレープ好きが集まる通りとは?

14e Arr¹
RUE DU MONTPARNASSE

モンパルナス通りはクレープリー(クレープ専門店)密集地。軽いランチにおすすめ。 Map 別冊P.16-B2

07 カフェの店内は禁煙。愛煙家が一服できるのは?

飲食店など閉じられた空間での喫煙が全面的に禁止されているフランス。カフェも店内は禁煙だが、外にあるテラス席ならOKだ。

08 量が多くてひとりじゃ無理！シェアしたいときは何と言う？

フランス料理はひとりひと皿が基本。特に中級以上のレストランではシェアはNG。でも庶民的な店での前菜など、注文時に伝えればOKなことも。「ア・パルタジェ・スィル・ヴ・プレ　A partager, s'il vous plaît.（シェアでお願いします）」と言って確認を。

塊肉のローストやおつまみセットをシェアするケースも

09 「予約不可」の店＝並べば必ず入れる店！

開店直後はすいているのでねらいどき

人気のあるレストランは1ヵ月以上前から予約しないと入れないことも。でもあきらめないで。なかには予約を受け付けない店もある。並ぶ必要があるが、行列に慣れた日本人なら楽勝で入れる。

整列のための仕切りロープが用意された店も

もっと楽しくテクニック

おいしいものがあふれるパリ。最旬情報とテクニックはこちら。

10 必ず聞かれる肉の焼き加減。何と答えればいい？

熟成肉はレアかミディアムレアで

ステーキを頼むと、焼き加減（キュイッソンcuisson）を聞かれるので、好みの焼き加減をフランス語で覚えておくと便利。日本よりも少し焼き過ぎの傾向があるので、ミディアムが好きなら「セニャン（ミディアム・レア）」を選ぶのがおすすめ。

レア bleu ブル
ミディアム・レア saignant セニャン
ミディアム à point ア・ポワン
ウェルダン bien cuit ビヤン・キュイ

11 レストランでのパンは有料？無料？

レストランやカフェで食事をするときに出されるパンは無料。おかわりも自由なので、食べすぎて、料理が来る前におなかいっぱいなんてことにならないように！

12 チョコを持ち帰るときはこんなことに注意！

チョコレートは高温に弱いけれど、夏期以外冷蔵庫に入れるのは厳禁。また、機内持ち込み不可なのでスーツケースに。

保存のよさを考慮したメタリックケースも

13 パリでおいしいフレンチトーストを食べるなら？

フランスでは「パン・ペルデュPain Perdu」と呼ばれるフレンチトースト。元は固くなったパンをリメイクした家庭料理だけれど、お店で食べるなら「ラデュレ」（→P.68）のサロン・ド・テへ。専用のブリオッシュ生地を使い、高級感たっぷり。

14 おみやげにおすすめ液ダレ知らずのワインポアラー

インの味もまろやかに

くるりと丸めて瓶に差し込むだけで、液ダレを防げるワインポアラー。先っぽの突起が空気を含ませる役を果たし、おいしさもアップ！

黒板メニューだってこわくない！
常連気分でレストラングルメ満喫！

ボナペティ！
召し上がれ

店の選び方から気になるメニューの読み方までおさえておきたいレストラングルメの基本をご紹介。お気に入りの店を見つけて、いつかは常連客の仲間入り!?

レストランは
こうして
楽しむ

日中、町を歩いた洋服から着替えて、ディナーモードにスイッチオン！

レストランの種類

おもな種類はこちら。旅のプランや予算に合わせて使い分けたい。

●高級レストラン
Restaurant gastronomique

料理からサービスまで最高峰の美食を味わえる店。予算は昼€70〜100、夜€150以上。

●中級レストラン
Restaurant

ミシュランの星の有無にかかわらず、雰囲気がよく、クオリティの高い料理を出す店は少なくない。予算€60〜100。

●ビストロ
Bistrot

気取らない雰囲気、手頃な値段で伝統料理を楽しめる。美食系ビストロ「ビストロノミー」も人気。予算€50〜60。

●ブラッスリー
Brasserie

もとはビアホールだったが、今は種類豊富な料理と飲み物を楽しめる。予算€30〜60。

1 予約する

人気の店は予約してから出かけたい。日時、人数、名前、連絡先を伝えればOK。ウェブサイトから予約を申し込める店も増えている。

J/
LeJulesVerne
Live Booking
Book a table online
1. 2. Availability 3. Address 4. Confirmation
DATES
Please select a date (you can only select available dates).
April 2015
M T W T F S S

Point
言葉に不安があれば、ホテルのコンシェルジュに頼むのも一案。

2 入店したら

まずはあいさつ「ボンジュール（こんにちは）」、または「ボンソワール（こんばんは）」。予約してあること、名前を伝えれば、案内される。

入口でメニューをチェック

Point
お店の人が案内してくれるので、勝手に席につかないこと。

3 注文する

メニューの読み方→P.61

アペリティフをいただきながら、前菜とメインを注文。デザートは、メインを食べたところであらためて注文をとりにくる。料理を決めたあと、ワインもしくは水を注文。

Point
ミネラルウオーターは炭酸なし「プラットplate」か炭酸入り「ガズーズgazeuse」を指定。

4 食事〜お勘定

お勘定は「ラディシオン L'addition」

会話を楽しみながら時間をかけて味わうのがフランス式。食べ終わったら、ナイフとフォークを皿の上でそろえておく。料理、デザートとひととおり楽しんだらコーヒーか紅茶。支払いはテーブルで。

Point
サービス料が含まれているのでチップは義務ではないが、気持ちのよいサービスを受けたなら、1人€2程度を。

飲み物リスト

庶民的な店なら無料の水道水でOK

グラス
ワイン
un verre
de vin
アン・ヴェール・ド・ヴァン

カラフェの
ワイン
une carafe
de vin
ユンヌ・カラフ・ド・ヴァン

ミネラル
ウオーター
l'eau
minérale
ロー・ミネラル

水道水
une carafe d'eau
ユンヌ・カラフ・ドー

ワインの種類→P.93、別冊P.25

メニューの読み方→P.61
ワインの種類→P.93、別冊P.25

ミニ会話

予約をお願いします
Une réservation, s'il vous plaît.
ユンヌ・レゼルヴァシオン・スィル・ヴ・プレ

本日20時、2名でお願いします
Aujourd'hui, 20 heures, pour 2 personnes.
オージュルドゥイ・ヴァントゥール・プール・ドゥー・ペルソンヌ

予約した鈴木です
J'ai réservé au nom de Suzuki.
ジェ・レゼルヴェ・オ・ノン・ド・スズキ

（メニューを指さして）これにします
Je prends ça. ジュ・プラン・サ

赤（白）のグラスワインをお願いします
Un verre de vin rouge(blanc), s'il vous plaît.
アン・ヴェール・ド・ヴァン・ルージュ（ブラン）・スィル・ヴ・プレ

（料理を）シェアしたいのですが
Nous aimerions partager un seul plat, s'il vous plaît.
ヌゼムリオン・パルタジェ・アン・スル・プラ・スィル・ヴ・プレ

お勘定お願いします
L'addition, s'il vous plaît.
ラディシオン・スィル・ヴ・プレ

「The Fork」のアプリを使って予約していました。ホテルの近くで探してくれて便利。(三重県・Ami)

メニューは こう読む

「前菜＋メイン＋デザート」の
コース仕立てにするのが、
フランス料理の基本形。
手書きの黒板メニューでもそれは同じ。
ア・ラ・カルトà la carte（一品料理）の
なかから好きなものを選んでもいいし、
ムニュMenu（セットメニュー）なら
料金もお得。

コースの組み立て方

おなかの空き具合、予算に合わせて構成を決めよう。
＜合わせ方の例＞
●前菜＋メイン2品（魚と肉）＋チーズ＋デザート
●前菜＋メイン1品（魚か肉）＋チーズまたはデザート
●前菜＋メイン1品
●メイン1品＋デザート

レストランでグルメ満喫！

＜ムニュの例＞

MENU

entrée + plat + dessert €30
（前菜＋メイン＋デザート€23のムニュ）

entrée + plat ou plat + dessert €25
（前菜＋メイン または メイン＋デザート€17）

Entrées 前菜

★Terrine de Campagne
ou また は
Tartare de Saumon ★

Plats メイン

肉料理 Viandes また は 魚料理 Poissons
★Magret de Canard
ou また は
Daurade Poêlée ★

Desserts デザート

Gâteau au Chocolat ★
ou また は
★Soufflé
ou また は
Plateau de Fromages ★

テリーヌ・ド・カンパーニュ
ひき肉やフォワグラなどを型に入れてオーブンで焼いた「田舎風テリーヌ」。コルニションと呼ばれる小さなキュウリのピクルスに合う。

マグレ・ド・カナール
フォワグラ用に肥育した鴨の胸肉をローストしたもの。ハチミツ入りのソースを添えることも多い。

スフレ
泡立てた卵白を混ぜてオーブンで焼き、ふっくらとさせたお菓子。時間がかかるので、最初に注文することも。

タルタル・ド・ソーモン
粗く刻んだスモークサーモンで作ったタルタル。オリーブオイル、香草と合わせたさわやかな前菜。

ドラード・ポワレ
タイを軽くソテーしたもの。タラcabillaud、サケsaumon、スズキloupもよく使われる魚の素材。

ガトー・オ・ショコラ
チョコレートを使ったデザートの代表。温かくしてアイスクリームを添えたものもおいしい。

プラトー・ド・フロマージュ
さまざまなチーズを載せたワゴンがテーブルまで運ばれ、その場で選ぶことも。何種類頼んでも同一料金。

ミニ単語帳

●基本単語
メニュー carte カルト
朝食 petit déjeuner プティ・デジュネ
昼食 déjeuner デジュネ
夕食 dîner ディネ

セットメニュー menu ムニュ
簡単なセットメニュー formule フォルミュル
一品料理 à la carte ア・ラ・カルト
本日の一品 plat du jour プラ・デュ・ジュール
店の名物料理 spécialité スペシャリテ

●素材、料理法
肉のペースト rillettes リエット
ポタージュ velouté ヴルーテ
スモークサーモン saumon fumé ソーモン・フュメ
臓物入りソーセージ andouillette アンドウイエット

生肉のたたき steak tartare ステーク・タルタル
子羊 agneau アニョー
若鶏 poulet プレ
牛肉 bœuf ブフ
豚肉 porc ポール

小さなデザート数種類とエスプレッソがセットになった「カフェ・グルマンcafé gourmand」もおすすめ。

ひとりカジュアルから美食ディナーまで
予算で選ぶコスパ◎レストラン

星付きレストランから気さくなビストロまでいろんなタイプのレストランがあるパリ。予算と気分に合わせて選んでみて。

@joannpai

1. 階ごとに雰囲気が異なる。写真は1階（日本式2階） 2. パテのパイ包み、豚足のコロッケはディナーの前菜 3. 石畳の道に面したテラス席

@joannpai

4,5. 鶏肉とザリガニを合わせた料理。野菜ブイヨンで煮たピラフが付く

@Bastien Lattanzio

Paris restaurant
ランチもディナーも €30〜50の コスパ優良店

カジュアルでも味に手抜きはなし！ひとりでも気軽に入れるお店たち

@Bastien Lattanzio

旬の素材を使った伝統料理
オーベルジュ・ピレネー・セヴェンヌ
Auberge Pyrénées Cévennes

酸味のあるドレッシングをかけたポワローネギ、仔牛のクリーム煮 "ブランケット"、豚肉や鴨肉を豆とともに煮込んだ "カスレ" と、ていねいに調理された正統派メニューがずらり。春はアスパラ、秋はキノコと、季節の料理を目当てに訪れるファンも多い。

Map 別冊P.14-B1　バスティーユ界隈

🏠106, rue de la Folie Méricourt 11e ☎01.43.57.33.78 🕐12:00〜13:30、19:30〜22:15 🈚日・月・土曜、8月、12/23〜1/3 🈡昼ムニュ€29〜、夜ムニュ€39〜 **Card**A.M.V. 🈓望ましい Ⓜ⑨Oberkampfより徒歩7分 **URL**auberge-pyrenees-cevennes.fr
©Auberge Pyrénées Cévennes

伝統の味を召し上がれ

1. 豚足パン粉焼き 2. ホタテのポワレ 3. 歴史を感じる店 4. オーナーシェフのピエール・ネグルヴェルニュさん

@Bastien Lattanzio
きれいに盛りつけて

気取らない内装が魅力
ブラッスリー・デ・プレ
Brasserie des Prés

18世紀の石畳が残る小路にオープンした2階建て、220席のブラッスリー。フルーツが描かれた壁や動物の陶器ピッチャーが並ぶ陽気な雰囲気のなかで、フォワグラやパテのパイ包み、ワインソースの牛肉ステーキなど伝統的な料理を味わえる。アイスクリーム店も併設。

Map 別冊P.13-C3　サン・ジェルマン・デ・プレ

🏠6, cour du Commerce St-André 6e ☎01.42.03.44.13 🕐9:00〜24:00（ランチ12:00〜14:30、土・日12:00〜15:00、ディナー19:00〜22:30、木〜土19:00〜23:00） 🈚12/24〜26、12/31夜 🈡ア・ラ・カルト予算昼€25〜、夜€30〜 **Card**A.D.J.M.V. 🈓望ましい Ⓜ⑩Odéonより徒歩1分 **URL**lanouvellegarde.com/fr/brasserie-des-pres
@joannpai

1. パッサージュ内に設けられたテラス席も 2. 鴨のコンフィ（左）と胸肉のロティ 3. シャンパンにも合う

鴨料理をシャンパンとともに
カナール・エ・シャンパーニュ
Canard & Champagne

雰囲気もいいよ

美しいアーケード街パッサージュ・デ・パノラマにあるレストラン。19世紀の装飾が残る歴史的建造物で鴨（カナール）料理をいただける。夜は、グラスシャンパンが付くコースを試しても。

Map 別冊P.7-C3　オペラ地区

🏠57, Passage des Panoramas 2e ☎09.83.30.06.86 🕐12:00〜14:30、19:00〜22:30 🈚1/1、12/24、12/25 🈡昼€18.50〜、夜€30〜 **Card**A.M.V. 🈓望ましい Ⓜ⑧⑨Grands Boulevardsより徒歩2分 **URL**www.frenchparadox.paris

「カナール・エ・シャンパーニュ」の鴨料理、焼き加減が絶妙で美味しかったです。（大分県・香菜）

チーズ好き集まれ〜

チーズ料理を専門店で
モンブルー Monbleu

チーズ専門店内でチーズ三昧のランチを。前菜と日替わり料理のセットのほか、コンテチーズのパスタ、カマンベールのオーブン焼きといった料理が€20以下で楽しめる。

©Monbleu

Map 別冊P.7-C3　オペラ地区

♠37 rue du Faubourg Montmartre 9e　☎01.45.89.23.96　🕐12:00〜23:00（日〜16:00）※チーズ店10:00〜20:00（日〜14:00）　休1/1、12/25　昼メニュ€19、€24、夜ア・ラ・カルト予算€25〜　Card A.M.V.　予望ましい　M⑦Le Peletierより徒歩3分　URL www.monbleu.fr

1. フランス産中心にチーズ9種を用意している　2. 白ワインとともにオーブンで焼いたモンドール　3. チーズ店の中にある

©Monbleu

料理界の重鎮がプロデュース
サピド Sapid

巨匠アラン・デュカスが、「おいしく手頃で、素早く、持続可能な料理」を提供する店としてオープン。パリ近郊の生産者から取り寄せた植物性中心の素材でカジュアルな料理を提供している。

Map 別冊P.7-D3　北駅・東駅界隈

♠54, rue de Paradis 10e　☎01.81.89.18.95　🕐12:00〜14:00、19:00〜22:00　休土・日、年末年始に1週間　昼メニュ€22、€28　Card A.D.J.M.V.　予望ましい　M⑦Poissonnièreより徒歩3分　URL sapid.fr

©Atelier Mai 98

環境と体に優しい店です

1. アラン・デュカスが率いるチーム　2,4. スパイスやハーブを生かしたヘルシー料理　3. 食堂をイメージした店内

1. 優しい色合いの店内　2. ゆで卵とグラノラ　3. チーズとハムを挟んだ「クロック・ブリオッシュ」　4. 本やレコードも内装の一部に

@Chez Bogato - Anais Olmer

軽くてヘルシーなランチ
カフェ・ボガトー Café Bogato

カラフルなケーキが人気の「ボガトー」のカフェ。週替わりのタルトやサラダ、ブリオッシュ・トーストは野菜たっぷり。オレンジ花水風味のマドレーヌ、クッキーといったスイーツをプラスしてもいい。

Map 別冊P.14-A2　マレ地区

♠5 rue Saint-Merri 4e　☎なし　🕐9:00〜19:00（土・日10:00〜）　休月、1/1、1/5、25/12　昼メニュ€16、€20　Card M.V.　予不可　M①⑪Hôtel de Villeより徒歩2分　URL chezbogato.fr

@Chez Bogato - Anais Olmer

Paris restaurant
ランチ
€20台の
お値打ち店

手ごろな値段で高クオリティ。お財布に優しい優秀店はこちら

---

1. オフィスビルの1階にあり、ギャラリーを併設している　2. タコのカルパッチョなどランチの前菜　3. 焼きサバにブイヨンを注いだメイン料理

アートな空間にある
カフェ・ミレット Café Mirette

パスティスのメーカーとして知られるペルノ・リカール財団の1階にある。人気レストラン「ル・バントリュシュ」がプロデュースする店で、上質の素材を上品に仕上げ、コスパ抜群。

Map 別冊P.6-B2　サン・ラザール駅界隈

♠1,cours Paul Ricard 8e　☎なし　🕐10:00〜19:00（ランチ12:00〜14:00）　休日・祝、8月に3週間、12/24〜1/1　昼メニュ€21〜　Card 要予約　M③⑫⑬⑭St-Lazareより徒歩3分　URL www.fondation-pernod-ricard.com/en/cafe-mirette

時短ランチなら「ラ・グランド・エピスリー・ド・パリ」（→P.84）のようなデパートのイートインも便利。

予算で選ぶコスパ◎レストラン

1. 19世紀の趣が残る　2. タラと蒸し野菜アイオリソース　3. 自家製スモークサーモンとパテのパイ包み　4. 仔牛肉の蒸し野菜添え

170年の歴史をもつ老舗
オ・プティ・リッシュ　Au Petit Riche

1854年創業、ロワール地方の料理とワインがスペシャリテ。自家製フォワグラやロワール産ワインで煮込んだマトウダイ、ガスパッチョやクロック・ムッシューと、メニューは幅広い。入口付近はワインと軽食が楽しめるバーになっている。

Map 別冊P.7-C3　**オペラ地区**

⌂25, rue Le Peletier 9e　☎01.47.70.68.68
⏱19:00〜14:30、18:30〜22:30　休12/24〜26、7月半ば〜8月末の土・日　料昼メニュ€28、夜メニュ€40〜　CardA.M.V.　要予約　M8⑨Richelieu Drouotより徒歩2分　URLrestaurant-aupetitriche.com
©Ilya KAGAN @ilyafoodstories-export

伝統レシピをクリエイティブに
ジョイア・パール・エレーヌ・ダローズ
Jòia par Hélène Darroze
©Nicolas Buisson

2つ星レストランのシェフ、ダローズさんが"おばあちゃんのレシピ"と世界の味、カクテルを提案。ふたり用の豪快な魚料理やステーキも用意している。大テーブルやカウンター席でにぎやかに楽しみたい。

Map 別冊P.13-D1　**オペラ地区**

⌂39, rue des Jeuneurs 2e　☎01.40.20.06.06　⏱12:00〜14:00、19:00〜21:30（日はブランチが3回。バー19:00〜22:00）　休月　料平日昼メニュ€29〜、夜アラカルト予算€50〜　CardA.M.V.　要予約　M8⑨Grands Boulevardsより徒歩4分　URLwww.joiahelenedarroze.com
©Thomas Vauchel

©Nicolas Buisson　©Thomas Vauchel

1. サバのタルタルソース添え　2. メレンゲ菓子パヴロヴァ　3. 家に招かれたような雰囲気　4. ハッカ風味の子羊肉

Paris restaurant
ディナー
€40〜50台の
実力派

味、量ともに満足できるビストロなどを厳選紹介

内装がすてき

肉料理が自慢のビストロ
ビストロ・デ・トゥルネル　Bistrot des Tournelles

ヴォージュ広場とバスティーユ広場の間にあるビストロ。店内には、趣のあるアンティークの調度品が置かれ、ノスタルジックな空気で満たされている。メニューには正統派のビストロ料理が並ぶ。例えば、前菜は軽く火を通したフォワグラやテリーヌ、メインは牛肉のステーキ、牛肉のプロヴァンス風蒸し煮など。シンプルだが味付けは繊細。伝統料理のおいしさを再発見できる。

Map 別冊P.14-B3　**バスティーユ界隈**

⌂6, rue des Tournelles 4e　☎01.57.40.99.96
⏱19:00〜23:00　休月・日、一部祝、8月、1/1、12/24、12/25　料アラカルト予算€40　CardA.M.V.
要予約　M①⑤⑧Bastilleより徒歩3分
URLbistrotdestournelles.com
©Marine Billet Bistrot des Tournelles

1. 椅子やポスターはすべてアンティーク　2. マダガスカル産バニラ入りのクレーム・ブリュレ　3. 中からチーズが流れ出るカツレツ風「コルドン・ブルー」　4. 定番料理のひとつ、牛フィレ肉のステーキ、ペッパーソース　5. 壁には絵画やレトロなポスターが　6. 骨董品のレジスターも置かれ、アンティークショップにいるかのよう

「ミモザ」は窓の外の景色もすてきです。（大阪府・雅）

©Pouliche
©Pouliche
©Pouliche

1. コロッケ風の前菜　2. ハーブやエディブルフラワーを飾った仔羊肉　3. 穀物のリゾットはイチジク、コーヒーのムースとともに　4. シェフのアマンディーヌ・シェニョ

野菜中心のメニューも展開
プーリッシュ Pouliche

実力派女性シェフが環境に配慮して栽培された素材を厳選し、盛りつけも美しい料理を提案。コース料理のみで、前菜とデザートはシェアするスタイル。毎週水曜日のベジタリアンメニューも評判。

©Anne-Claire Héraud
©Pouliche

Map 別冊P.7-D3　レピュブリック広場界隈

🏠11, rue d'Enghien 10e　☎01.45.89.07.56　🕐12:15〜14:00（日〜15:15）、19:15〜22:00　🚫日夜、8月に2週間、クリスマス　💰昼ムニュ30(日35)、夜ムニュ€62　💳A.M.V.　予約要予約　🚇④⑧⑨Strasbourg St-Denisより徒歩4分　URLwww.poulicheparis.com

1. カワカマスの身をすりつぶし、丸めて焼いたクネルはリヨン名物　2. 高級感のある赤いソファが並ぶテラス　3. バターとパセリのソースとともに小さな陶器で焼いたエスカルゴ

リヨン料理も味わえる
ブラッスリー・デュ・ルーヴル＝ボキューズ
Brasserie du Louvre - Bocuse

リヨン郊外の名店「ポール・ボキューズ」が手がけるブラッスリー。オニオン・グラタン・スープ、ソーセージのパイ包み、クネル、鶏肉のワインとキノコのソースがけなど、歴史ある自慢の料理を味わいたい。

Map 別冊P.13-C2　ルーヴル界隈

🏠1, pl. André Malraux 1er（Hôtel du Louvre内）　☎01.44.58.37.21　🕐12:00〜15:00、18:00〜22:30　🚫無休　💰昼アラカルト予算€60〜　💳A.D.J.M.V.　予約要予約　🚇①⑦Palais Royal Musée du Louvreより徒歩2分　URLwww.maisons-bocuse.com

© Brasserie du Louvre · Bocuse

地産地消にもこだわります

和と洋の美しき融合
ピルグリム Pilgrim

1つ星レストラン「ネージュ・デテ」の姉妹店。オープンキッチンから運ばれる料理は、フランス産の肉や魚に旬の野菜やフルーツ、和の風味を組み合わせた、美しく洗練された味わい。おまかせコースのみ。

Map 別冊P.16-A2　モンパルナス

🏠8, rue Nicolas Charlet 15e　☎01.40.29.09.71　🕐12:00〜13:30、19:30〜20:30　🚫日・日、1/1、1/5、12/25、8月に3週間　💰昼ムニュ€48〜、夜ムニュ€85〜　💳A.M.V.　予約要予約　🚇⑫Pasteurより徒歩2分　URLwww.pilgrimparis.com
©Pilgrim

1. アボカドなど緑で彩られた白マグロ　2. オリーブオイルとニンニクのソースを添えたアンコウ　3. 春色のホワイトアスパラガス

Paris restaurant
ディナー €50以上で プチぜいたく

素材、盛りつけにもこだわる、パリっ子に人気のレストラン

「自然、喜び、太陽」がテーマ
ミモザ Mimosa

コンコルド広場に面した博物館「オテル・ド・ラ・マリンヌ」内にある。スターシェフ、ジャン＝フランソワ・ピエージュがプロデュースする地中海料理を楽しめる。

Map 別冊P.12-B1　コンコルド広場

🏠2, rue Royale 8e　☎01.53.93.65.52　🕐12:00〜15:00、19:00〜翌1:00　🚫12/24〜26　💰昼夜アラカルト予算約€50〜　💳A.M.V.　予約要予約　🚇①⑧⑫Concordeより徒歩2分　URLmimosa-rueroyale.com

地中海へと誘います
@Charlotte Brunet

@BENEDETTA CHIALA

1. ゆで卵とマヨネーズとの料理「ウフ・ミモザ」　2. 地中海産の魚を使った料理も　3. 席数は多いが予約必須

@ALEXANDRE TABASTE

予算で選ぶコスパ◎レストラン

一流ホテルの極上スイーツ
リュクスな味をお持ち帰り！

近年、一流ホテルが
一般向けのパティスリーを
続々とオープン。
レストランのパティシエが
手がける極上スイーツを
味わうチャンス！

サロン・ド・テ
でも
いただける！

©Victor Bellot

©Victor Bellot

オテル・ド・クリヨン
Butterfly Pâtisserie
バタフライ・パティスリー

©VirginieGarnier

パリ屈指のホテル「オテル・ドゥ・クリヨン」がホテル内にパティスリーをオープン。旬のフルーツのタルトやミルフイユ、チョコレートを買うことができる。併設されたティーサロンでホットチョコレートやカクテルとともに味わうのもいい。

ヘーゼルナッツを飾った
マーブル模様のフラン
€9

©VirginieGarnier

Map 別冊P.12-B1 コンコルド広場

🏠6, rue Boissy d'Anglas 8e　📞01.44.71.15.17
🕐11:00～19:00　🚫無休　Card A.D.J.M.V.
URL www.rosewoodhotels.com/en/hotel-de-crillon

©Victor Bellot

1. バニラクリームとミルクジャムのミルフイユ€14
2. フルーツの生菓子もある。€12
3. シェフパティシエのマテュー・カルラン

©LaurenLuxenberg

❤ ホテルのスイーツは高級感のある場所で食べたいので、サロン・ド・テ利用がおすすめです。（東京都・Tati）

L'Epicerie des Ateliers du Bristol

ル・ブリストル・パリ

レピスリー・デザトリエ・デュ・ブリストル

©The Social Food

©Laurent_Fau

一流ホテルの極上スイーツ

ホテルが誇るパティスリーやチョコレート、パン、スパイスミックスを販売。ホテルの鍵の形をしたバニラ風味の生菓子のほか、おみやげにぴったりなボンボン・ショコラやギモーブも。

©Laurent_Fau

Map 別冊P.6-A3　オペラ地区

🏠114, rue du Faubourg St-Honoré 8e　☎01.53.43.43.74
🕙10:00～19:00　休月・火
Card A.D.J.M.V.
🚇Ⓜ⑬Miromesnilより徒歩3分
URLwww.oetkercollection.com/fr/hotels/le-bristol-paris/l-hotel/boutique/

©Claire Cocano

1. パティスリーやチョコレートが並ぶ店内
2. ピーカンナッツとバニラ風味のフラン€18
3. 薄いチョコレートのプレートがのったエクレア€18
4. ホテルの鍵をモチーフにしたやわらかいバニラ風味の菓子「ポルト・クレ」€15

©Bernhard Winkelmann

Ritz Paris Le Comptoir

リッツ・パリ

リッツ・パリ・ル・コントワール

ココ・シャネルが住んでいたこととでも知られる高級ホテル「リッツ・パリ」。シェフパティシエのフランソワ・ペレが手がける繊細なパティスリーを気軽に味わえると人気だ。

Map 別冊P.12-B1　ルーヴル界隈

🏠38, Rue Cambon 1er　🕘8:00～19:00　休日　Card A.D.J.M.V.
🚇Ⓜ⑧⑫⑭Madeleineより徒歩3分
URLwww.ritzparislecomptoir.com

1. ふんわり食感が魅力的なマドレーヌ。箱入りはおみやげに。8個入り€31　2. 繊細な味わいの生菓子がずらり。€14～
3. ケーキをイメージしたドリンク
4. フルーツたっぷりのミルフイユ
5. サロン・ド・テでイートインもできる（予約不可）

このほか、高級ホテル「ル・ムーリス」のシェフパティシエのスイーツを味わえる「ラ・パティスリー・デュ・ムーリス・パール・セドリック・グロ」がある。

→P.72

リッツ・パリ内にある「サロン・プルースト」でもスイーツを楽しめる。

新作マカロンが次々と

クリエイティブ賞 ピエール・エルメ
Pierre Hermé

€2.80〜

定番のキャラメルフレーバー。キャラメリぜされた香ばしい風味と、口の中でとろけるようなクリームが絶品。(M)

ピスタチオ＆スリーズ（サクランボ）のフレーバー。いろいろな味と香りが絶妙なバランスで混じり合って美味！（Y）

ジャスミンの花とジャスミンティーのフレーバー。軽やかな口当たりとやさしく広がる香りにうっとり。(S)

€10

マカロンローズにローズ風味クリーム、フランボワーズとライチをはさんだケーキ「イスパハン」もぜひ味わいたい

スイーツマニアの間で確固たる信頼を得ているカリスマシェフ、ピエール・エルメ。とりわけシーズンごとに変わるマカロンのコレクションは、個性的なフレーバーの組み合わせで、新しい味との出合いを用意してくれる。

Map 別冊P.13-C3 サン・ジェルマン・デ・プレ

🏠72, rue Bonaparte 6e ☎01.45.12.24.02 🕐11:00〜19:00（金・土10:00〜20:00、日10:00〜） 🈳無休 **Card** A.J.M.V. 🚇M④St-Sulpiceより徒歩3分 **URL** www.pierreherme.com

---

全部食べたーい

My Bestはどれ？

aruco ベスト・アワ

同じ形だからこそ、いろいろ食べ比べて、

クラシック賞 ラデュレ
Ladurée

マカロン・パリジャンを育んだ店

€2.50

サクサクですよ

右上から時計回りにピスタチオ、ミント、レモン、塩キャラメル、ペタル・ド・ローズ（バラの花びら）のフレーバー。「パリ色」と呼びたくなるような淡いカラーにホレボレ。軽くさくさくした食感は、愛さずにいられない！（S）

各€2.50

箱までクラシック

マカロン・パリジャン（→P.69欄外）の代表格で、さっくりとした生地の軽さが特徴。クリームをはさんだ後、48時間寝かせてから店頭に並べるので、生地とクリームがよくなじんでいる。

Map 別冊P.12-B1 マドレーヌ界隈

🏠16-18, rue Royale 8e ☎01.42.60.21.79 🕐8:30〜19:30（土9:00〜、日9:30〜19:00） 🈳無休 **Card** A.D.J.M.V. 🚇M⑧⑫⑭Madeleineより徒歩2分 **URL** www.laduree.fr

---

マカロンフレーバー単語帳

グリオット（サクランボの一種） griotte グリオット	シナモン cannelle カネル	ピスタチオ pistache ピスタッシュ
黒スグリ cassis カシス	サクランボ cerise スリーズ	ミント menthe マント
ココナッツ noix de coco ノワ・ド・ココ	パッションフルーツ fruit de la passion フリュイ・ド・ラ・パッション	ラズベリー framboise フランボワーズ
塩バターキャラメル caramel au beurre salé カラメル・オ・ブール・サレ	レモン citron シトロン	バラの花びら pétale de rose ペタル・ド・ローズ

 ラデュレのロワイヤル店は、ケーキを楽しめるサロン・ド・テもおすすめです。(高知県・Kiri)

厳選 マカロン・ード

審査員M：
パリ在住グルメライター
審査員S：
aruco編集スタッフ
（グルメ担当）
審査員Y：
aruco編集スタッフ
（ショッピング担当）

個性が際だつマカロン。
My Bestを探してみて。

パリマダム賞

16区マダムの御用達
カレット
Carette

日持ちは3～5日
購入日に
気をつけて

ショコラマカロンで1位に
ジャン・ポール・エヴァン
Jean-Paul Hévin

ショコラ賞

aruco厳選ベスト・マカロン・アワード

フレーバー賞

甘みを抑えて繊細な味わい
パン・ド・シュクル
Pain de Sucre

各€2.40～

塩味がやや強いキャラメルフレーバー。生
地とクリームの色のコントラストが美し
く、彩りも楽しめるマカロン。(M)

各€2.30

アメール（ビターチョコレート、中）、ピ
スタチオ（左）、パッションフルーツ（右）
のフレーバー。特に「アメール」はチョコ
の苦みが効いた大人の味。生地のさくさく
感も◎ (Y)

€2

テラスで
どうぞ

カシス・ヴィオレ（黒スグ
リとスミレ）のフレー
バー。カシスジャムをそ
のまま食べるような、パ
ンチのある甘さ。酸味も
効いていて、フルーツ好
きにおすすめ。(Y)

カラー
バリエも◎

5個で€11

一番人気の塩キャ
ラメル（左）とコ
コナッツ＆ミルク
チョコレート（右）
のフレーバー。生
地の糖分を抑えて
ある分、キャラメ
ルやココナッツの
風味が引き立ち、
後味もいい。(S)

濃厚な
味わい

素材の風味を
大切に
しています

3つ星レストラン「ピエール・ガ
ニェール」のシェフ・パティシエ
だったナタリー・ロベールさんと
ディディエ・マトレーさんの2人
が独立して開いた店。砂糖の量を
抑え、トラディショナルなフレー
バーのなかにも個性を感じさせる。

観光客でにぎわうトロカデロ広場に
ある、地元のマダムやビジネスマン
が集まる人気のパティスリー＆サロ
ン・ド・テ。美しく仕上げられたエ
クレアやモンブランなどパティス
リーも人気。

一流ショコラトリーだけあって、
チョコレートのおいしさがダント
ツ。情報誌のショコラマカロン
ランキングでもグランプリを獲得
したことのある安定のおいしさ。
フレーバーの種類も豊富だ。

Map 別冊P.14-A2 マレ地区

🏠14, rue Rambuteau 3e
☎01.45.74.68.92　⏰10:00～20:00
🈡火・水、8月
Card M.V.　Ⓜ⑪Rambuteauより徒歩3分
URL www.patisseriepaindesucre.com

Map 別冊P.10-B2 トロカデロ

🏠4, pl. du Trocadéro 16e
☎01.47.27.98.85
⏰7:00～23:30
🈡無休　Card A.M.V.（€15～）
Ⓜ⑥⑨Trocadéroより徒歩1分

Map 別冊P.12-B1 マドレーヌ界隈

🏠231, rue St-Honoré côté cour 1er
☎01.55.35.35.96　⏰10:00～19:30
🈡日・祝、8月　Card A.D.J.M.V.
Ⓜ①Tuileriesより徒歩5分
URL www.jeanpaulhevin.com

アーモンド粉をベースにした生地を丸く焼いたマカロン。クリームを挟んだものは「マカロン・パリジャン」と呼ばれている。

69

オススメせずにはいられない！aruco編集部が恋した絶品ショコラ

パリっ子たちの暮らしに溶け込んでいるスイーツといえばチョコレート。人気のショコラトリーのイチオシを食べ比べて、マイベストを探してみて。

ゆったりとしたサロン・ド・テ付き
Jacques Genin
ジャック・ジュナン

9個入り **€14**

ここがおすすめ
素材の香りを大事にしたボンボン・ショコラ。なかでもミントの鮮烈な香りを封じ込めたフレーバーがイチオシ。

17世紀の建物を改装した広い店内に、ボンボン・ショコラ、キャラメルなどが並ぶ。品質を保つために考案されたスタイリッシュなメタリックケース入り。

Map 別冊P.14-B1 マレ地区

🏠133, rue de Turenne 3e
☎01.45.77.29.01 🕚11:00〜19:00
（土〜19:30）🈺月、一部祝、8月 **Card** A.M.V. Ⓜ⑧Filles du Calvaireより徒歩5分 **URL** www.jacquesgenin.fr

2017年パリに進出した老舗
Bonnat
ボナ

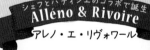
©mariaspera

1枚 **€6〜**

ここがおすすめ
希少なカカオで作られる「グラン・クリュ」をはじめ、40種類以上ある板チョコは、風味豊かでおいしい。

ヴォワロンという町で1884年創業の老舗。4代目のステファンさんが世界を旅して入手した最高級のカカオを使用、板チョコに仕上げている。

Map 別冊P.11-D1 シャンゼリゼ界隈

🏠189, rue du Fg. St-Honoré 8e
☎01.45.61.02.58 🕚11:00〜19:00
🈺月・日、一部祝、7月下旬〜8月下旬 **Card** M.V. Ⓜ①②⑥ⓇⒺ Charles de Gaulle Etoileより徒歩5分 **URL** bonnat-chocolatier.com

アートなショコラがお好きなら
Patrick Roger
パトリック・ロジェ

ここがおすすめ
スペシャリテの「ドゥミ・スフェール」はカラフルなドーム型のチョコ。風味付けしたキャラメルが口の中でとろ〜り溶け出す。

9個入り **€27**

個性的なフレーバーやチョコレートを使った巨大彫刻作品で知られるパトリック・ロジェのマドレーヌ店。ユズなどの柑橘やビネガーをきかせたキャラメル入りのドーム型チョコをはじめ、目にも舌にも驚きのある風味が揃う。

見て、感じて、味わって

Map 別冊P.12-B1 マドレーヌ広場

🏠3, pl. de la Madeleine 8e ☎01.42.65.24.47 🕚11:00〜19:00 🈺無休 **Card** M.V. Ⓜ⑧⑫⑭Madeleineより徒歩1分 **URL** www.patrickroger.com

シェフとパティシエのコラボで誕生
Alléno & Rivoire
アレノ・エ・リヴォワール

©Simon Detraz

6本入り **€13**

ここがおすすめ
棒状のチョコ「スティック」は、自然の味わいを生かした繊細な味わい。高級感のあるパッケージもすてき。

3つ星シェフ、ヤニック・アレノがシェフ・パティシエのオレリアン・リヴォワールと組んで開店。砂糖を使わず、代わりに白樺の樹液を使ってクリームやプラリネを仕上げている。チョコレートの新たな世界が広がりそう。

Map 別冊P.11-D3 アンヴァリッド界隈

🏠9, rue du Champ de Mars 7e ☎01.82.83.03.32 🕚10:00〜19:30 🈺月・日 **Card** A.M.V. Ⓜ⑧Ecole Militaireより徒歩2分 **URL** chocolat-allenorivoire.fr

©Sebastien Mittermeier

スーパーマーケットの板チョコのコーナーが驚くほど充実していて、おみやげに買いました。（長野県・なっつ）

ボンボン・ショコラ Bonbon chocolat
ひと口サイズで、中にはガナッシュやナッツのペーストなどが入っている。

オランジェット Orangette
オレンジの砂糖漬け(コンフィ)をチョコレートでコーティング。

マンディアン Mendiant
丸くて薄いチョコレートに、ナッツやドライフルーツをのせている。

トリュフ Truffes au chocolat
ガナッシュを丸めて、ココアをまぶしたもの。口の中でとろけていく。

タブレット Tablette de chocolat
フランス語で板チョコのこと。カカオ産地やカカオ含有量ごとにわかれている。

ボックスはコレクションアイテムに
Hugo & Victor
ユーゴ・エ・ヴィクトール

6個入り **€12**

パケ買い必至!

ここがおすすめ
「カレ Carré」と呼ばれる四角いショコラが入った手帳形のボックスがおしゃれで各サイズ集めたくなる。

3つ星レストラン「ギ・サヴォワ」の元シェフパティシエ、ユーゴ・プジェさんの店。美しいボックスに入ったボンボン・ショコラの詰め合わせが一番人気。ほかに旬の果物を使ったパティスリーもあり、どれもデザイン性のすぐれたものばかり。

Map 別冊P.12-B3 サン・ジェルマン・デ・プレ

🏠 40, bd. Raspail 7e ☎01.44.39.97.73
🕙10:00 ～ 19:00(金～ 20:00、土 9:30 ～ 20:00) 休8月に2週間 Card A.J.M.V.
Ⓜ10/12 Sèvres Babylone より徒歩3分
URL hugovictor.com

アートな包装が人気
Le Chocolat des Français
ル・ショコラ・デ・フランセ

7個入り **€8.20**

aruco編集部が恋した絶品ショコラ

ここがおすすめ
エッフェル塔やモナ・リザなどパリをモチーフにした、遊び心あふれるパッケージで、おみやげにぴったり。

アーティストが手がけるパッケージがかわいいチョコレート。カカオ豆はエクアドルとペルー産、塩はカマルグとゲランド産を使うなど、原料にもこだわっている。

Map 別冊P.13-C1 オペラ地区

🏠 39, av. de l'Opéra 2e ☎01.40.13.01.50
🕙11:00～19:30 休無休 Card A.J.M.V.
Ⓜ3/7/8 Opéra より徒歩4分

繁華街に出現したチョコレート工房
Le Chocolat Alain Ducasse Manufacture à Paris
ル・ショコラ・アラン・デュカス マニュファクチュール・ア・パリ

板チョコ1枚 **€6**

ここがおすすめ
カカオ豆の仕入れから一貫して行う「ビーントゥバー」の店なら板チョコは本格派の濃厚な味わい。

バスティーユ広場からすぐ、フレンチの巨匠アラン・デュカスが展開するショコラトリーの1号店。カカオの焙煎から成形、仕上げまで、全工程を工房で行うメイド・イン・パリのチョコレートだ。

Map 別冊P.14-B3 バスティーユ界隈

🏠 40, rue de la Roquette 11e ☎01.48.05.82.86 🕙10:00 ～ 20:00 休1/1、5/1、12/25、7月下旬～8月下旬 Card A.M.V.
Ⓜ1/5/8 Bastille より徒歩3分 URL www.lechocolat-alainducasse.com

弁護士からショコラティエに
Jade Genin
ジャド・ジュナン

15個入り **€15**
©Thomas Duval

ここがおすすめ
濃厚なのに後味が軽く、つるりとした食感も心地いい。宝石店のような店の雰囲気も味わって。

©Stéphane Grangier

店の内装にもこだわりました!

ジャドさんはジャック・ジュナン(→P.70)の娘。動物由来の素材や白砂糖を使わないピラミッド型のチョコレートがスペシャリティ。バニラやナッツのほか、コリアンダーやカモミールといった独創的なフレーバーも。

Map 別冊P.13-C1 オペラ地区

©Malthusian Belt

🏠 33, av. de l'Opéra 2e ☎09.87.07.17.79
🕙11:00～19:00(土～19:30、日11:30～18:30) 休月、8月 Card A.M.V.
Ⓜ7/14 Pyramides より徒歩3分 URL www.jadegenin.fr

冬の寒い日には、サロン・ド・テで味わえるショコラ・ショー(ホットチョコレート)もおすすめ。

食べたい〜

©pmonetta

パリでしか味わえない
イチオシの絶品スイーツ

ラ・パティスリー・
デュ・ムーリス・パール・
セドリック・グロレの

パティシエたちがしのぎを削る スイーツの都パリで、
今行くべき、食べるべきスイーツを厳選してご紹介！

フルーツの彫刻

La Pâtisserie du Meurice Par Cédric Grolet
Fruits Sculptés

甘酸っぱい
ダークチェリー

キイチゴは
表面にも注目

©victor-boccard

甘味が
あふれ出すイチゴ

まさに
芸術品！

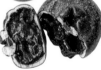

ブルーベリーは
細部まで再現

フルーツのクリームや
果実、ジュレなどをカ
カオバターで包み、本
物のフルーツに見立て
たデザート。1個€18〜

○内容は季節ごとにチェンジ！
○例えば2023年秋シーズン
○には、イチジクや洋梨、
○アーモンドの形をした
○スイーツが登場。「トロンプ
○ルイユ（だまし絵）」の菓
○子として展開した。

©victor-boccard

どれを選ぶ？

名門ホテル「ムーリス」の主任パティシ
エであり、今最も注目されているスター
シェフでもあるセドリック・グロレ。ウェ
ブサイトで時間を指定して予約すれば、
並ばずに買える。ため息が出るほど美し
いお菓子は、まるで宝石のよう。

人気シェフ、セドリック・グロレさん

©pmonetta

Map 別冊P.12-B1

ルーヴル界隈

🏠6, rue du Castiglione 1er
🕐12:00〜商品がなくなるまで
🈺月 Card A.D.J.M.V.
🚇Ⓜ①Tuileriesより徒歩3分
URL cedric-grolet.com/meurice/

オペラ店も →P.80

セドリック・グロレ・オペラ（→P.80）で買えるスイーツも絶品でした（東京都・シュクレサレ）

リッツ・パリ・ル・コントワールの

マーブルケーキ

Ritz Paris Le Comptoir Entremets Marbré

アレンジ版も
あります!

季節の果物を使っ
たお菓子も人気

©Bernhard Winkelmann

バニラのクリームやガナッシュ、カカオ風味のスポンジなどを重ねた生菓子。スライスしたマーブルケーキそっくりの形に。€16

最高級ホテル「リッツ・パリ」のケーキやヴィエノワズリーを楽しめる店。ホテルで提供しているマーブルケーキやミルフイユなどをテイクアウトできるのがうれしい。

データは→P.67

パン・ド・シュクルの

ローズマリー

Pain de Sucre Rosemary

フルーツ系の
お菓子が豊富

おしゃれなケーキ!

サブレの上に、フランボワーズのクリームとババロワを重ね、ローズマリーとフランボワーズをトッピングしている。€7.50

開放感と
清潔感の
ある店内

ナタリー・ロベールさんとディディエ・マトレーさんのふたりが作るお菓子は、ハーブとフルーツの使い方が見事。苦味が出そうなハーブを絶妙に使い、上品な味わいに仕上げている。

データは→P.69

ジェフリー・カーニュの

濃厚かつ
さわやか

シトロンタルト

Jeffrey Cagnes Tarte Citron

©Kevin Rauzy

パリの老舗パティスリー「ストレー」の元シェフ・パティシエが開いた店。厳選素材を惜しみなく使った伝統的なケーキや焼き菓子が並ぶ。

Map 別冊P.6-A1 パリ西部

🏠24, rue des Moines 17e
☎01.46.06.94.62 ◗8:00〜
20:00(日〜19:00) 🏖一部
祝、8月 **Card** A.M.V.
Ⓜ13 Brochantより徒歩3分
🔗jeffreycagnes.fr レ・アール
地区モントルグイユ通りも店もある

ざくざくしたヘーゼルナッツ入りのタルト生地にライムのクリームをたっぷり。その中央にはバジルとライムのジャムが入っている。€6.70

ボンタンの サブレ

ボンタン

Bontemps Bontemps

ひと口サイズで1個
から買える。詰め合
わせは€22〜38

©Bontemps

レトロな趣のあるショーケースには、旬のフルーツに彩られたスイーツが並び、まるで花畑のよう。中庭のサロン・ド・テでお菓子を味わうことも可能だ。

店名と同じ名前のサブレ菓子。ほろりと崩れるサブレの間にバニラやチョコレート、フルーツのクリームをサンド。1個€2.40

Map 別冊P.14-A2 マレ地区

🏠57, rue de Bretagne 3e ☎01.
42.74.11.55 ◗11:00〜14:00、
14:30〜19:00(土10:30〜19:00、
日10:30〜14:00、14:30〜18:00)
🏖月・火、一部祝、8月 **Card** A.M.V.
Ⓜ3 Templeより徒歩5分
🔗bontemps.paris

サロン・ド・テも→P.97

「セバスチャン・ゴダール」(→P.117)のパリ・ブレストもおすすめ。

選び方のヒント

マドレーヌやフィナンシェのように一つひとつ袋入り個装 (sachets fraicheur) されているものなら、バラマキみやげにも使えて便利。

ラ・マドレーヌ・クール・ミルティーユ
La Madeleine cœur myrtille

ブルーベリージャムが入ったマドレーヌ。
10袋入り€4.55

プティ・マフィン・ショコラ
Petits Muffins Chocolat

ミニサイズのチョコレートマフィンが袋にぎっしり詰まっている。
17個入り€2.95

口当たりは軽くてサックリしているのに味はしっかり濃厚！ 小さいけれどひとつで満足感アリ！（編集Y）
チョコレートの味が濃厚で、甘味を抑えた大人の味（編集S）

ブルーベリーの香りと酸味がしっかり。とろけるジャムとバターの風味がいいマドレーヌ生地のしっとり感がベストマッチ！（編集Y）
ブルーベリージャムの甘酸っぱさとマドレーヌの甘味のバランスが絶妙。口いっぱいに幸せが広がります（編集O）

日本未発売
国民的
「ボンヌ・ママン

チェック柄のパッ
「ボンヌ・ママン
フランス人の誰
親しんできた
その豊富なバリ
日本未上陸
編集スタッフが

サブレ・フランボワーズ・セザム
Sablés framboise, sésame

フランボワーズ（木イチゴ）のジャムを挟み、生地にゴマを加えたサブレ。
14枚入り€3.70

ゴマが香ばしいソフトな生地に、フランボワーズジャムのフルーティな酸味が際立つサブレ。日本ではあまりない組み合わせがおもしろい！（編集Y）ウエットティッシュのように上部をめくって開閉する包装は、袋留めクリップ要らずで便利！（編集S）

フィナンシエ・アマンド
Financiers amandes

アーモンドプードルをたっぷり使った伝統の焼き菓子。
10袋入り€5.15

アーモンドプードルのほろっとした感じが魅力。素朴なお菓子ながら個装で食べやすく、好感度大（編集M）
アーモンドの香りがほのか〜の。口当たりも甘味も軽やかで、パクパク食べちゃった！ 2個目に手が伸びる感じ。3個は食べたい（笑）。5点満点！（編集Y）

ボンヌ・ママンの袋入りのお菓子はけっこうかさばる。荷物のスペースを考えつつ買うことをおすすめします。（茨城県：シナモン）

Bonne Maman
Petites Tartelettes
Chocolat caramel

ミルクチョコの下にキャラメルが隠れた濃厚タルトレット。サクッとした生地の歯応えもよく、コーヒーによく合う（編集Y）
2層になったクリームの味がしっかりしているので、ひと口サイズでも十分満たされた気持ちになれる（編集S）

プティット・タルトレット・ショコラ・キャラメル
Petites Tartelettes
Chocolat caramel

硬いクッキーのように見えるが、クリームを詰めたタルトレット。17個入り€3.49

プティット・マルブレ・オ・ショコラ
Petites marbrés au chocolat

ミニパウンド型のチョコレートマーブルケーキ。
10袋入り€4.40

Bonne Maman
Petits marbrés
au chocolat

チョコの香りがよく、誰からも好まれるシンプルでちょうどいい甘さ。バラマキみやげにもよさそう（編集Y）
濃厚でコーヒーとの相性も抜群！（編集O）
生地がしっとりとして、小さいけどボリューム感もある（編集S）

Bonne Maman

品をチェック
おやつ
大試食会！

ケージがかわいい Bonne Maman」は、もが子供時代からお菓子のブランド。エーションから、のお菓子を徹底リサーチ。

Bonne Maman
Petits cakes
aux fruits

プティ・ケイク・オ・フリュイ
Petits cakes aux fruits

レーズン、オレンジピールなどドライフルーツが入ったミニケーキ。
10袋入り€4.79

じゅわっとしたしっとり食感はパティスリー並み！ ドライフルーツの甘味と香りもとても上品（編集Y）
しっとり生地に、ドライフルーツの甘味と食感が楽しめるパウンドケーキ。ティータイムのお供にぴったり（編集O）

ル・ガトー・オ・シトロン
Le Gâteau au citron

パウンド型に焼いたレモンケーキ。プレーンな味の「キャトル・カール」も。
500g €4.65

サックリと混ぜた生地の粗さが素朴な印象。フォークを入れると生地がポロポロと崩れる。もうちょっと生地がしっとりとなめらかなほうが好み（編集Y）
どっしりしてお得のあるケーキ。レモンの香りもいい。ぱさぱさした感じが気になるときは、生クリームを添えてみるのも（編集S）

Bonne Maman
Le gâteau
au citron

Information

国民的おやつ「ボンヌ・ママン」大試食会！

ボンヌ・ママンって何？
×××××××

ボンヌ・ママンとは、フランス語で親しみを込めた「おばあちゃん」という意味。アンドロス社が1971年にジャムを売り出したのが始まり。1997年からはクッキーなどのおやつに、現在ではデザートも販売している。

ジャムやデザートも

日持ちはするの？
×××××××

フランスでは子供から大人まで幅広く愛されているボンヌ・ママンのおやつ。賞味期限が数週間と意外に短いものが多く、日本で販売されているのは、ほんの一部のみ。おみやげに買って、おやつタイムにパリを感じちゃお！

どこで買えるの？
×××××××

「モノプリ」などのスーパー、「ラ・グランド・エピスリー・ド・パリ」、ギャラリー・ラファイエットの「グルメ」などで。

●モノプリ →P.121
●ラ・グランド・エピスリー・ド・パリ →P.84
●ギャラリー・ラファイエットの「グルメ」 →P.127

フィナンシエはコーヒーに浸したり、オトナはウイスキーやリキュールと合わせても。

75

焼きたてをパクつくシアワセ！パリのパンのすべて

通りを歩けば香ばしい匂いがぷんぷん。
パリにいるからこそ味わえる至福のとき。
さあ、焼きたてパンを召し上がれ！

どのパンにしようかな……

プーランジュリーに行ってみよう

パン屋さん

おいしいパンがずらりと並ぶ
ブーランジュリー。原則として店員に直接注文するシステムなので、順番が来てあわてないように、まず買うパンを決めてから列に並ぼう。混雑する正午頃と夕方を避けるのもポイント。

ミニ会話

こんにちは
Bonjour!
ボンジュール

（ほかには？と聞かれて）
以上です
C'est tout.
セ・トゥ

いくらですか？
C'est combien?
セ・コンビヤン

ありがとう、さようなら
Merci. Au revoir.
メルスィ・オ・ルヴォワール

バゲット1本（半分）ください
Une (demi) baguette, s'il vous plait.
ユンヌ（ドゥミ）・バゲット・スィル・ヴ・プレ

ほかには？
Avec ceci?
アヴェック・スシ

定番パンカタログ

パン大好き！

バゲット
Baguette
→P.78
食事に欠かせない棒状のパン

ショソン・オ・ポム
Chausson aux pommes
→P.81
リンゴのコンポートなどが入ったパイ

クロワッサン
Croissant
→P.80
パイ生地を何層にも重ねた三日月形パン

パン・オ・ショコラ
Pain au chocolat
→P.80
チョコレートをはさんだパイ生地のパン

パン・ド・カンパーニュ
Pain de campagne
→P.80
ライ麦粉などで作る田舎パン

パンのなかでも比較的日持ちのするパン・ド・カンパーニュをおみやげに買って帰りました。（秋田県・エクリュ）

Boulangerie

行列してでも
食べたい

おすすめブーランジュリー

毎日食べるものだからこそ、
その質にはこだわりたい。パリっ子たちが太鼓判を押す"おいしいパン"の店を紹介します。

繊細かつ優しい味わいで、幅広く人気

デュ・パン・エ・デジデ
Du Pain et des Idées

人気のパン
「エスカルゴ」

1889年に建てられた建物で、店内には美しいガラス天井などが残っている

クリストフ・ヴァスールさんが作るパンは、味わい深い生地が特徴。皮がむっちり厚く、身がしっとりと甘い「パン・デザミ」、ピスタチオ味の「エスカルゴ」などを目当てに、訪れる客が絶えない。

Map 別冊P.8-B3　サン・マルタン運河界隈

🏠34, rue Yves Toudic 10e　📞01.42.40.44.52　🕐7:00～20:00
🈺土・日・祝、7月下旬から1ヵ月間　**Card** D.J.M.V.　Ⓜ⑤Jacques Bonsergentより徒歩3分　**URL** dupainetdesidees.com

---

伝統製法で作るパン

サン・ブーランジュリー
Sain Boulangerie

© Magali Perruchini

自然素材にこだわるアントニー・クルティエさん

© Magali Perruchini

品種改良されていない小麦を使ったミッシュ
© Magali Perruchini

「おいしくて安全なパン」を作るため、古代小麦などを使ったオーガニックの粉や自家製酵母、無精製の砂糖など、材料を厳選している。フルーツやナッツをたっぷり使ったヴィエノワズリーもおすすめ。

Map 別冊P.8-B3　サン・マルタン運河界隈

🏠15, rue Marie et Louise 10e　📞07.61.23.49.44　🕐7:30～14:30、16:15～20:00　🈺一部祝、年末年始、8月に3週間　**Card** M.V.　Ⓜ⑤Jacques Bonsergentより徒歩8分　**URL** www.sain-boulangerie.com

---

大きな田舎パンでおなじみ

ポワラーヌ
Poilâne

大型パンの「ミッシュ」にはPの文字が

リンゴの角切り入りのタルトもおいしい～

1932年創業の老舗パン屋のマレ地区店。この店のスペシャリテは丸くて大きい「ミッシュMiche」。こだわりの天然酵母、ゲランドの塩、薪の釜によって特徴ある味わいに仕上がっている。

Map 別冊P.14-B2　マレ地区

🏠38, rue Debelleyme 3e　📞01.44.61.83.39　🕐7:15～20:00（日～18:00、夏8:00～19:00）　🈺月、一部祝　**Card** A.J.M.V.（€10～）　Ⓜ⑧Filles du Calvaireより徒歩3分　**URL** www.poilane.com

---

見た目も美しいパンで人気

ボー・エ・ミ
BO et Mie

サクサクのニューヨークロール

ルーヴルからすぐの所にある

併設のイートインでパンやケーキを

© Bo et Mie

ストライプ柄のクロワッサン、ナッツクリームがたっぷり入ったニューヨークロールなど、創造的で美しいヴィエノワズリーが話題。素材と技術にこだわった伝統パンのファンも多い。

Map 別冊P.13-C2　ルーヴル界隈

🏠91, rue de Rivoli 1er　📞01.42.33.49.84　🕐7:30～20:00（日8:00～）　🈺1/1、1/5、12/25　**Card** A.M.V.　Ⓜ①Louvre Rivoliより徒歩5分　**URL** www.boetmie.com

---

パリのパンのすべて

パンは鮮度が大事。一度に食べ切れる量を買うようにしよう。

77

コンクール優勝店＆編集部おすすめ　お気に

2023

一晩低温で発酵させた生地を香ばしく焼く。身はしっとり、かみしめると小麦の甘さが感じられる。

弾力性　強●●★●●弱
塩味　濃●●●★●薄
皮の食感　●●★●●軽

€1.30

2023年現在大統領官邸に納品されているパンはこれ

パン職人としての夢をかなえた
オ・ルヴァン・デ・ピレネー
Au levain des Pyrénées

働きながら伝統的な製パンを学んだスリランカ出身、タルシャン・セルヴァラジャさんがオーナー。

Map 別冊P.5-D2　東部

🏠44, rue des Pyrénées 20e
⏰7:00～20:00（土8:00～14:00）
🗓日、一部祝、8月に2週間　Card M.V.
Ⓜ⑨Porte de Montreuilより徒歩6分

2016

皮の食感はさっくり軽く、もっちりした身とのバランスもいい。塩味が効いた味で、どんな食事にも合いそう。

€1.30

正統派の安定した味が勝利の決め手に

弾力性　強●★●●●弱
塩味　濃●●●★●薄
皮の食感　●●●★●軽

リュクサンブール公園近くの店
ラ・パリジェンヌ
La Parisienne

パリ市内に7店舗を構えるパン屋で、すべて自家製というパンからケーキ、サンドイッチまで、幅広い品揃え。

Map 別冊P.17-C1　サン・ジェルマン・デ・プレ

🏠48, rue Madame 6e　☎09.51.57.50.35　⏰7:00～20:00、8月に1週間　Card M.V.（€4～）🗓水　⑫Rennesより徒歩6分　URL www.boulangerielaparisienne.com

コンクール優勝！

毎年パリで開催される「バゲットコンクール」優勝店から編集部おすすめのバゲットはこちら

24時間発酵させてから香ばしく焼き上げる

€1.30

2013

もっちりと弾力のある身と、しっかり焼かれた薄い皮とのバランスが絶妙。かむほどに穀物らしい香ばしさが現れる。

弾力性　強★●●●●弱
塩味　濃●●★●●薄
皮の食感　●●●★●軽

Map 別冊P.4-B3　南部

長時間発酵で深みのある味に
オ・パラディ・デュ・グルマン
Au Paradis du Gourmand

14区の閑静な住宅地で2006年より営業。味わいを深めるために、じっくり発酵させてから成形している。

🏠156, rue Raymond Losserand 14e　☎01.45.43.90.24
⏰6:00～21:00　🗓日　Card M.V.
Ⓜ⑬Plaisanceより徒歩3分
URL auparadisdugourmand.com

かみしめると小麦の味わいがしっかり

€1.30

2010 2015

20時間かけて生地を発酵させ、小麦のうま味と甘みを引き出している。

弾力性　強●★●●●弱
塩味　濃●●●★●薄
皮の食感　●●★●●軽

いつ食べても安定したおいしさ
ル・グルニエ・ア・パン・アベス
Le Grenier à Pain Abbesses

2010年、2015年の2度にわたり1位に輝いた店。週末は1800本も売れるという大人気のバゲットをご賞味あれ。

Map 別冊P.7-C1　モンマルトル

🏠38, rue des Abbesses 18e
☎01.46.06.41.81　⏰7:00～19:30　🗓火・水　⑫Abbessesより徒歩3分
URL legrenierapain.com

　▼マルシェでハムとチーズを買って、バゲットに挟んで公園でピクニックするのも楽しいです。（三重県・リー）

入りのバゲットはどれ？

シンプルだからこそ味の違いが明確なバゲット。数ある店のなかから、厳選された逸品をご紹介。

お気に入りのバゲットはどれ？

生地をひと晩以上寝かせて焼いたバゲット・トラディションは、ほのかな酸味がある。風味が豊かでもちもち。

€1.20

シリアル、ゴマ入り、週末には炭入りも

オリジナリティあふれるパン
ユトピー Utopie

元パティシエのふたりが2014年にオープン、今では行列ができる店に。伝統的なパンはもちろん、ユニークなフレーバーも人気。

弾力性	強	★			弱
塩味	濃		★		薄
皮の食感	重			★	軽

Map 別冊P.14-B1 レビュブリック広場界隈

🏠20, rue Jean Pierre Timbaud 11e
☎09.82.50.74.48 ⏰7:00～20:00
休月、一部祝 CardM.V.
Oberkampfより徒歩3分

ほんのり甘みがある身と皮のバランスが絶妙。オープン時から据え置きの価格もうれしい。レビュブリック界隈に支店がある。

€1

パリパリとして軽やかな皮がおいしい

素材と伝統技術にこだわる
マミッシュ Mamiche

カフェのような店構えのパン屋は女性2人がオーナー。自家製酵母と厳選素材でつくる上質な味が評判。

弾力性	強		★		弱
塩味	濃		★		薄
皮の食感	重			★	軽

Map 別冊P.7-D2 サウス・ピガール

🏠45, rue Condorcet 9e ☎01.53.21.03.68 ⏰8:00～20:00（土～19:00）休月・日 7月～8月末
CardM.V. Ⓜ②Anversより徒歩5分 URLwww.mamiche.fr

皮は軽やかにさっくりと砕け、身はつるりとした食感で甘みがある。レストランでは小サイズが提供されている。

€1.45

一流のレストランはパンも手抜きなし

編集部おすすめ！

パン好きな編集スタッフが選んだおいしいバゲットはこちら！

ロゴは「バゲットをもつ鴨」
ル・ブーランジェ・ド・ラ・トゥール Le Boulanger de la Tour

鴨料理で有名な高級レストラン「ラ・トゥール・ダルジャン」のブーランジュリー。高級感を保ちつつ、リーズナブルな値段設定が嬉しい。

弾力性	強		★		弱
塩味	濃		★		薄
皮の食感	重		★		軽

Map 別冊P.18-A1 カルチェ・ラタン

🏠2, rue du Cardinal Lemoine 5e
☎01.43.54.62.53 ⏰8:00～20:00（土・日・祝8:00～）休8月
CardA.M.V. Ⓜ⑩Cardinal Lemoineより徒歩5分
URLtourdargent.com/le-boulanger

オーナーの名前を冠した「フルート・ボッソン」。ルヴァン（天然酵母）入りだが酸味はなく、小麦の甘さが広がる。

€1.30

クオリティの高いビオの厳選材料を使っている

ナチュラルで味わい深い
レサンシエル L'Essentiel

パリに3店舗もつアントニー・ボッソンさんの店。材料のクオリティにこだわった風味豊かなパンは、多くの人から支持されている。

弾力性	強		★		弱
塩味	濃		★		薄
皮の食感	重			★	軽

Map 別冊P.17-D2 カルチェ・ラタン

🏠2, rue Mouffetard 5e ☎09.67.12.86.64 ⏰7:00～20:30（土・日～20:00）休月、一部祝
Ⓜ⑩Cardinal Lemoineより徒歩4分
URLwww.boulangerie-lessentiel.com

バゲットコンクールで採点の対象となるのは「バゲット・トラディション」。購入するときは指定しよう。

Croissant
クロワッサン

三日月形をした朝食の定番。
バターを使った「プール」とマーガリンを使った
「オーディネール」がある

美しすぎる層の重なり

パティスリーの名店「ピエール・エルメ」の隠れた人気商品。切り口の層が美しく繊細な味わい。€2.50 **F**

バターの風味とサクサク感がたまらないクロワッサン。並んでも食べたい!と大人気の逸品だ。€4 **B**

©Calvin COURJON

ローズ風味のペーストが中に

エルメのマカロンケーキ「イスパハン」(→P.68)のクロワッサン版。ライチとバターの風味が交じり合う。€3.50 **F**

「断面」にも注目！人気のヴィエノワズリー食べ比べ

Pain au chocolat
パン・オ・ショコラ

BIOの粉にこだわってます

棒状のチョコを2本、生地でくるんで焼いたヴィエノワズリー。子供から大人まで、誰からも愛されるパン

H
プラリネクリームがたっぷりはいった「パン・オ・ショコラ・プラリネPain au Chocolat Praliné」€3.50

チョコは3本入ってます

素材にこだわった生地で作られたパン・オ・ショコラ。層の重なりがきめ細か。€1.60

しっとりとした風味豊かな生地とチョコのなじみ感が絶妙な「ショコラティーヌChocolatine」€2.80

G

A
パティスリーとしても有名
デ・ガトー・エ・デュ・パン
Des Gâteaux et du Pain

オーナーシェフであるクレール・ダモンさんの繊細なセンスが感じられる。季節限定品もチェック！

Map 別冊P.16-A2
モンパルナス界隈

🏠63, bd. Pasteur 15e
🕘9:00～19:30（日～18:00）
🚫火、8月 💳A.M.V.
Ⓜ6⑫Pasteurより徒歩3分
🔗www.desgateauxetdupain.com

B
行列ができる人気店
セドリック・グロレ・オペラ
Cédric Grolet Opéra

名門ホテルのシェフ・パティシエ（→P.72）の店。人気のクロワッサンは、長蛇の列に並ぶ覚悟で。

Map 別冊P.13-C1
オペラ地区

🏠35, av. de l'Opéra 2e
🕘9:30～18:00 🚫月・火
💳A.M.V. Ⓜ⑦⑭
Pyramidesより徒歩3分
🔗cedric-grolet.com/opera

C
ブリオッシュ専門店
バール・ア・ブリオッシュ
Bar à Brioches **Map 別冊P.6-A3**
オペラ地区

チョコレートやキャラメルなどさまざまな味のブリオッシュが並ぶ。バター少なめのブリオッシュで作るサンドイッチも人気。

🏠8, rue la Boétie 8e
☎01.42.66.41.86 🕘8:00～
18:00（月～15:00、±11:00～
18:00）※夏期は変更 🚫日、1/1、
8月に1週間、8月の月 💳A.M.V.
Ⓜ⑨Saint Augustinより徒歩
4分 🔗www.le-bab.fr

「ユトピー」(P.81)のクロワッサンはほんのりと甘みを感じる生地でおいしかったです。〈佐賀県・P's〉

濃厚なミルクチョコレートクリームをはさんでヘーゼルナッツをのせた「ババカ・ジャンドゥージャbabka giandugia」€4

C

Brioche
ブリオッシュ

良質のバターと卵をたっぷり使って作る。本来はころんとしたダルマのような形だが、最近はアレンジ版も登場

色と食感にはまりそう

きめ細かで彩りあざやか

「プラリネ・ロゼ」のバラ色が鮮やかな「ブリオッシュ・フイユテBrioche feuilletée」€3.50

E

ピンクに色づけしたカリカリのアーモンドをちりばめたリヨン名物ブリオッシュ「プラリジエンヌPralisienne」（4人用€5.5、小€1.9）

D

人気のヴィエノワズリー食べ比べ

ヴィエノワズリーとは？
フランス人にとって「パン」とは、バゲットや田舎パンなど料理とともに食べるハード系を指す。クロワッサン、パン・オ・ショコラなどは、「ヴィエノワズリー」と呼ばれている。

朝食や小腹がすいたときに、思わず買い食いしたくなるヴィエノワズリー。
正統派からアレンジ系まで、人気の「おやつパン」を食べ比べ！

キャラメルがけをしたようにカリッとした表面。リンゴは甘さ控えめなので、バランスがちょうどいい。　€2.20

フレッシュな果実味たっぷり

シナモンを利かせたリンゴがたっぷり。アップルパイを思わせる食感のショソン・オ・ボム　€3.10

A

有機リンゴが皮ごと入った「ショソン・ア・ラ・ボム・フレッシュChausson à la pomme fraîche」は自然の甘みと酸味、シャキっとした食感が魅力。€4.20

G

Chausson aux pommes
ショソン・オ・ボム

スイーツ感覚のヴィエノワズリー

リンゴのコンポートなどをくるんだヴィエノワズリー。リンゴのボリュームや甘さなど店によってさまざま

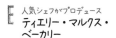

D ご当地ブリオッシュもある
ラ・ブリエ
La Brièe
クグロフ、生クリーム入りの「ラ・ガッシュ」など、フランス各地のブリオッシュが楽しめる専門店。

Map 別冊P.15-C2
バスティーユ界隈
🏠69, rue Sedaine 11e
☎09.71.46.00.62
🕗8:00～18:00 休月、一部祝 CardM.V. MⓈ M⑨Voltaireより徒歩3分 URLlabriee.com

E 人気シェフがプロデュース
ティエリー・マルクス・ベーカリー
Thierry Marx Bakery
2つ星シェフ、ティエリー・マルクスのブーランジュリー。サンドイッチ（→P.83）もおすすめ。

Map 別冊P.6-A3
シャンゼリゼ界隈
🏠51, rue de Laborde 8e
🕢7:30～20:00
休日、祝、8月半ばに1週間 CardM.V. MⓈ M⑨St-Augustinより徒歩5分 URLwww.thierrymarxbakery.fr

F ピエール・エルメ →P.68
G デュ・パン・エ・デジデ →P.77
H ボー・エ・ミ →P.77
I サン・ブーランジュリー →P.77
J ユトピー →P.79

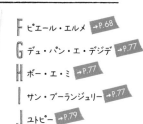

渦巻き形になったレーズン入りの「パン・オ・レザンPain aux raisins」も人気ヴィエノワズリー。

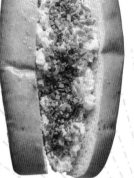

UN VRAI RÉGAL!

リッチな
気分に

贅沢素材のロールサンド
オメール・ロブスター
Homer Lobster

アメリカ生まれのロブスター
ロール。パリでも人気上昇中
で、こちらはその専門店。高
級素材を気軽に楽しめる。

Map 別冊P.14-A2 マレ地区

🏠21, rue Rambuteau 4e 🈳なし
🕐12:00〜22:00（金・土〜22:30）
㊡無休 💳A.M.V.
🚇M①Rambuteauより徒歩2分
URL www.homerlobster.com

©Kim Garell

ロブスターロール €20〜
ブリオッシュを使ったロブ
スターロール。ザリガニと
自家製マヨネーズをミック
スしたものもある

©Kim Garell

毎月変わる
具材が楽しみ
ピクト Picto

旬の野菜や厳選された素材を使い、注
文を受けてから作るサンドイッチ。国
鉄サン・ラザール駅構内にもある。

Map 別冊P.7-D3 オペラ地区

Picto

🏠159, rue Montmartre 2e
☎01.45.08.17.52 🕐11:30〜
15:00（土・日 💳A.M.V.
🚇M⑧⑨Grands Boulvardsより
徒歩1分 URL www.picto.paris

子羊の
ナヴァランサンド €6.50
ある日のシェフ特製サン
ド。子羊を柔らかく煮込ん
だナヴァランがたっぷり

具とパンに
こだわる店が
増加中

サント

「グルメ系

最近、artisanal（職人が作
いった形容詞が仁
美食の都ならでは
なかから編集

ハッラーパンのサンド
€12〜
ユダヤ教徒が安息日な
どに食べる「ハッラー
パン」を使ったサンド
イッチ。マミッシュ
（→P.79）のパンを使
用している

MIAM MIAM!

野菜も
たっぷり！

野菜が
たっぷり！

©Lauret Ophelie-Ophelie's
Kitchen Book

スブラキ €8
肉をマリネした
ものや、ギリシ
アチーズ「ハロ
ウミ」のグリルを
はさんだものも

素材にこだわる
ギリシアサンド
フィラキア Filakia

ギリシアのカジュアルフード
「スブラキ（肉の串焼き）」の
ピタパンサンドが人気。5区
と10区に姉妹店がある。

Map 別冊P.13-D1 レ・アール

🏠9, rue Mandar 2e
☎01.42.21.42.88 🕐11:00〜
15:00、18:30〜22:30（土11:30
〜22:30）㊡日、一部祝、8月に1
週間 💳M.V. 🚇M④Les Halles
より徒歩5分 URL www.filakia.fr

 「フィラキア」のサンドは野菜たっぷりでヘルシーでした。（滋賀県・OMI）

おいしいコーヒーとともに
テン・ベルズ・ブレッド
Ten Belles Bread

カフェ「テン・ベルズ」（→P.141）が経営するパン屋。天然酵母パンから、マフィン、スコーンまで揃う。

Map 別冊P.15-C2 バスティーユ界隈

🏠17-19bis, rue Bréguet 11e
☎01.47.00.08.19 🕐8:30～19:00
（土・日9:00～17:30）🚫8月に2週間、クリスマスに1週間 **Card**M.V.
🚇⑤Bréguetより徒歩5分

日替わりサンド
€4～

パンのクオリティの高さに加えて、毎日変わる具材の組み合わせが面白く、おいしい

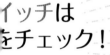

C'EST ORIGINAL!

名シェフのプロデュース

ティエリー・マルクス・→P.81
ベーカリー

ブレッドマキ €7～

2つ星シェフ、ティエリー・マルクスが提案するのは、パン・ド・ミ（食パン）で具材を巻き巻き

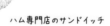

パリのサンドイッチのトレンドはこちら！

1 バゲットだけでなく、バンズ、ブリオッシュ系パンではさむサンドも増えている。

2 オマールなどの高級素材を具にしたサンドが人気。

3 日本の食パンの店もパリ進出。パン・ド・ミ（フランスの食パン）を使ったサンドの人気上昇中。

4 ケバブサンドなど多国籍サンドのグルメ度もアップ。

サンドイッチは「グルメ系」をチェック！

イッチは
をチェック！

urmand（グルメの）と
ンドイッチが増殖中。
格派サンドイッチの
すすめをご紹介！

サンドイッチの基本形は
「ジャンボン・ブール」

フランス人が愛するバゲットサンドの基本形は、バターとハムだけのシンプルなサンドイッチ「ジャンボン・ブールJambon beurre」。ハムそのもののクオリティが高いので、これだけでも十分おいしい。ぜひ試してみて。

行列ができる人気店
ミショー Micho

ビジネススクールを経て料理の世界に入ったジュリアン・セバグがプロデュース。特に野菜にこだわったクリエイティブな具材を楽しめる。

Map 別冊P.13-C1 オペラ地区

🏠46, rue de Richelieu 1er
🕐12:00～15:00、19:00～22:45
🚫月、一部祝
CardM.V.
🚇⑦⑭Pyramidesより徒歩4分
URLmicho.fr

ハム専門店のサンドイッチ
キャラクテール・ド・コション Caractère de Cochon

ビゴール豚のハムなど、国内外の高級ハムを扱う専門店。好きなハムを選ぶと、その場でスライスしてバゲットサンドを作ってくれる。

Map 別冊P.14-B2 マレ地区

🏠42, rue Charlot 3e 🕐10:30～19:30
（日～15:30）🚫月、一部祝、夏期休業あり **Card**A.M.V.（€10から）🚇⑧Fille du
Calvaireより徒歩6分

ワインに合う逸品サンド

生ハムの
バゲットサンド €12.90～

高級ハムを惜しげなく挟んだサンドイッチ。生ハムまたは加熱ハムから選ぶことができる。リエット（豚肉のペースト）のサンドは€10.90。具材を上にのせた「タルティーヌ」もおすすめ。（→P.89）

相性バツグン、最愛のパートナーはどれ？
「パンのおとも」大集合！

朝が楽しみになる甘〜い（＝シュクレSucré）ジャムやスプレッド。
アペリティフにぴったり、ワインに合う塩味（＝サレSalé）のペースト。
おみやげにもなる編集部厳選の「パンのおとも」をご紹介。

ぴったりのせたり♪

Salé おとも 1
バター
Beurre

日本でも人気上昇中のフランス産バター。有塩（ドゥミ・セルdemi-sel）と無塩（ドゥーdoux）の2種類があるので、パンの塩味に合わせて使い分けても。

イジニー（有塩）25g
Beurre d'Isigny demi-sel
€1.40 A

ノルマンディー産の発酵バター。品質の高さを保証するAOP（原産地名称保護）マーク付き。塩味は強くなく、さっぱりとした味わい。ずっと飽きずに食べられる（フォトグラファーT）

エシレ（無塩）50g
Echiré doux
€1.20 A

フランス中西部のエシレ村で、伝統的な木製チャーン（撹拌機）を使って作られている。酸味のあるパンが合う（ライターM）

ボルディエ（有塩）125g
Beurre Bordier demi-sel

ブルターニュ地方、サン・マロで作られる「ブール・ド・バラット」のバター。パンよりバターが主役になりそうなリッチさ（編集S）

€5.35 B

パンはポワラーヌの「ミッシュ」→P.77

€5.35 A B

イジニー（無塩）125g
Beurre d'Isigny doux
A B €2.95

有塩バターと同じくミニサイズもあり。クセがなく、誰からも愛されるバター。優しい味なので、塩味のはっきりしたバゲットに合いそう（編集S）

エシレ（有塩）100g
Echiré demi-sel
€2.95

代表的フランス産バターとして日本でもよく知られている。バゲットと合わせると風味が際立つ（編集S）

ベイユヴェール（有塩）125g
Beillevaire Beurre demi sel Croquante
€3.20 A

大西洋岸ノワールムティエ産。時間をかけてじっくりと撹拌する「ブール・ド・バラット」の製法を守る。塩の粒入り。コクのある味でカンパーニュ系のパンとの相性よし（編集S）

ボルディエ（無塩）125g
Beurre Bordier doux
€5.35 A B

有塩バターと同様「マラクサージュ」と呼ばれる手練りの製法で作られている。コクがありながら、さらりとした食感（ライターM）

SHOP LIST

A ラ・グランド・エピスリー・ド・パリ
フランス各地の厳選食材が揃う
＜ル・ボン・マルシェ・リヴ・ゴーシュ内＞
La Grande Epicerie de Paris（Le Bon Marché Rive Gauche）
1852年創業の歴史をもつ老舗デパート「ル・ボン・マルシェ・リヴ・ゴーシュ」の食料品館。
Map 別冊P.16-B1　サン・ジェルマン・デ・プレ
＜ル・ボン・マルシェ・リヴ・ゴーシュ＞ 24, rue de Sèvres 7e
☎01.44.39.80.00 ◎10:00〜20:00（木〜20:45、日11:00〜）**Card** A.D.J.M.V. ◎Sèvres Babyloneより徒歩3分
URL www.lebonmarche.com ＜ラ・グランド・エピスリー・ド・パリ＞ ◎8:30〜21:00（日10:00〜20:00）**Card** A.J.M.V. URL www.lagrandeepicerie.com

B ギャラリー・ラファイエット パリ・オスマン
観光の途中に寄るのに便利
Galeries Lafayette Paris Haussmann
食材の宝庫「グルメ」は食通たちを魅了している。
Map 別冊P.7-C3 →P.127

C モノプリ
パンのおともを手頃の値段で
Monoprix
おみやげも買えるスーパーマーケット。
Map 別冊P.13-C1 →P.121

日本であまり見かけない組み合わせのジャムがたくさんあって選ぶのが楽しいです。（滋賀県・あかり）

Salé おとも 2
塩味のペースト
Tapenade, Conserve de Poisson

「夜のおとも」におすすめなのが塩味のペースト。薄切りにしたバゲットに載せて、アペリティフにどうぞ。

€3.95～ A B

サーモンのクリーム
Crème de Saumon

クセがなく食べやすい。バゲットもいいが、ポワラーヌのミッシュの軽い酸味に合う（ライターM）

パンはバゲット・トラディション

€5.25 A

タプナード **Tapenade**

南仏プロヴァンスのスペシャリティーでもある黒オリーブのペースト。「アルベール・メネス」ブランドで高級感を添えて。しょっぱいので載せる量に気をつけたい。ロゼワインが飲みたくなる～（編集Y）

オマール海老のムース
Mousse de Homard

ブルターニュ地方南部の町キブロンにある缶詰メーカーのバリエーション豊富なペーストのひとつ。ミニサイズでデザインがかわいいのでおみやげにも。ふわっとした口当たりで、オマールの風味が優しく広がる（編集Y）

A B €4.30

ラズベリーとアプリコットのジャム
Framboise Abricot Anis Etoilé

オリジナルレシピで人気の「コンフィチュール・パリジェンヌ」のジャム。ほのかに八角が香る、エキゾチックなテイスト（編集S）

€14.90 A

果物の香りと色も楽しんで

Sucré おとも 3
ジャム
Confiture

果物をたっぷり使ったジャムは「パンのおとも」の定番。スパイスをミックスしたものなど、組み合わせは無限。

アルザスのリュバーブとバニラのジャム
Confiture Rhubarbe d'Alsace et vanille

「ジャムの妖精」と呼ばれるクリスティーヌ・フェルベールさんのジャム。アルザス産リュバーブのジャムにバニラビーンズがまるごと入っている。バニラの香りが強くデザート風。ヨーグルトにも合う（ライターM）

A B €10.80

€6 A

オレンジのジャム
Orange Amère

砂糖を一切使わず、100%果物で作った「サヴール・エ・フリュイ」のジャム。オレンジを皮まで使った香り高い逸品。フルーツ本来のおいしさを凝縮（ライターM）

C €1.85

ヌテラ®
Nutella®

フランスの一般家庭でおなじみの。ヘーゼルナッツとココアパウダーをミックスしたスプレッド。クリーミーでナッツの香ばしい味わいが感じられる（編集A）

Sucré おとも 4
パータ・タルティネ
Pâte à tartiner

チョコレート、キャラメル、ナッツ系のスプレッド。ショコラトリーが手がけると、こだわり度もアップ！

パンは軽くトーストしてみても

€13.95 A

クレーム・ド・ノワゼット
Crème de Noisette

ショコラトリー「プラリュ」のヘーゼルナッツクリーム。高級感があり、いつもの朝食がリッチな内容に（ライターM）

パリの食卓に欠かせない 魅惑のチーズ入門

「Bon pain, Bon vin, Bon fromage！（よいパン、よいワイン、よいチーズがあれば、人生は幸せ！）」という言葉があるくらい、フランス人にとって大切なチーズ。その魅力をとことん味わって。

made in France 🇫🇷
食べてみたい！ フランスを代表するチーズ

バリエーション豊かなフランスのチーズ。地方ごとの味を食べくらべてみてはいかが？

レガル・ド・ブルゴーニュ・オ・レザン
Régal de Bourgogne aux raisins
レーズンを表面にまぶしたブルゴーニュ地方のフレッシュチーズ

オッソー・イラティ
Ossau-Iraty
バスク地方名物、羊乳のチーズ

エポワス
Epoisses
ウォッシュタイプのなかでも匂いが強い、通好みのブルゴーニュ地方産チーズ

マンステル
Munster
アルザス地方の代表的なチーズで個性的な匂いが特徴

ピティヴィエ・オ・フォワン
Pithiviers au foin
干し草をまぶしたサントル地方のチーズ

マロワール
Maroilles
北部地方で作られる個性の強いウォッシュタイプのチーズ

フルム・ダンベール
Fourme d'Ambert
青カビチーズのなかではマイルドで食べやすいオーヴェルニュ地方のチーズ

サント・モール
Ste-Maure

セル・シュル・シェール
Selles-sur-Cher
ヤギ乳で作るシェーヴルの仲間たち

ヴァランセ
Valençay

プリニー・サン・ピエール
Pouligny-St-Pierre

カマンベール
Camembert
ノルマンディー地方名産の有名な白カビチーズ

カンタル
Cantal
オーヴェルニュ地方の大型ハードチーズ

おすすめSHOP

食べ頃のチーズがずらり
キャトルオム Quatrehomme

©vincentnageotte

M.O.F.（国家最優秀職人章）を獲得しているマダム・キャトルオムの店。農家から仕入れ、自家カーヴで熟成させたチーズは、どれを買っても間違いなし。レストランへの卸しも行っており、シェフたちから厚い信頼を得ている。

Map 別冊P.16-A1　サン・ジェルマン・デ・プレ

🏠62, rue de Sèvres 7e　☎01.47.34.33.45　🕘9:00〜19:45（日〜13:00）
🗓月、1/1、8/15、12/25、12/26、8月に数日間
CardA.M.V.　Ⓜ⑩Vaneauより徒歩2分　**URL**www.quatrehomme.fr

上質のチーズが揃う
マリー・アン・カンタン
Marie-Anne Cantin

有名レストランからの注文も多く、質のよさで知られる。厳選された生産者のチーズは、地下のカーヴで熟成され、食べ頃になったものが店頭に並ぶ。2年熟成のコンテチーズなど、豊かな味わいを楽しんで。

Map 別冊P.11-D3　エッフェル塔界隈

🏠12, rue du Champs de Mars 7e　☎01.45.50.43.94
🕘8:30〜19:30（日〜13:00、祝8:30〜13:00）　🗓月、8月に3週間
CardA.M.V.　Ⓜ⑧Ecole Militaireより徒歩4分　**URL**www.cantin.fr

塩味の濃いチーズが多いなか、コンテチーズは甘みもあってお気に入りとなりました。（埼玉県・ミズリー）

チーズの おもな種類と楽しみ方

相性のよい組み合わせを「マリアージュ（結婚）」と表現するフランス。どんなチーズにどんなものが合うか、いろいろ試してみると思わぬ発見があるかも。

白かび系 ／ バゲット

日本で最もポピュラーなフランスチーズ、カマンベールCamembert、ブリBrieが代表格。クセがなく食べやすい。皮がパリっとしたバゲットとクリーミーな白カビチーズの相性はばっちり。

ワイン
コート・デュ・ローヌ
Côtes du Rhôneなど軽めの赤

ブルーチーズ ／ レーズン・クルミ

レーズン入りのパン

クルミ入りのパン

青カビを植え付けて熟成させたチーズ。フルム・ダンベールFourme d'Ambert、世界3大青カビチーズのひとつロックフォールRoquefortなどがある。塩分が強く、刺激的な味わいは、ドライフルーツやクルミとよく合う。

ワイン
ソーテルヌSauternes、コトー・デュ・レヨンCoteaux du layonなど甘口の貴腐ワイン

ウォッシュ系 ／ クミンシード

表面を塩水やアルコールで洗って熟成させるチーズ。エポワスEpoisses、マンステルMunsterなどがある。強烈な匂いが鼻をつくが、たとえばマンステルと合わせるとクミンシードと合わせると、味わいが引き立つように。中はクリーミーで慣れればやみつきに。

ワイン
マンステルには
アルザスの白

エポワス、ラミ・デュ・シャンベルタンには
ブルゴーニュのコクのある赤

シェーヴル ／ ハチミツ・ジャム

ヤギ乳で作るチーズ。ころんとした小型のものから円錐形、ピラミッド型などさまざま。酸味が強く、ジャムやハチミツを添えるとマイルドに。加熱してサラダとともに食べることも。クロタンCrottin、サント・モール Ste-Maureなど。

ワイン
サンセールSancerre、トゥーレーヌTouraineなどロワールの白

ハード系 セミハード系 ／ フルーツ

プレスして水分を抜いた硬質チーズは、ナッツのような味わいがあり、サラダにもよく使われる。また溶かしてフォンデュやグラタンにも。コンテComté、カンタルCantal、ミモレットMimoletteなどが有名。

ワイン
アルボワArboisなどジュラの白

フレッシュチーズ ／ 紅茶

フロマージュ・ブランFromage Blancなど、一般に熟成させていないチーズのこと。レーズンをまぶしたものもあり、紅茶ともよく合う。水分が多くデリケートなので、購入後はなるべく早く食べたい。

お持ち帰りのヒント！
真空パックで持って帰ろう

サン・ルイ島のサン・ルイ・アン・ル通りにあるチーズ屋さん「ラ・フェルム・サントーバンLa Ferme St-Aubin」で
Map 別冊P.14-A3

グッズもおみやげに

真空パックでお願いします
Sous vide, s'il vous plait.
スー・ヴィッド・スィル・ヴ・プレ

エッフェル塔形のチーズおろし金はピローヌ（→P.129）などで

チーズの機内持ち込みは不可。必ずスーツケースに

200gください
200 grammes, s'il vous plait.
ドゥー・サン・グラム・スィル・ヴ・プレ

どのくらい日持ちしますか？
Combien de temps ça se conserve?
コンビヤン・ド・タン・サ・ス・コンセルヴ

シェーヴルチーズを温めてサラダを添えた「salade de chèvre chaudサラド・ド・シェーヴル・ショー」もおいしい。

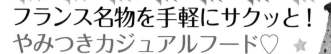

フランス名物を手軽にサクッと！
やみつきカジュアルフード♡

美食の都パリでは、カジュアルフードだって手抜きはなし。
おいしくて、ヘルシー、気軽に楽しめるメニューが大集合！

Crêpe

さまざまな具を包んだクレープ。そば粉を使った塩味（サレ salée）のものは、「ガレット・サラザン galette sarrasin」と呼ぶ　A

Couscous

€14

クスクス

©STUDIO
SLURP

デュラム小麦粉から作られた粒状のスムールに野菜などとスープをかけた料理。北アフリカ料理だが、フランスの国民食と言っていいほど親しまれている　G

クレープ　€9〜

€7〜

小麦粉を使った甘いクレープは、「クレープ・フロマン crêpe froment」と呼ばれる。おやつやデザートにおすすめ　B

Falafel

Salade

ひよこ豆のコロッケと紫キャベツなどたっぷりの野菜が入った、マレ地区ロジエ通り名物のピタサンド　F

ファラフェル　€9

€16

サラダ

野菜も
たっぷりよ

キヌアと野菜のヘルシーサラダ。サラダはカフェのメニューにもあり、チキンやチーズが入ったものなど、一品でおなかいっぱい　C

A

具のバリエーションが豊富
ティ・
ブレイズ
Ty Breize

ブルターニュ風の内装が魅力的なクレープリー。厚切りのスモークサーモンにフレッシュクリームを合わせるなど、具が本格的で大満足。

Map 別冊P.16-A2　モンパルナス

🏠52, bd. de Vaugirard 15e　☎01.43.20.83.72　🕐11:00〜14:30、18:00〜22:20（土・日はノンストップ）　🈺8/15の週　💴平日昼ムニュ€15〜、クレープ€9〜　**Card**A.V.　B
Ⓜ6⑫Pasteurより徒歩5分
URLtybreizparis.fr

B

クレープ通りで一番人気
クレープリー・
ド・ジョスラン
Crêperie de Josselin

クレープ屋が集まるモンパルナス通りにある店のなかで、いつも混んでいる人気の店。バターをたっぷり使って、香ばしく焼き上げている。

Map 別冊P.16-B2　モンパルナス

🏠67, rue du Montparnasse 14e　☎01.43.20.93.50　🕐11:00〜23:00（火17:30〜、日〜23:30）　🈺火、1月に2週間、8月に3週間　💴昼ムニュ€14、クレープ€7〜　**Card**A.M.V.　Ⓜ⑥Edgar Quinetより徒歩2分

C

ベルギー発のベーカリーカフェ
ル・パン・
コティディアン
Le Pain Quotidien

細長いテーブルを囲んで相席で食べるスタイルの店。具材の種類が豊富なタルティーヌのほか、サラダもボリュームがあっておいしい。

Map 別冊P.14-A2　マレ地区

🏠18-20, rue des Archives 4e　☎01.44.54.03.07　🕐8:00〜21:00　🈺無休　💴タルティーヌ€12〜　**Card**A.M.V.　Ⓜ①⑪Hôtel de Villeより徒歩2分　**URL**www.lepainquotidien.fr

---

　♥ カフェでキッシュを頼んだら、サラダもたっぷり添えられてボリューム満点でした。（富山県・Pie）

タルティーヌ

パンが見えなくなるくらい、たっぷり具を載せたタルティーヌも。パプリカなど野菜のグリルを中心にしたヘルシーな一品 Ⓒ

「タルティーヌ」とは具だくさんのオープンサンド。アボカドとスモークサーモンは相性もよく、タルティーヌにぴったりの具材 Ⓒ

Tartine

€15.95〜

€11.50〜

生ガキ

Haîtres

やみつきカジュアルフード♡

Moules

ムール貝のココット

6個セットで€25〜

むきたて新鮮だよ！

€13.90〜

ビールと一緒に！

ベルギー名物、ムール貝のワイン蒸しはフランスでも人気。量にびっくりするけど、あっさりしているので完食率高し Ⓕ

フランスでは、カキは殻つきのものを生で食べるのがお約束。高価なイメージだが、気軽なオイスターバーもある。「ブロン」という平べったいカキがおすすめ Ⓓ

生ガキをおいしく食べるには？
カキの大きさはNo.で示されており、数字が小さいほど身が大きくなる。合わせるワインは、ブルゴーニュの「シャブリ」や、ロワールの「サンセール」、またシャンパンとの相性もいい。

Ⓓ 魚屋さんの一角でテイスティング
レキューム・サントノレ
L'Ecume St-Honoré

魚屋さんの店内にイートインスペースがあり、ワインとともに、新鮮な生ガキをつまむことができる。ルーブル美術館に近く、鑑賞後のランチに。

Map 別冊P.13-C1 ルーヴル界隈

⬤6, rue du Marché St-Honoré 1er
☎01.42.61.93.87 ⬤11:00〜20:00（金・土〜22:00）⬤月・日 1/1、5/1、12/25、7月中旬〜8月中旬 ⬤生ガキ6個€25
Card M.V. 🇪🇸 Ⓜ①Tuileriesより徒歩3分
URLwww.ecume-saint-honore.fr

Ⓔ 山盛りのムール貝に舌鼓
レオン
Léon

ココット鍋いっぱいのムール貝が手頃な値段で食べられる店。フリット（フライドポテト）と一緒に。魚料理のメニューも充実している。

Map 別冊P.16-B2 モンパルナス

⬤82bis, bd. du Montparnasse 14e
☎01.43.21.66.62 ⬤11:30〜24:00（金・土〜翌1:00）⬤無休 ⬤ムール貝のココット€13.90〜17.90 **Card** M.V.
Ⓜ④Vavinより徒歩3分
URLbrasserie.restaurantleon.fr

Ⓕ ラス・デュ・ファラフェル
L'As du Fallafel

ユダヤ人街として知られるロジエ通りにある人気店。

Map 別冊P.14-A2 → P.130

Ⓖ フード・ソサエティ・パリ・ゲテ
Food Society Paris Gaîté

北アフリカ料理店Yemmaやクレープリーなど、さまざまな軽食を楽しめるフードコート。

Map 別冊P.16-B2 → P.91

比較的大きなブラッスリーでは、店の一角にカキ屋が入り、盛り合わせを頼める。

パリで人気上昇中！
デジタル時代のフードコートを体験

さまざまなジャンルから好きな料理を選んで
食べられるフードコート。
今、このスタイルで楽しめる場所がパリに続々オープン！

How to order

1 **QRコード読み込む**
テーブル、テイクアウト、配達の
なかから選択（英語あり）。フード、
ドリンクのなかから店を選んで、料
理を注文。

2 **メッセージが来たら受け取り**
料理が準備できると、指定した連
絡先にメッセージが届く。注文し
た店の「Pick up」カウンターで、
名前を言って料理を受け取る。

3 **あと片付け**
食器は「Poste de Débarassage」
と書かれた場所へ。

コワーキングス
ペースとしても
使われている

「フード・ソサエティ・パリ・ゲテ」
おすすめポイント 4

1 人気レストランの料理を 手頃な値段で食べられる

15のスタンドが入っているが、いずれもパリ近郊で生産
された食材を使い、クオリティの高い料理を提供してい
る。値段も€10〜と安く抑えられているのがうれしい。

クレープのKrugen、
ハンバーガーの
Blendなど人気店が
入っている

©STUDIO SLURP

2 明るくカジュアル、 ひとりでも入りやすい

ポップな印象のパネルやタイル、
スタンドごとにデザインの異な
るテーブルなど、自由な雰囲気
のフードコート。ひとりの客も
多く、入りやすいのも魅力だ。

メーヌ大通りに
面した入口は、
明るく開放的な
雰囲気で、初め
ての人でも入り
やすい

©STUDIO SLURP

  フード・ソサエティ・パリ・ゲテで注文の仕方がわからず困っていたら、スタッフが親切に教えてくれました。（東京都・ありんこ）

塩味のガレットのあとは、デザートに甘いクレープを食べるのがお約束

©STUDIO SLURP

盛り上がってこー！

そば粉のガレットでソーセージを巻いた「ガレット・ソシス」は、クレープリー「グルーゲ Krugen」で

GALETTE SAUCISSE

ブルターニュ地方レンヌの名物

フードコートの最新系

Food Society Paris Gaîté
フード・ソサエティ・パリ・ゲテ

2022年、モンパルナス駅近くに新しいスタイルのフードコートがオープン。3500㎡の広大な空間に、クレープリー、タパスバー、韓国料理などさまざまなスタンドが入り、スマートフォンを使ったユニークな注文方法でも話題を呼んでいる。

水、木〜土の夜はDJが入ってライブハウスのように

©CamilleZerhat

Map 別冊P.16-B2　モンパルナス

🏠68, av. du Maine 14e
🕐8:00〜24:00（金・土〜翌2:00）
🚫12/25
Ⓜ13Gaîtéより徒歩1分
URL foodsociety.fr

フードコートを体験

©Virginie Ribaut

ほかにも
こんなフードコートが

フードコート・リヴォリ
Foodcourt Rivoli

ルーヴル美術館の地下入口と直結しているカルーゼル・デュ・ルーヴルの2階にあり、観光に便利。

Map 別冊P.13-C2　ルーヴル

🏠99, rue de Rivoli 1er　🕐8:30〜21:30　🚫無休
Ⓜ①⑦Palais Royal Musée du Louvre直結
URL foodcourtrivoli.fr

グラウンド・コントロール　Ground Control
フードコート人気の先駆けとなった場所。

Map 別冊P.19-C2　リヨン駅界隈

🏠81, rue de Charolais 12e　🕐12:00〜24:00（金・土〜翌21:00、日〜22:30）　🚫月・火　Ⓜ①⑭Gare de Lyonより徒歩10分　URL www.groundcontrolparis.com

3 列に並んで待つ必要がない

自分のテーブルでQRコードを使って注文するため、スタンドに行くのは料理をピックアップするときだけ。テーブルで座ったまま待ち時間を過ごせるので楽。

テーブルはフードコート内にたくさんあるので、好きな場所を選んで

4 英語で注文できる

QRコードで読み込んだ注文ページは、英語版に変換することが可能。「テーブル」の訳が「パーティしたいの」と意訳（？）になっているのも、遊び心があって楽しい。

QRコードは、フードコートの入口のほか、テーブルの上などにも掲示されている

初心者でも楽しめるワインバーで
今日から**ワインラヴァー**の仲間入り！

グラスでいろいろ試したり、気になる1本をおみやげにしたり。
パリでおいしいフランスワインを味わうためのとっておきアドレスをご紹介。

下町の雰囲気たっぷり

ビオワインの人気バー

Le Verre Volé
ル・ヴェール・ヴォレ

サン・マルタン運河界隈にある人気の店。壁一面に並ぶワインに囲まれた客席は常連客でいつもにぎわっている。自然派ワインの品揃えがすばらしく、買って帰ることもできる。

Map 別冊 P.8-B3 サン・マルタン運河

🏠67, rue de Lancry 10e ☎01.48.03.17.34 ⏰12:30〜14:30、19:30〜22:30 (L.O.) 🈺1/1、1/2、12/24、12/25、12/31 🍷グラスワイン€6.50〜 Card M.V. 🚇MⓈJaques Bonsergentより徒歩3分 URL leverr evole.fr

1. 迷ったらおすすめワインを紹介してもらおう 2. ガリシア風タコのマリネ 3. パリ風ハムのマセドワーヌサラダ 4. 壁に並ぶワインは購入することができる

1. コンサートやイベントも行われる店内 2. 自然派ワインが充実している 3. 6時間煮込んだラムとナスのカレー 4. ジューシーなカキを使った一品

「飲み頃だね」

2.

アート作品に囲まれて

オリジナル料理と合わせて

Vingt Vins d'Art
ヴァン・ヴァン・ダール

オーナーの東郷文孝さんが自ら腕をふるう料理と、厳選したワインを楽しめる店。ワインとアートの両方を楽しんでほしいと、ギャラリーに合うカレーもおすすめ。

Map 別冊 P.14-A3 マレ地区

🏠16, rue de Jouy 4e ☎06.70.90.33.64 ⏰18:00〜22:00 (L.O.)、土・日はランチも12:00〜14:00 (L.O.) 🈺月、1/1、12/24、12/25 🍷グラスワイン€5〜 Card A.M.V. 🚇MⓈSt-Paulより徒歩3分

ワインを買うなら

おすすめワインショップ

ワインをおみやげにするなら専門店で。店によっては日本への発送を受け付けているが、送料がかかるため、購入する前に確認したほうがいい。空港でも買えるが、町なかで買うより少し高め。

自然派ワインならおまかせ

ラ・カーヴ・デ・パピーユ
La Cave des Papilles

ロワール、ジュラなどフランス各地のワインを扱い、その8割は自然派。

Map 別冊 P.16-B3 モンパルナス

🏠35, rue Daguerre 14e ☎01.43.20.05.74 ⏰10:00〜13:30、15:30〜20:30 (土はノンストップ) 🈺月の午前、日の午後、一部祝 Card A.M.V. 🚇MDenfert Rochereauより徒歩3分 URL www.lacavedesp apilles.com

ビンテージものも揃う

ルグラン・フィーユ・エ・フィス
Legrand Filles et Fils

パッサージュ「ギャルリー・ヴィヴィエンヌ」(→P.164)にある老舗ワインショップ。

Map 別冊 P.13-C1 ルーヴル界隈

🏠7-11, galerie Vivienne 2e (1, rue de la Banque 2e) ☎01.42.60.07.12 ⏰10:00〜19:30 (月11:00〜、土〜20:30) 🈺日、8月の月、1/1、5/1、12/25 Card A.J.M.V. 🚇M③Bourseより徒歩5分 URL www.caves-legrand.com

✉ ワインバーはつまみ一品だけでも注文できるので、食事を軽くしたいとき便利でした。(山梨県・シュルリー)

ワインバーの楽しみ方

グラスでいろいろ頼めます

グラスワインが充実しているのがワインバー。お店のおすすめのワインはもちろん、いろいろな種類を楽しめるのがいい。もちろん、ボトルでも注文できる。

15cl　**10cl**

グラスワインの量は、10cl（100ml）と15cl（150ml）の2種類から選べるところが多い。3～4人で飲むなら、ボトルを頼んだほうがお得。

料理の注文は一品でもOK

レストランと違って、前菜、メイン、デザートとコースを組まなくてもいい。ハムなどのつまみのほかに温かい料理も。

生ハムはワインバーのつまみの定番

おつまみ単語帳

生ハム jambon cru
ジャンボン・クリュ

ハム類の盛り合わせ
charcuterie
シャルキュトリー

パテなどをのせたオープンサンド
tartine タルティーヌ

今日からワインラヴァーの仲間入り！

種類豊富なシードル

生シードルも飲める！

La Cidrerie
ラ・シードルリー

リンゴの発泡酒シードルを専門に扱う店。国内外で造られた約80種類のシードルが揃うほか、洋ナシの発泡酒ポワレも味わえる。生産量が限られたビンテージ・シードルや、珍しい生シードルも試してみて。

Map 別冊P.8-B3　サン・マルタン運河

🏠51, quai de Valmy 10e　☎01.71.97.12.45　🕐16:00～24:00　🚫1/1、12/24、12/25、12/31　Card A.M.V.
Ⓜ③⑤⑧⑨⑪ Républiqueより徒歩5分
URL la-cidrerie.com

色や香りを味わって

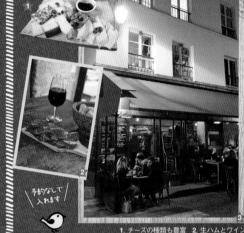

予約なしで入れます

1. チーズの種類も豊富　2. 生ハムとワインの相性はばっちり　3. ワインと会話を楽しむパリっ子でいっぱいに

1. ワインのように楽しみたい　2. こだわりをもった生産者のシードルが見つかる　3. 店内はカジュアルな雰囲気　4. 生シードルの飲み比べもできる

@puxanphoto

わいわい飲みたい人に

持ち込みもできる

Le Barav
ル・バラヴ

レピュブリック広場近くにある気さくなワインバー。ワイン、つまみとも手頃な値段で、夜遅くまでにぎわう。ワインショップを併設、抜栓料を払えば、気に入ったワインを持ち込むことも可能だ。

Map 別冊P.14-B1　レピュブリック広場界隈

🏠6, rue Charles François Dupuis 3e
☎01.48.04.57.59　🕐17:00～24:00
🚫月・日・祝、8月に15日間　💰グラスワイン€4～7　Card M.V.
Ⓜ③⑤⑧⑨⑪ Républiqueより徒歩4分
URL www.lebarav.fr

ブルゴーニュワインならhere

アンバサード・ド・ブルゴーニュ
Ambassade de Bourgogne

日仏カップルが経営する、パリで唯一のブルゴーニュワイン専門店。

Map 別冊P.13-C3　サン・ジェルマン・デ・プレ

🏠6, rue de l'Odéon 6e
☎01.43.54.80.04
🕐10:00～23:00（月17:00～、日12:00～、8月は変更あり）🚫1/1、12/25　Card J.M.V.
Ⓜ④⑩ Odéonより徒歩2分　URL www.ambassadedebourgogne.com

ワインを買うためのチェックリスト

右記をチェックしてお店の人に伝えよう。

●ワインの種類

☐赤ワイン	vin rouge ヴァン・ルージュ	☐白ワイン　vin blanc ヴァン・ブラン
☐発泡性のワイン	vin pétillant ヴァン・ペティヤン	☐シャンパン　champagne シャンパーニュ

●ワインの特徴

☐こくのある riche リッシュ　■軽い léger レジェ　☐フルーティ fruité フリュイテ

●予算

☐€30以下	moins de €30	モワン・ド・トラント・ウーロ
☐€30～50	entre €30 et 50	アントル・トラント・エ・サンカント・ウーロ
☐€50くらい	environs €50	アンヴィロン・サンカント・ウーロ

ワインは液体なので、帰りの飛行機で機内に持ち込むことはできない。預け荷物に入れるときは、割れないよう工夫を。

愛され続けるのは「理由」がある。

カフェのテラスこそ、
パリジャンに愛されてやま
創業19世紀の老舗2店

ミニチョコレート付き

1階も
よろしく

LE CHOCOLAT

♥愛されポイント **1**
静かな2階

有名店だけに観光客で騒がし
いことも。そんなときは比較的
静かな2階を希望しよう。サル
トルが書斎として使っていた
当時の雰囲気を残している。

サービスも
一流です！

€7.50　紅茶

♥愛されポイント **2**
紅茶派も満足

紅茶は「マリアージュ・フ
レール」（→P.118）で、もち
ろんポットでたっぷりとサー
ブしてくれる。定番のダージ
リンから煎茶まで揃っている
ので、ホッとひと息つきたい
ときにぴったり。

濃くて
甘～い！

哲学談義に花が咲いた
カフェ・ド・フロール
Café de Flore

創業は1887年、店名は通りにあった
女神フロール像に由来している。文化
人に愛され、古くは詩人アポリネール
が、1940年頃には哲学者サルトルが、
このカフェを仕事場とし、ときに熱い
議論の場となった。

€9.50
ショコラ・スペシャル・
フロール

Map 別冊P.13-C3 サン・ジェルマン・デ・プレ
⌂172, bd. St-Germain 6e
☎01.45.48.55.26 ⏰7:30～翌1:30
無休 **Card** A.D.J.M.V. 英
Ⓜ④St-Germain des Présよりすぐ
URL cafedeflore.fr

€4.90
コーヒー

♥愛されポイント **3**
知られざる名物料理

「ウェルシュ・レアビットLe
Welsh Rarebit」は名物のひと
つ。チーズとビールを使った
料理で、トロトロのチェダー
チーズがたまらない。

おうちで
カフェ気分

ファン必見！ グッズもチェック

バター入れ

カフェで出されているロゴ入
りのカップや小皿などが2階
で購入できる。ドーム型のフ
タが付いたバターケースも
かわいい。日本に帰ってから
もパリのカフェの雰囲気を
味わっちゃおう。

▼文学カフェで朝食を取るのも気分が変わっておすすめ。（東京都・ハナ）

訪れるべき2大老舗カフェ

パリ観光の大定番。
ないカフェってどんな所?
で人気の秘密に迫る。

老舗カフェは
サン・ジェルマン・デ・プレとモンパルナスに多い

パリのカフェ・ミニ歴史

17世紀半ば、パリで最初のコーヒーが飲める店が現れた。現存する最古の店「ル・プロコープ」はコーヒー以外のメニューを充実させて当時大ヒットしたという。以降、ピカソやモディリアニら外国人芸術家が集った「ラ・ロトンド」など、パリの文化には個性豊かなカフェの存在が欠かせない。近年は豆にこだわるコーヒーショップも増え、新たな時代を迎えている。

♥ 愛されポイント 1
著名人の特等席

かつての常連客、ヘミングウェイやボルヘス、ピカソといった著名人たちが座った席には、名前が刻まれたプレートが掲げられているので、探してみよう。

ピカソと
ドラ・マール

ヘミング
ウェイも

♥ 愛されポイント 3
スイーツもチェック

人気パティスリーのスイーツが食べられるのもうれしい。スイーツが載ったトレーを持ってスタッフが席を回るので、実物を見て選ぼう♪

どれに
する?

♥ 愛されポイント 2
2体のマゴ

柱に飾られたマゴ(中国人形)はこの店のトレードマーク。カフェとなる前、中国の絹を扱う店として営業していた名残りであり、今日まで店を静かに見守り続けてきた歴史の証人だ。

名前の
由来に
なりました

左岸の代表的文学カフェ
レ・ドゥー・マゴ

Les Deux Magots

教会の広場にカフェテラスを広げたのは1885年。「フロール」と同じく著名人に愛された文学カフェとして知られ、80年の歴史をもつ独自の文学賞「ドゥー・マゴ賞」を選定、若い才能を見出す活動を続けている。

€5 コーヒー

Map 別冊P.13-C3

サン・ジェルマン・デ・プレ

🏠6, pl. St-Germain des Prés 6e
☎01.45.48.55.25 🕐7:30〜翌
1:00 休無休 CardA.D.J.M.V.
英 M④St-Germain des
Présよりすぐ
URLwww.lesdeuxmagots.fr

ファン必見! グッズもチェック

灰皿の裏側に
リモージュ焼きの絵が

ロゴ入りのオリジナルグッズは、食器だけでなく、傘やバッグハンガーといった雑貨など種類豊富。スタイリッシュなマッチ付きの灰皿は愛煙家へのおみやげに。

レ・ドゥー・マゴは映画『最強のふたり』のロケ地にもなったカフェ。💡

SNSでシェアしたくなるフォトジェニックなカフェ4選

美カフェポイント
パリにいることを忘れてしまうほど、異国情緒あふれる場所。タイルや照明など、装飾の美しさにうっとり。

ミントティー注ぎまーす

1. アツアツのミントティーをグラスに注ぐ職人技
2. 甘くてボリューム感もあるお菓子「ブリック」
3. 天井の装飾や照明も見逃さないで
4. レストランではクスクスなどを楽しめる

食感はもっちり

エキゾチックな空間でお茶を
La Mosquée de Paris
ラ・モスケ・ド・パリ

第1次世界大戦後に建てられたイスラム教寺院モスクの一角にある。アラベスク模様の装飾が施されたサロンや心地よいテラス席で、甘いミントティーや中東のスイーツ「ブリック」を楽しめる。

Map 別冊P.18-A2
カルチェ・ラタン
- 🏠39, rue Geoffroy St-Hiraire 5e
- ☎01.43.31.38.20
- 🕐9:00～24:00 🈺無休
- 🍵ミントティー€2、ブリック€2.50 💳A.M.V.
- Ⓜ⑦Place Mongeより徒歩6分 🌐www.la-mosquee.com

英国の香り漂う一角にある
Shakespeare and Company Café
シェイクスピア・アンド・カンパニー・カフェ

セーヌ河岸にある名物書店「シェイクスピア・アンド・カンパニー」併設のカフェ。オリジナルブレンドの香り高いコーヒーと野菜中心のヘルシーな軽食も提供している。

Map 別冊P.13-D3
カルチェ・ラタン
- 🏠37, rue de la Bûcherie 5e
- ☎01.43.25.40.93 🕐9:30～19:00（土・日～20:00）
- 🈺一部祝 🍵フィルターコーヒー€5、ラテ各種€6.50
- 💳A.M.V. Ⓜ④St-Michel、ⒷⒸSt-Michel Notre-Dameより徒歩2分 🌐www.shakespeareandcompany.com/cafe

美カフェポイント
映画のロケ地にもなった書店のたたずまいがすてき。ノートルダム大聖堂を眺められるテラス席もおすすめ。なお、書店内部は撮影不可。

1. カジュアルな雰囲気の店内
2. 名物書店と隣り合うカフェ
3. 「カフェ・ロミ」のコーヒーを味わえる

パリの風景の一部になる。そんな願いをかなえてくれるのがカフェ。
なかでも、誰かに伝えたくなるような美カフェを、厳選してご紹介。

美カフェポイント
背もたれがハートになった椅子やカラフルなカップなど、かわいいポイントがあちこちに。スムージーやフルーツをのせたフレンチトーストなど、何を頼んでも絵になりそう。

インテリアがキュート

Café Crème
カフェ・クレーム

オーナメントや季節の花々で飾られたチャーミングなカフェ。たくさんのクッションが並ぶソファでくつろぎながら、朝食からアペリティフまで楽しめる。

Map 別冊P.14-B1 マレ地区

🏠4, rue Dupetit-Thouars 3e 📅無休 ⏰7:00～翌2:00 💰カフェ・ヴィエノワ€7、スムージー€6.80 💳A.M.V. 🚇③⑤⑧⑨⑪Républiqueより徒歩4分 🔗cafecrememarais.paris

フォトジェニックなカフェ4選

1. ハート付きの椅子は座るだけでハッピーになりそう　2. 造花で飾られた外観もかわいい　3. 朝食にヴィエノワズリーはいかが?　4. ヘルシーで彩りのよいスムージーも人気がある

スイーツも楽しめる

Le Jardin Secret
ル・ジャルダン・スクレ

パティスリー「ボンタン」(→P.73)の店内にあるサロン・ド・テ。花園の中に潜む隠れ家的な雰囲気があり、「秘密の庭」という店名がぴったり。おいしいスイーツとともに静かなティータイムを。

Map 別冊P.14-A2 マレ地区

🏠57, rue de Bretagne 3e 📞01.42.74.11.55 ⏰12:00～18:00 (土～18:30、日11:45～) 📅月・火、7月下旬～8月下旬 💰紅茶€8、ボンタン4種セット€12 💳M.V. 🚇③⑪Arts et Métiersより徒歩4分 🔗bontemps.paris/jardin-secret

1. 緑と花があふれるガーデンのような店内
2. フルーツを飾り付けたケーキなど、どのスイーツもカラフルでフォトジェニック

©Bontemps

美カフェポイント
ピンクを基調とした部屋の壁際には花瓶がずらりと並び、まるで花畑にいるかのよう。季節のフルーツを使ったスイーツも美しく、テーブルが華やかに。

一つひとつ異なる照明もチェック!

オレンジの花が香るアイス

ここがおすすめ！
アイスはもちろん、ソルベも口当たりが驚くほどなめらか。珍しい素材を使った新作も試してみたい。

ピスタチオをまぶした人気商品「アシュタAchta」

繊細なテクスチャーのアイス
バルティス
Băltis

レバノン出身のオーナーがアイスクリーム部門のM.O.F.（フランス最優秀職人）シェフと組み、レシピを開発。レバノン産のタイムとバニラを合わせるなど、まるで料理のような味わい。

Map 別冊P.13-D1　レ・アール

🏠54, rue Tiquetonne 2e　🕐12:00〜21:00（冬期は〜19:00）　🈺無休　🍴小サイズ€4.30、中サイズ€5.40、アシュタ€6.80〜　**Card** M.V.　Ⓜ④Etienne Marcelより徒歩3分　**URL** www.baltisparis.com

ここがおすすめ！
食べながらサン・ルイ島を散策するのが楽しい。サロン・ド・テ限定のフランボワーズ・メルバもおすすめ。

いろんなフレーバーをためしてね

サン・ルイ島の名物アイス
ベルティヨン　Berthillon　データは→P.129

1954年創業。世界中から観光客が訪れる、有名なアイスクリーム屋。100％植物性のヴィーガンのフレーバーも。

サロン・ド・テではおしゃれに
ホイップクリームがのったフランボワーズ・メルバ

塩味も人気

いまどきアイスクリーム

ここがおすすめ！
チョコレートやバニラは原産国別に数種類揃えるなど、原材料のクオリティにとことんこだわっている。

清潔感のある店内
©Grant Symon

シャーベットの盛り合わせ

アイスクリームの盛り合わせ

前菜になりそうなフレーバーが登場するなど、パリのアイスクリームが進化中！いろんな味を試せるおすすめ店を紹介しよう。

ここがおすすめ！
サロン・ド・テでは好きな6種類を盛り合わせてくれる「パレット」で、食べ比べができる。

シェアして食べ比べしたい

バック・ア・グラス　Bac à Glace

デパートの「ル・ボン・マルシェ」近くにあり、1982年のオープンより地元住民に愛され続けているアイスクリーム店。

60の味を楽しめます

イチゴのアイスクリームケーキ

名シェフの極上アイス
ユンヌ・グラス・ア・パリ　Une Glace à Paris

アイスクリーム部門のM.O.F.シェフである、エマニュエル・リョンの店。繊細な味わいに魅了されるはず。

©Grant Symon

Map 別冊P.12-B3　サン・ジェルマン・デ・プレ

🏠109, rue du Bac 7e　☎01.45.48.87.65　🕐11:00〜19:00　🈺無休　🍴シングル€3.50、ダブル€5　**Card** M.V.　Ⓜ⑩⑫Sèvres-Babyloneより徒歩5分　**URL** www.bacaglaces.com

Map 別冊P.14-A2　マレ地区

🏠15, rue St-Croix de la Bretonnerie 4e　☎01.49.96.98.33　🕐13:00〜20:00（夏は〜23:00）　🈺冬の月・火、2/5〜2/18（'24）　🍴シングル€4.20、ダブル€6.90　**Card** M.V.　Ⓜ①⑪Hôtel de Villeから徒歩4分　**URL** uneglaceaparis.fr

ミニ単語
（おもなフレーバー）

バニラ	vanille ヴァニーユ	チョコレート	chocolat ショコラ
ストロベリー	fraise フレーズ	アプリコット	abricot アブリコ
チェリー	cerise スリーズ	洋梨	poire ポワール
黒スグリ	cassis カシス	イチジク	figue フィグ
ラズベリー	framboise フランボワーズ	ピスタチオ	pistache ピスタシュ
		ココナッツ	noix de coco ノワド・ココ

カップ
gobelet
ゴブレ

コーン
cornet
コルネ

テイクアウトするときは、カップかコーンかを指定しよう。

「かわいい！」って
何回言った？

パリのセンスを
丸ごと買い占める！
ショッピングクルーズ

ファッションアイテムからおしゃれ雑貨まで
エスプリが詰まった専門店で思いっきりショッピング。
直感信じてぼうけんしても、後悔なんてしないしない！
パリテイストにこだわったセレクトで、
みんなに「さすが！」と言わせちゃおう。

SHOPPING

01 いつが休み？ パリのお店の予備知識

Ouvert DE a ET DE FERME LE

店頭に営業時間を示す看板を出している店も

フラン・ブルジョワ通り Rue des Francs Bourgeois

Map 別冊P.14-A2～B2～B3

パリのお店は、19:00には店じまい、日曜は休みというのが一般的。祝日も休みが多いので要注意。フランスの祝日には日本人にはなじみの薄いキリスト教関係の祝日が多いので確認しておこう（→P.11）。ちなみにマレ地区のフラン・ブルジョワ通りは日曜でも開いている店が多いので、こちらもチェック！

02 年2回の大チャンス ソルドの期間をお見逃しなく！

パリでは1月と6月、それぞれ5週間ほど「ソルドsoldes」と呼ばれるバーゲン期間となり、30～50%オフで買い物ができてかなりお得！ デパートから小さなお店まで、町中がソルド一色になる。

SOLDES JUSQU'A -60%

-70% -30 SOLDES

70%オフになることも！

買い物名人に！

パリのエスプリ aruco流 ショッ

ブランド品からプチプラ雑貨まで
お気に入りをお得にゲット

03 ショッピングがますます楽しく♪ 進化するデパートをチェック！

旅行者にもとっても便利

工事で閉鎖されていた老舗デパート「サマリテーヌ」が再開。優雅な内装も堪能でき、デパートを訪れる楽しみが加わった。最近は、セカンドハンドのフロア（→P.105）がオープンするなど、新たな取り組みも。イベントもあるので、ウェブサイトでチェックしよう。

建築も必見のサマリテーヌ

 サマリテーヌ →P.28

 ル・ボン・マルシェ リヴ・ゴーシュ →P.84

ギャラリー・ラファイエット パリ・オスマン →P.127

 プランタン・オスマン本店 →P.127

クリスマスの装飾もチェック

04 ガッカリしないために 知っておきたいバカンス時期

パリでは、バーゲン後の2月中旬～3月初旬、8月は長い休みを取る店が多い。行きたい店があれば、メールなどで直接問い合わせておくのが安心！

「Fermé」は閉店中のこと

05 サクッとお会計！ スーパーマーケットでの時短術

セルフレジも意外に簡単！

「モノプリ」（→P.121）では、購入品が10個以下（moins de 10 articles）専用の "お急ぎレジ" がある店舗もあるので、少量の買い物の場合は利用してみて。最近ではバーコード部分を自分でピッ！と読み取り、精算するセルフレジも増えてきている。また、2023年1月よりレシートの自動印刷が禁止に。ほしい人はレジでリクエストして。

06 "ザ・パリみやげ" を 買うならココ！

トリコロールは定番！

チュイルリー公園からルーヴル美術館までのリヴォリ通りには、観光みやげを扱う店が軒を連ねている。日曜も開いていて、パリみやげを買うのにぴったり！

リヴォリ通り Rue de Rivoli

Map 別冊P.12-B1～P.13-C2

Present aruco パリ

たくさんのご応募お待ちしてまーす!!

「aruco パリ」の
スタッフが取材で
見つけたすてきなグッズを
15名様にプレゼント
します！

◀**01**
ヴァンヴの
蚤の市（P.39）で
購入した
キーホルダー

◀**02**
エッフェル塔形
歯ブラシ（P.25）

▶**03**
アンプラント
（P.109）で
購入したペンダント

▼**05** オリザ・ルイ・ルグラン
（P.113）の石鹸

▲**06**
レクリトワール・パリ
（P.111）のシール付き
メッセージカード

▶**04**
クリニャンクールの蚤の市（P.39）で
購入したアンティークリボン

▶**08**
ブリング・フランス・
ホームで購入した
ポプリのサシェ
（P.111）

▲**10**
エッフェル塔形栓抜きと
スプーン（P.25）

▲**07** モノプリ（P.121）の
エコバッグ

▲**09**
モン・サン・ミッシェル
（P.46）の小物入れ

▲**11** **5名様**
aruco特製
QUOカード 500円分

※11を除き各1名様へのプレゼントです。※返品、交換等はご容赦ください。

応募方法

アンケートウェブサイトにアクセスして
ご希望のプレゼントとあわせて
ご応募ください！

URL https://arukikata.jp/nybtif

締め切り：**2024年12月31日**

当選者の発表は賞品の発送をもって代えさせて
いただきます。（2025年1月予定）

Gakken

07 €100.01超えたらチェック！免税でお得にショッピング

パリのショッピングでは、外国人旅行者がひとつの店で1日に€100.01以上（店によって異なる）の買い物をすると、12〜18.6%の日本の消費税に当たる間接税（TVA 付加価値税）が免除される。買い物をしたら金額を確認し、免税手続きをお忘れなく！

免税書類のバーコードを読み取らせるだけで、手続きが完了する電子認証通関システム "パブロ"

免税について→P.177

08 レジ袋は有料の紙袋に。エコバッグ持参がパリの常識

使い捨てのプラスチック袋の使用が禁止のフランス。オリジナルエコバッグを販売している店もあるので利用しては。なかでも「モノプリ」のエコバッグはパリらしいおしゃれなデザインでおすすめ。

おみやげにもぴったり！

モノプリ→P.121

を満喫したい！ピングテクニック

欲しいものがあふれるパリ。するためのコツを伝授！

09 「駅なか」でもお買い物！駅がショッピングモールに変身

パリでは、主要駅のリニューアル工事が進められており、商業施設が併設されることが多くなってきている。洋服やコスメ、アクセサリーのほか、チョコレートなどのスイーツや雑貨の店も入り、おみやげが見つかることも。レストランも入っているので、ショッピング後はランチやお茶を楽しんで。

パリの駅 →P.15

有名パティスリー「ダロワイヨ」のレストランも入っているサン・ラザール駅併設のショッピングモール

10 シャンゼリゼにある深夜営業のコンセプトストア

凱旋門近くに深夜2:00まで営業している便利スポットがある。雑貨やスイーツもあっておみやげ購入もばっちり！

ピュブリシス・ドラッグストア
Publicis Drugstore
Map 別冊P.11-C1 シャンゼリゼ大通り

🏠 133, av. des Champs-Elysées 8e
🕐 8:00〜翌2:00（土・日・祝10:00〜）
URL www.publicisdrugstore.com

11 ここが違う！ フランス式ショッピングのマナーとは

入店したらまずあいさつ「ボンジュール（こんにちは）」。店を出るときは、「メルシィ（ありがとう）」の言葉を忘れずに。また、商品に勝手に触れるのはNG。

マークをクリック！

12 活気あるパリのマルシェ開催曜日と時間はウェブサイトで

普段着のパリを感じられるマルシェ。場所や時間がまちまちで行き当たりばったりになりがちだけど、事前に情報を集めたいとき重宝するのがパリ市のウェブサイト。地図で場所も示されるので、プランニングにも大役立ち。

URL www.paris.fr/pages/les-marches-parisiens-2428

マルシェ→P.34

13 空港で最後の駆け込みショッピング！

シャルル・ド・ゴール空港のターミナル2Eはショッピングエリアが大充実。デューティーフリーショップやブティックがあり、パリ最後の買い物を楽しむことができる。

人気急上昇ブランド「セザンヌ」でファッションセンスの磨き方レッスン

パリっ子たちが熱視線を送るファッションブランド「セザンヌ」。
人気の秘密を探り当てて、ワンランク上のおしゃれ上手に変身！

訪れるたびにワクワクできる

Sézane
L'Appartement Paris 2
セザンヌ（ラパルトマン パリ2区）

開店前に列ができるほど、今、パリで絶大な支持を受けているブランドといえば「セザンヌ」。おしゃれな人たちを引き付けるのはなぜ？　その魅力を2区にあるショップ「ラパルトマン パリ2区」でぐぐっと深掘り！

Map 別冊P.7-D3

オペラ地区
🏠1, rue St-Fiacre 2e
🕐11:00〜20:00（土10:00〜、祝〜19:00）
🗓8/1〜8/15
Card A.M.V.　Ⓜ⑧⑨
Grands Boulvardsより徒歩2分
URL www.sezane.com

Photos：©BALAY LUDOVIC

「セザンヌ」ってどんなブランド？

デザイナーのモルガン・セザロリー Morgane Sézalory さんが立ち上げたブランド。オンライン販売で人気に火がつき、路面店をオープン。自らの名前から取った「セザンヌ Sézane」のブランド名で、洋服からインテリアまで商品展開している。

その他の店舗

ラパルトマン パリ7区
L'Appartement Paris 7

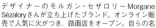

近くのデパート「ル・ボン・マルシェ」にも売り場がある。

Map 別冊P.12-B3　サン・ジェルマン・デ・プレ

🏠122, rue du Bac 7e
🕐11:00〜20:00（土10:00〜）
🗓日・日、一部祝
Ⓜ⑩⑫Sèvres Babyloneより徒歩5分

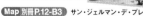

ラパルトマン パリ4区
L'Appartement Paris 4

2023年にオープンした店で、メンズ商品も扱う。

Map 別冊P.14-A2　マレ地区

🏠33, rue des Blancs Manteaux 4e
🕐11:00〜20:00（土10:00〜、祝〜19:00）
🗓月・日、8/14・15　Ⓜ①
⑪Hôtel de Ville より徒歩5分

「セザンヌ」
人気の秘密は
ここに！

01

お手頃価格で
ハイセンス、
ハイクオリティ

セザンヌの商品は、シンプルだけ
どトレンド感のあるデザイン。組
み合わせるものによって、雰囲気
を変えられるので、アレンジ力が
高まりそう！　Tシャツ€45〜と、
デザイン性の高さを考えるとリー
ズナブルな価格なのも人気の理由。

02

おしゃれなディスプレイと
居心地のよい店内

セザンヌのブティックには、「アパルトマン」の名称がつけられ
ている。中に入れば、ゆったりとした空間に、すてきな洋服や小
物が飾られて、まさにパリジェンヌのアパルトマンに招かれたか
のよう。いつまでもいたくなるような、雰囲気のよさは全店共通。

03

洋服から雑貨まで
ライフスタイルのお手本に

ファッション、コスメ、アクセサリーから
インテリア雑貨まで、セザンヌの商品はど
れも「日常」と結びつくものばかり。普段
の暮らしが「美しく」あることが、パリの
ライフスタイルなんだって。

ワンピースは€140

Tシャツも
あるわよ

おしゃれカジュアルな
スウェットシャツ
"La Chamade"€90

©BALAY LUDOVIC

Anneaux
FLORAのカラ
フルなピアス
€65

ラフィア素材のエ
レガントなピアス
€60

ラフィア素
材の巾着型
バッグBo-
urse Alma
€170

色違いもあるFleur des Jardins Marineのポシェット
€40

Foulard Gaston-
Floral Graphic
Bleuのスカーフ
€25

好きな色で選んでみる?

高級ブランドのビンテージも買える
環境にも優しいセカンドハンドが大人気!

「セカンドハンド」を着こなして、サステナブルに
おしゃれを楽しむのが今のトレンド。
デザイナーズブランドのビンテージなど、レアもの、掘り出し物が見つかることも!

SECOND HAND

センスが光る古着ショップ

Thanx God I'm a V.I.P.

サンクス・ゴッド・アイム・ア・ヴイアイピー

店名は、誰もがV.I.P.になった気分で買い物を楽しんでほしい、という願いからつけられたそう。広々とした店内には、セカンドハンドの洋服や靴がずらり。共同オーナーであるシルヴィさんが選んだもので、ブランドの知名度よりも質とデザインを重視した品揃えになっている。

Map 別冊P.14-A1 レピュブリック広場界隈

🏠 12, rue de Lancry 10e ☎ 01.42.03.02.09
🕑 14:00〜20:00 🗓 月・日・一部祝、1月最初の
1週間、7月最終土曜〜8月最終土曜
💳 A.M.V.
Ⓜ ③⑤⑧⑨① Républiqueより徒
歩3分 🌐 www.
thanxgod.com

有名ブランドの商品も!

ディスプレイがすてき

◁ オリジナルブランド製品も

店内の一角には、オリジナルブランドである「Chateigner」の商品も並ぶ。ストライプのシャツワンピースなど、シンプルでアレンジしやすいデザイン。コーディネート例の写真が壁に貼られているので、参考にしては。

「セカンドハンド」を買うときの注意点

あくまで「古着」なので、ほつれなどがあることも。また、フランス人が着用したものがほとんどなので、体形が合わないこともある。試着するなどよく確認すること。値札は手書きのことがあるので、特に一流ブランドの商品は桁数を間違えないように!

ブランド名や値段が手書きで書かれている

104 ▼ クリニャンクールの蚤の市(→P.38)でも、アンティークな古着を買えます。(愛知県・ひなた)

「ラルフ・ローレン」の花柄ブラウス。ふんわりとして着心地がよさそう。

€70

€180

「ドリス・ヴァン・ノッテン」のブラウス。着こなし次第でおしゃれ度がアップしそう。

こんな商品見つけました！

ハンガーとハンガーの隙間がないくらいびっしり洋服が詰まっているので、お気に入りが見つかるまで、じっくり時間をかけて。

「ポール・カ」のジャケット。薄手で春先に羽織るのにぴったり。

€95

デザイナーズブランドではないが、ゴージャスな色で華やかな印象のスカート。

€80

€15～

アクセサリーはケース内に収められている

靴のセカンドハンドは状態をよく確認したい。「ステファン・ケリアン」の靴（下）

かぶりコーデも防げるわ♪

€150

オペラ地区の2大デパートに、セカンドハンドのフロアが誕生している。

photo©RomainRicard
sculpture©Atelier Laps

「7階の空」という意味の名をもち、1910年に造られたクーポールの下にも売り場がある

環境にも優しいセカンドハンドが大人気！

歴史的建造物の中にある

セッティエム・シエル
7ème Ciel

2021年、プランタン・オスマン本店ウイメンズストアの7階に登場したコンセプトフロア。サステナブルをテーマに、ハイブランドのビンテージやセカンドハンドを扱っている。眺望のよいテラスに直結しているのも魅力だ。

Map 別冊P.6-B3 オペラ地区

🏠64, bd. Haussmann 9e ☎01.71.25.26.01 🕐10:00～20:00（日11:00～）休一部祝 Card A.D.J.M.V. M③⑨Havre Caumartinよりすぐ URL www.printemps.com

©Galleries Lafayette Paris Haussmann

"Renew, Resell, Recycle" をモットーに、アップサイクル＆セカンドハンドのサービスを展開している

エコレスポンシブルがテーマ

ル・リストア Le (RE) Store

エコでサステナブルなファッションをテーマに、2021年、ギャラリー・ラファイエット・パリ・オスマンにオープン。ハイブランドのビンテージアイテムだけでなく、雑貨やコスメなどさまざまなジャンルのエシカルな商品が見つかる。

Map 別冊P.7-C3 オペラ地区

🏠40, bd. Haussmann 9e ☎01.42.82.34.56 🕐10:00～20:30（日・祝11:00～20:00）休一部祝 Card A.D.J.M.V. M⑦⑨Chaussée d'Antin La Fayetteからすぐ URL haussmann.galerieslafayette.com

町なかで見かける「デポ・ヴァントDepot-Vente」もブランド専門のビンテージショップだ。

105

やっぱり
ボーダーが
好き♥

人気ブランドのシ
パリジェンヌス

フレンチカジュアルの着こなし
シャツはもちろん、バッグ

マネ
できない
でしょ

よーく見ると
金ラメ入り。
上品ボーダー
の好例ね

女子力
発揮よ！

シックな着こ
なしに憧れま
す。スカート
にインしたシ
マシマも新鮮

胸元のレース
がセクシーな
シマシマ。唇
とカメラの赤
が効いてる〜

赤のシマシマ
も人気。裾か
ら出したブラ
ウスの白で軽
やかな印象に

はおったシマ
シマのルーズ
感がおしゃれ
上級者！

男だって
赤シマだぜ

ちょっと色白な
シマシマ君。
ワイルドに日焼
けすればもっと
似合いそう〜

普通っぽいけ
ど、裾のフリ
ルカットに注
目！乙女を
演出してます

Gジャンとの相
性は抜群。安
心感のある組
み合わせは通
学にも通勤にも

シマシマ・プチ歴史

青と白のボーダーシャツが海
軍の制服に定められたのは、
1858年3月27日付の法令に
よって。海兵たちにとってボー
ダーは、海に落ちた際に見つ
けやすい柄だと思われていた
のだ。白のラインは幅2cm、
21本でなければならないなど、
ボーダーのサイズも細かく決
められていたそう。その後、航
海士や漁師、ヨットマンに広
がり、第2次世界大戦後にはコ
コ・シャネルらファッションデ
ザイナーが取り上げ始め、フ
ランスを代表するファッション
アイテムになっていった。

バリエーション豊かなボーダー柄
Armor Lux
アルモール・リュクス

1938年、ブルターニュ地方のカン
ペールで誕生したブランド。コット
ンの下着製造から始まり、1970年
にボーダーシャツを発売した。体に
ほどよくフィットする「レスコニル
Lesconil」や、生地が厚めの「アミ
ラルAmiral」といった定番シャツに
加えて、七分袖やポロ風、ワンピー
スなどバリエーション豊か。

ディレクター
巻きだって
パリジェンヌ風

裾に切れ込みが入ってる

Map 別冊P.16-B2
モンパルナス界隈
🏠16, rue Vavin 6e
☎01.44.07.00.77
🕐10:00〜19:00 🈺日、1/1、
5/1、12/25 Card A.M.V.
Ⓜ️⑫Notre-Dame des
Champsより徒歩5分
URL armorlux.com

1. ベーシックなレスコニ
ル 2. たっぷり入るバッ
グは厚めのストライプ
3. トップスとスカートの
セットアップも。コーディ
ネートの幅が広がる
4. ちょっと丈が長めの
アミラル

SAINT JAMES

着心地のいい厚めのコットン
Saint James
セント・ジェームス

左袖におなじみのタグ

ロゴに描かれているモン・サン・
ミッシェル（→P.46）の近くにある
町サン・ジャムで1889年に創業し
た、マリンルックの代名詞ともいえ
るブランド。定番のボーダーシャツ
は、上質で厚めのコットン100％。
薄手の「マンキエMinquiers」や首
回りや袖先が白い「ナヴァルNaval」
も人気。

1,2. シマシマをさりげ
なく取り入れるなら、
帽子や靴下など小物を
3. しっかりとした生地
が頼もしく感じられる
ボーダーシャツ。何度洗
濯しても型崩れなし！

Map 別冊P.6-B3
マドレーヌ界隈
🏠5, rue Tronchet 8e
☎01.42.66.19.40
🕐10:00〜19:00 🈺日、
一部祝 Card A.J.M.V.
Ⓜ️⑧⑫⑭Madeleineよ
り徒歩1分 URL www.
saint-james.com/fr

マシマコーデで
タイルの完成！

に欠かせないのがボーダー柄。
や帽子までシマシマ最高！

キマってるでしょ？

ヒップでホップなオレ様ボーダー

marinière

ボーダーは定番よ

レース使いの袖がポイント。自分に似合うテイストをよく分かってます

ボーダーシャツとジーンズの相性はいつだって完璧！

超ミニのボーダーワンピ。リュックと合わせてスポーティに

大好きシマシマ！

品のいいグレーの細幅ボーダー。スカートにも合わせやすそう

シマシマにはグリーンの組み合わせしか考えられないの

自分で選んでるの

シマシマと帽子を紺色で揃えて。太めのボーダーで締まって見えます

バッグとスカートのグリーンが鮮やか〜。さわやかコーデNo.1ね！

ボーダーワンピをかわいく着こなす少女は、将来のおしゃれさん

シマシマ単語

ボーダーTシャツ	**ストライプ**
marinière	rayures
マリニエール	レイユール
セーラーストライプ	**ボートネック**
ravé marin	col bateau
レイエ・マラン	コル・バトー
長袖	**半袖**
manches longues	manches courtes
マンシュ・ロング	マンシュ・クルト
七分袖	
manches trois-quarts	
マンシュ・トロワ・カール	

シマシマコーデでパリジェンヌスタイル

これぞボートネック！

Petit Bateau
プティ・バトー

こだわりの色使いとディテール

子供服のブランドとして知られているけど、大人の女性向けコレクションも充実。ボーダーシャツはマリンブルーだけでなく黄色や赤、グリーンといったさわやかなカラーが揃い、ポロシャツタイプやリボン付きワンピースなどもかわいい。小柄な女性なら子供サイズもチェックしてみて。

Map 別冊P.11-C1
シャンゼリゼ大通り

🏠116, av. des Champs-Elysées 8e ☎01.40.74.02.03 🕐10:00〜20:30 日・祝 11:00〜 休1/1、5/1、12/25 CardA.J.M.V. Ⓜ①George V/りすぐ URLwww.petit-bateau.fr

切れ込みにトリコロールを満喫

赤も使って〜マトリコ彼氏

スカートもあるよ

1. 男の子だってキュート＆さわやか 2. 出産祝いにぴったりのベビーライン 3. 小さな襟付きのポロタイプ。ポケットと背中が別ボーダーになってる！ 4. ジーンズにもスカートにも合わせやすい

---

agnès b.
アニエス・ベー

上品でファッショナブルに着こなせるボーダー

ネームタグの位置が話題

1. 1枚着ればサラリと決まるワンピース仕立て。おしゃれ子供服 2. パリジェンヌからマダムまで愛される定番ボーダー 3. フレンチスリーブの軽やかなシマシマで小粋なパリジェンヌの完成〜

フレンチカジュアルを代表する「アニエス・ベー」の定番アイテムのひとつが、ボーダーシャツ。ネック部分を白く縁取りした肌触りのいいコットン素材で、1.2cmという細めのボーダー幅も上品。子供服のラインも充実しているので、親子で揃えるのもおしゃれなパリスタイル。

Map 別冊P.13-C3
サン・ジェルマン・デ・プレ

🏠6, rue du Vieux Colombier 6e ☎01.44.39.02.60 🕐10:00〜19:30（土〜20:00）休日、一部祝 CardA.J.M.V. Ⓜ④St-Sulpiceより徒歩3 URLwww.agnesb.eu

---

日本では「セント・ジェームス」の名でおなじみのブランド（→P.106）は、フランス語では「サン・ジャム」。

旅の思い出にエスプリあふれる
アクセサリーはいかが？

シンプルな装いもアクセサリーひとつで印象が変わる。パリのセンスがギュッと詰まったアクセに出合いた〜い♪

バリエーションが豊富なデザイン

01 Satellite
サテリット

1. 華やかなブローチ　2〜7. 甘めのものからゴージャスなものまで多彩。ピアスは同じデザインのイヤリングもあり、頼めば出してもらえる

ビンテージ風の大ぶりなデザインが特徴のブランド。バロック、アールデコ、ボヘミアン風……など、繊細さとポエティック、エキゾチックな雰囲気が混ざりあっている。

Map 別冊P.14-B3 マレ地区

🏠 23, rue des Francs Bourgeois 4e　☎01.40.29.41.07　🕐10:30〜19:30　休1/1、5/1、12/25　Card A.D.J.M.V.　M①St-Paulより徒歩5分　URL www.satelliteparis-boutique.com

値段の目安
★ネックレス・・・€45〜950
★指輪・・・・・・€45〜85
★ブレスレット・・€45〜350
★ピアス・・・・・・€21〜300

値段の目安
★ネックレス・・€95〜（平均€250）
★指輪・・・・・・€65〜
★ブレスレット・・€80〜
★ピアス・・・・・・€85〜

南仏生まれの家族経営ブランド

02 Les Néréides
レ・ネレイド

1〜4. 物語が詰まったデザインに感激！ ピアスにクリップを付けてその場でイヤリングにすることも可能 5. 可憐なペンダントが胸元を飾る

半貴石を使ったファンタジー・ジュエリーの人気ブランド。自然をテーマにした夢いっぱいのデザインは、子供の頃が思い出されるような童話の世界が表現されている。

Map 別冊P.14-B3 マレ地区

🏠 30, rue de Sévigné 4e　☎09.82.41.56.53　🕐10:00〜13:00、14:00〜19:00（金・土はノンストップ、日13:00〜19:00）　休一部祝　Card A.M.V.　M①St-Paulより徒歩5分　URL www.lesnereides.com

　💌 「アンプラント」はギャラリーのような場所で、アクセサリー以外の作品を見るのも楽しかったです。（群馬県・メイ）

©Alex Gallosi

大人女性のエレガンス

03 Empreintes アンプラント

フランス工芸組合に所属するクリエイターたちの作品を展示販売するコンセプトストア。オンリーワンのアーティスティックなアクセサリーが見つかる。

値段の目安
クリエイターや商品によって異なる。€20〜3000と幅広い価格帯。アクセサリーは€100以下の商品も多い。

Map 別冊P.14-B2 北マレ
🏠 5, rue de Picardie 3e ☎01.40.09.53.80 ⏰11:00〜13:00、14:00〜19:00 🗓月・日、1/1、5/1、12/25、7/30〜8/15 Card A.M.V. 🚇M⑧Filles du Calvaireより徒歩7分 URL www.empreintes-paris.com

1. クリエイターのこだわりが感じられる作品ばかり　2. 編み込まれたペンダントヘッドがおしゃれ　3. 透明感のあるガラスのペンダント　4. ケースがかわいいピアス　5. 左右不揃いなところに個性を感じるピアス　6. 気持ちが華やぐゴールドのリング

アクセサリー単語

アクセサリー	bijoux	ビジュー
ネックレス	collier	コリエ
ペンダント	pendentif	パンダンティフ
指輪	bague	バーグ
ブレスレット	bracelet	ブラスレ
イヤリング	boucles d'oreilles	ブックル・ドレイユ
ピアス	boucles d'oreilles percées	ブックル・ドレイユ・ペルセ
ブローチ	broche	ブロッシュ

重ねづけもステキよ

値段の目安
★ネックレス…€50〜180
★指輪…€50〜95
★ブレスレット…€30〜105
　　　　　（平均€40）
★ピアス…€28〜88
　　　　　（平均€40）

フェミニンなデザインが人気

04 Nadine Delépine ナディーヌ・ドゥレピーヌ

柄物の服にも意外と合いますよ

1. ほかのクリエイターのバッグやオブジェと共にディスプレイされている　2〜5. 控えめだけどアクセントになるデザイン　6. 花モチーフが多い

すべてナディーヌさんが手作りしているジュエリーショップ。バラ、スミレ、椿など季節ごとにテーマを決めて新作を発表している。優しく繊細なデザインが日本人に似合う。

Map 別冊P.13-C3 サン・ジェルマン・デ・プレ
🏠14, rue Princesse 6e ☎01.40.51.81.10 ⏰11:00〜19:00（火・金14:00〜）🗓日（12月は営業）Card A.J.M.V. 🚇M⑩Mabillonより徒歩5分 URL www.nadinedelepine.com

デザイナーのナディーヌさん

見ているだけでワクワクしちゃう
大好き！ フレンチ雑貨

おしゃれなフレンチ雑貨とインテリア用品に囲まれて
思わず時間を忘れそう〜。

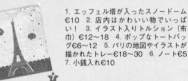

ラブリー雑貨に胸キュン！
Les Parisettes
レ・パリゼット

かわいいエッフェル塔モチーフの
雑貨が欲しい！というリクエスト
に応えてくれるお店。さりげなく
日常使いしたいトートバッグや
ノート、ポーチのほか、オリジナ
ルデザインのものも。

お気に入りが
きっと見つかり
ますよ！

ソフィーさん

Map 別冊P.4-B2 南西部

🏠10, rue Gramme 15e
☎01.75.43.23.65 🕙10:30〜12:30、
15:00〜19:00 🏖土・日・祝、8月
Card D.J.M.V. Ⓜ⑧⑪Commerceより徒歩
2分 URLlesparisettes.com

1. エッフェル塔が入ったスノードーム
€10 2. 店内はかわいい物でいっぱ
い！ 3. イラスト入りトルション（布
巾）€12〜18 4. ポップなトートバッ
グ€6〜12 5. パリの地図やイラストが
描かれたトレー€18〜30 6. ノート€5
7. 小銭入れ€10

パリ市オフィシャルショップ
Paris Rendez-Vous
パリ・ランデ・ヴー

パリ市庁舎内にあるギフト
ショップ。シャンゼリゼ、モ
ンマルトルといった地区名の
付いたフレグランスキャンド
ルやコーヒーなど、パリらし
いおみやげが見つかる。

Map 別冊P.14-A3 レ・アール

🏠29, rue de Rivoli 4e
🕙10:00〜19:00
🏖日・祝 Card M.V.
Ⓜ①⑪Hôtel de Villeよりすぐ
URLboutique.paris.fr

1. パリが香るディフューザー
€39.95 2. パリの地区名が付い
たコーヒー€11 3. メイド・イン・
パリのハチミツ€5 4. ハーブや
花の香り付きキャンドル€39.95
5. パリ印のカラフ€16.40

canard
poussin
Mère poule

1. 手書き文字が入ったボウ
ル€23.95 2. ディスプレ
イもすてき。皿€16〜

おしゃれなインテリア雑貨が大集合
Fleux
フルックス

同じ通りに3店舗を展開するフ
ルックス。洗練された北欧風の
家具やインテリア用品のほか、パ
リモチーフのグッズなど、おみや
げにぴったりな雑貨がぎっしり。

Map 別冊P.14-A2 マレ地区

🏠39, rue Ste-Croix de la Bretonne
rie 4e ☎01.53.00.93.30 🕙11:00
〜20:15（土10:15〜）
🏖1/1、5/1、8/15、12/25
Card A.M.V. Ⓜ①⑪Hôtel de Ville よ
り徒歩3分 URLwww.fleux.com

世界中で翻訳されてるよ！

『星の王子さま』公式ショップ
Le Petit Prince Store Paris
ル・プティ・プランス・ストア・パリ

全世界で愛され続けているサンテグジュペリの名作『星の王子さま』のグッズが揃う公式ショップ。精巧なフィギュアがおすすめ。

Map 別冊P.13-C3
サン・ジェルマン・デ・プレ

🏠 8, rue Grégoire de Tours 6e
☎ 09.86.46.74.09 🕚 11:00～19:00 🈺 1/1、12/25
Card A.D.J.M.V.
Ⓜ⑩ Mabillonより徒歩5分

1. 飛行機に乗った王子さま €24.90 2. スノードーム €14.95 3. フィギュア €14.90 4. お皿 €10.90 5. キーホルダー €9.90 6. カップ各 €12.90

100%フランス製の雑貨
Bring France Home
ブリング・フランス・ホーム

メイド・イン・フランスにこだわる雑貨店。店内にはトリコロールカラーをあしらった雑貨がずらり。フランスらしいおみやげが必ず見つかる。

Map 別冊P.14-B3 マレ地区

🏠 3, rue de Birague 75004 ☎ 09.81.64.91.09 🕚 11:00～19:00
🈺 無休（臨時休業日あり）Card M.V. Ⓜ①⑤⑧ Bastilleより徒歩4分
URL bringfrancehome.com

1. ラベンダーのサシェ（匂い袋）€6 2. マグカップ €20 3. レトロなケース付き石鹸 €12

雑貨の単語

食器	vaisselle	ヴェセル
装飾品	objets de décoration	オブジェ・ド・デコラシオン
文房具	papeterie	パプトリー

大好き！フレンチ雑貨

おもしろ封筒がたくさん！
L'Ecritoire Paris
レクリトワール・パリ

1975年創業の文房具店。アイデアあふれるオリジナルグッズが満載で、なかでもパリのイラストが描かれたシールやかわいいメッセージカードは見逃せない！

Map 別冊P.13-D2
レ・アール

🏠 26, passage Molière 3e
☎ 01.42.78.01.18
🕚 11:00～19:00（日 15:30～18:30）🈺 1/1、5/1 Card M.V.
Ⓜ⑪ Rambuteauより徒歩3分
URL www.ecritoire.fr

1. シーリングワックス（封蝋）で手紙をおめかしさせて。€21 2. シール付きメッセージカード4枚 €6 3. シール12枚入り €4.50

カメオが人気です

すてきなエンジェルを探して！

マダムのブリジットさん（右）と息子のジェレミーさん（左）

エンジェルが微笑む空間
La Boutique des Anges
ラ・ブティック・デザンジュ

天使グッズだけを集めた、その名も「天使のお店」。店内は人気のオリジナルアクセサリーや壁飾り、置物など、天使でいっぱい！

Map 別冊P.7-C1 モンマルトル

🏠 2, rue Yvonne le Tac 18e
☎ 01.42.57.74.38
🕚 10:30～19:15（水17:00～、土14:00～、日11:00～19:00）
🈺 一部祝 Card A.D.J.M.V.
Ⓜ⑫ Abbessesより徒歩3分
URL www.boutiquedesanges.fr

1. 置物 €6.60 2. カメオのチャーム各 €18 3. 天使がいっぱ～い！

パリから日本へ手紙を出そう！

すてきなポストカードやレターセットを買ったら、大切な友だちや家族へ出してみよう。宛名は、「JAPON（日本）」さえフランス語で書けば、住所と名前は日本語でもOK。フランスから日本への郵便料金は20gまで €1.96 で、ハガキも封書も同じ料金。パリから日本へは通常5日～1週間で届く。

フランスの郵便局 La Poste のテーマカラーは黄色

日本への手紙は「Etranger 外国」の表示がある投函口で。

かわいいデザインの雑貨のなかには日本製のものも。製造国は必ずチェック！

Fragonard Parfumeur
フラゴナール・パルフュムール

Rose de mai
eau de toilette

香水博物館→P.127

©Fragonard

南仏のグラースにある香水メーカーの直営ブティック。オリジナルの香水はもちろん、化粧品や雑貨にいたるまで、南仏の暮らしの美学が貫かれたフラゴナールの世界が広がる。近くにある香水博物館も訪ねてみては。

Map 別冊P.6-B3 オペラ地区

🏠5, rue Boudreau 9e ☎01.40.
06.10.10 ⏰10:00～19:30
🗓無休 Card A.J.M.V. Ⓜ③⑦⑧
Opéraより徒歩4分 URLwww.
fragonard.com

1. ラベンダーなどのフレーバーの石鹸1個€6　2.「パリの夢」の名がついたディフューザー€40　3. BIO認証を受けたハンドクリーム€15
4. オー・ド・トワレ「5月のバラ」€46～　5. 香水博物館では香りの歴史を展示している　6. 箱入りの石鹸6個入り€30

お気に
アロマに包
フランス
フレグランス

**香水が身近な存在
香りの専門
身につける
暮らしのなかでも**

Source de Provence
スルス・ド・
プロヴァンス

南仏プロヴァンスで生産されるオリジナルのフレグランスは、99%天然由来。シャンプーやボディローションなど、普段の暮らしで使えるものが多く、心豊かに過ごせそう。

Map 別冊P.14-A1 北マレ

🏠65, rue de Bretagne 3e
☎01.83.64.06.06 ⏰10:00～
19:00 🗓月・日、
1/1、5/1、8月に
10日間 Card M.V.
Ⓜ③Templeより徒
歩5分 URLwww.
sourcedeprovence.
com

1. 2023年5月にオープンしたパリ店。商品は南仏プロヴァンスで作られている
2. 香り高い石鹸€12　3. ラベンダーのボディローション€34　4.「バロック」を意識した内装　5. ドライフラワーのブーケが南仏に誘う

✉ フラゴナールのコスメライン「VRAI」のアルガンオイルはさらっとして使い心地満点。（東京都・AKI）

ディフューザーで香りを確認

入りの
まれたい！
が香る
専門店へ

であるフランスでは、
店も充実。
だけでなく、
香りを楽しんで。

優雅な内装もチェック

Officine
Universelle
Buly

オフィシーヌ・
ユニヴェルセル・
ビュリー

19世紀初めに創業した香水店を復刻。自然由来の厳選素材を使ったフレグランス、スキンケア用品を扱っている。レトロでパリらしいパッケージは、プレゼントに最適。

Map 別冊P.14-B2　北マレ

🏠45, rue de Saintonge 3e
☎01.42.72.28.92　🕐11:00～19:00　休月、一部祝　**Card**A.M.V.
Ⓜ Filles du Calvaireより徒歩5分　**URL**buly1803.com

1. 重厚な趣の内装。カフェを併設している　2. ハンドクリーム（左）€42とフェイスクリーム（右）€45　3. 水性香水「オー・トリプル」€135　4. ボディクリーム€45　5. クレンジングウオーター「オー・レクティフィエ」€44　6. ボディオイル「ユイル・アンティーク」€42

香りの単語

香水	parfum パルファン
香水店	parfumerie パルファムリー
オーデコロン	eau de cologne オー・ド・コローニュ
オードトワレ	eau de toilette オード・トワレット
甘い香り	odeur douce オドゥール・ドゥース
石鹸	savon サヴォン
キャンドル	bougie ブジー

歴史ある
香水店が復活

Oriza L.
Legrand

オリザ・ルイ・
ルグラン

ルイ15世の時代に創業、王室御用達として名をはせた香水ブランドを2012年に復刻。アンティーク調の家具に、飾っておきたくなるようなクラシカルなデザインの香水や石鹸が並び、まるで小さなミュゼのよう。

Map 別冊P.13-C1　オペラ地区

🏠18, reu St-Augustin 2e　☎06.64.52.92.30　🕐11:00～19:00　休日・祝　**Card**A.M.V.　Ⓜ Quatre Septembreより徒歩2分　**URL**www.orizaparfums.com

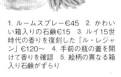

1. ルームスプレー€45　2. かわいい箱入りの石鹸€15　3. ルイ15世時代の香りを復刻した「ル・レジャン」€120～　4. 手前の瓶の蓋を開けて香りを確認　5. 絵柄の異なる箱入り石鹸がずらり

お手頃デイリーコスメは
ドラッグストアでまとめ買い

パリジェンヌが普段使いしているコスメが欲しいなら
リーズナブルプライスのドラッグストアへ！

どれにしよう？

厳しい
オーガニック
基準をクリア
してる

€10.380

€2.50

€3.99

€9.78

A
ヘアーコンディショナー
「Klorane」
95%植物由来で痛んだ髪も
よみがえる

A
マルセイユ石鹸
「Le Petit Marseillais」
良質なオリーブオイルを72%含有し
刺激も少ないので安心して使える

A
ロバミルク石鹸
「mkl」
クレオパトラも愛用していたという
ロバミルクの石鹸はお肌にやさしい

A
ラベンダーウオーター
「Sanoflore」
ラベンダーの香りで
リラックス～！

AB
歯磨きペースト
「Marvis」
パリジェンヌも大好きな
イタリアブランドの歯磨
きペースト。ミントフ
レーバーが爽快感抜群！

85ml €6.98

お得な
プチプライスが
うれしい

A
ローズウオーター
「Laino」
バラの香りで肌も心も
しっとり潤う

€2.45

薬局は2種類ある
パリのドラッグストアに
は、「薬局pharmacie ファ
ルマシー」と、「準薬局
parapharmacie パラファ
ルマシー」がある。「ファ
ルマシー」は調剤薬品も
取り扱うが、「パラファル
マシー」はスキンケア用品、
衛生用品が中心。

A プチプライスを探すならココ！

シティファルマ
Citypharma

激安店がパリにもあった！ 店内
はゴッソリまとめ買いするパリ
ジェンヌで常に大混雑状態。

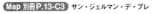

Map 別冊P.13-C3 サン・ジェルマン・デ・プレ

🏠26, rue du Four 6e ☎01.46.33.20.81 ⏰8:30～21:00（土9:00
～）休12:00～20:00）休一部祝 CardM.V. ⓂⓂabillonより徒
歩3分 URLwww.pharmacie-paris-citypharma.fr

B セール品は要チェック

ファルマシー・モンジュ
Pharmacie Monge

品揃えはシティファルマとほとん
ど変わらないが、若干混雑が少な
く見やすいのが魅力。

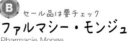

Map 別冊P.18-A2 カルチェ・ラタン

🏠74, rue Monge 5e ☎01.43.31.39.44 ⏰8:00～20:00
休日（一部営業あり）、一部祝 CardA.M.V. Ⓜ⑦Place Mongeより
徒歩1分 URLwww.pharmacie-monge.fr

「シティファルマ」はとても混雑していて、棚と棚の間が狭いので、荷物はできるだけ少なく！（石川県・MIMI）

ミニサイズもあり!

簡単にメイクオフしましょ

2本で €5.98

€3.39

€7.99

€3.48

€5.45

A
リップクリーム
「Caudalie」

小さくて軽いリップクリームはバラマキみやげにぴったり!

AB
リップクリーム
「Uriage」

AB
メイク落とし
「Bioderma」敏感肌用（左）オイリー肌用（右）

フランスのメイク落としは洗い流さずに拭き取るタイプが主流。コットンで優しく拭くだけでスッキリ

A
メイク落としシート
「Bioderma」25枚入り

携帯に便利なシートタイプのメイク落とし。敏感肌にも安心して使える

お出かけ用にぴったりのプチサイズ

リップとセットになったものも

各€4.99

€3.99

€4.98

75ml €6.89

€3.28

A
ハンドクリーム
「Panier des Sens」

軽い付け心地のものから強力しっとり系まであるので、テスターがあったら試してみよう

AB
ハンドクリーム
「Caudalie」

A
制汗剤
「mkl」

オレンジの花がほのかに香るデオドラント

A
シャワージェル
「Nuxe」

緑茶の成分を配合、すっきりとした洗い上がり

AB
ウオータースプレー
「Avène」50ml

スプレーをシュッとひと吹きしてお肌に水分補給を

€11.48

€12.78

AB
美容オイル
「Nuxe」

ボディから髪まで使えるオイルはベタつかず、うるおいしっかり

A
アルガンオイル
「Melvita」

覚えておきたいコスメ単語

ケア soin ソワン	メイク落とし démaquillant デマキアン
乾燥肌 peau sèche ポー・セッシュ	保湿クリーム crème hydratante クレーム・イドラタント
敏感肌 peau sensible ポー・サンシブル	ハンドクリーム crème pour les mains クレーム・プール・レ・マン
脂質肌 peau grasse ポー・グラス	
化粧水 lotion ローション	リップクリーム baume pour les lèvres ボーム・プール・レ・レーヴル
美容液 sérum セラン	

安全な品質のものを買いたかったら、ラベルに表示された天然由来（Natural Origine）のパーセンテージを確認しよう。

サラダに
かけると
効果絶大！

高級食品店に囲まれた
マドレーヌ広場

教会の
見学も
お忘れなく

海の宝石、キャビア

トリュフ、フォワグラ、キャビアなどなど高級食材の店が
ぐるりと取り囲むグルメ広場。1周すればおいしい夢が見られそう。

キャビアは
€106/30gから。

1 黒いダイヤモンドの誘惑
メゾン・ド・ラ・トリュフ
Maison de la Truffe

1932年創業のトリュフ専門店。レストランも併設し、トリュフをあしらった鴨のコンフィやリゾットなど、ぜいたくなランチを堪能できる。トリュフ入りのオイルはおみやげに。

Map 別冊P.6-B3

🏠19, pl. de la Madeleine 8e
☎01.42.65.53.22
🕙10:00～22:30　🈺日・祝
💳A.D.J.M.V.
🚇M⑧⑫⑭Madeleineよりすぐ
🔗www.maison-de-la-truffe.com

1. 卵料理によく合うトリュフ入りの塩€11.90～　2. 黒トリュフ入りのエキストラ・バージン・オリーブ・オイル€20～

2 ひとさじの至福を味わうなら
キャビア・カスピア
Caviar Kaspia

1927年創業のキャビア専門店。レストランでは、キャビアを載せたポテトや卵、また魚卵料理も提供している。

Map 別冊P.6-B3

🏠17, pl. de la Madeleine 8e　☎01.42.65.33.32
🕙12:00～24:00　🈺日、一部祝　💳A.M.V.
🚇M⑧⑫⑭Madeleineよりすぐ
🔗www.caviarkaspia.com

美味食材
ハンティングの
マストスポット！

【地図内】
P.106
セント・ジェームス●
ニコラ（ワイン）
マルゼルブ大通り
マドレーヌ広場
トロンシェ通り
MADELEINE Ⓜ
パトリック・ロジェ（チョコ）　P.70
ラデュレ ロワイヤル店（スイーツ）　P.68
ロワイヤル通り
サントノレ通り

まずは
ひとまわり

マドレーヌ広場&

**スイーツから高級食材まで「おいしい」
ふたつのエリア**

裏通りも
チェック！
広場をまわったら、北側に延びるヴィニョン通りRue Vignon も歩いてみよう。ハチミツ専門店「ラ・メゾン・デュ・ミエル La Maison du Miel」など、食材店がいくつかあるグルメストリートだ。

【地図内】
凱旋門　マルティール通り
○マドレーヌ広場
エッフェル塔

Map 別冊P.6-B3、P.12-B1、P.7-C2

「キス」という
名のケーキ

©Gilles Trillard

1,2. 量り売りのフレッシュマスタードは白ワイン、シャブリ、粒入りの3種類。ポットの大きさは125gから数種類ある。125g、€27.40～

4 マスタードといえばココ！
マイユ Maille

創業から260年以上続いているマスタードの専門店。加熱されていないフレッシュなマスタードを、その場で陶器のポットに詰めてくれる。

Map 別冊P.12-B1

🏠6, pl. de la Madeleine 8e
☎01.40.15.06.00　🕙10:00～19:00
🈺日、一部祝　💳A.J.M.V.
🚇M⑧⑫⑭Madeleineより徒歩1分
🔗fr.maille.com

3 高級食料品店のレストラン
ル・グラン・カフェ・フォション
Le Grand Café Fauchon

高級食料品店「フォション」がオープンしたホテル内にあるレストラン。ランチまたはディナーで季節ごとに変わるメニューを楽しめる。

1. フォションカラーであるピンクを基調としたファンタジックな内装　2. ガナッシュ入り唇形のケーキ「ビズ・ビズ」は持ち帰りも可能。€12　3. マドレーヌ教会を望めるテラス席が人気

Map 別冊P.6-B3

🏠11, pl. de la Madeleine 8e　☎01.87.86.28.15　🕙12:00～22:30
🈺無休　🍽ムニュ€50～　💳A.M.V.　🈯要予約　🚇M⑧⑫⑭
Madeleineより徒歩3分　🔗www.grandcafefauchon.fr

冷蔵庫で
6ヵ月間保存
可能です

RUE DES MARTYRS
9ᵉ Arᵐ

皮は
パリっと

ヴィエノワズリーや
タルトなどパティス
リーも充実

1、「フォンダン・オ・ショコラ」のケーキ
ミックス 2、オレンジのカップケーキ 3、
カフェで味を確認できる

モンマルトルの麓とオペラ地区の間にあるグルメな坂道。
スイーツの名店にランチスポット、カフェまでおまかせ！

100%
ナチュラルな
製品です

1 簡単美味のケーキミックスを販売
ル・カフェ・マルレット
Le Café Marlette

誰でも失敗なく作れるケーキミックス専
門店。その粉を実際に使って作ったお菓
子を、カフェで提供している。

Map 別冊P.7-C2

🏠51, rue des Martyrs 9e
☎01.48.74.89.73 🕐8:00〜19:00
🈲1/1、12/25 Card A.D.M.V. Ⓜ⑫Pigalleより
徒歩3分 URL www.marlette.fr

2 パンもケーキもおいしい
アルノー・デルモンテル
Arnaud Delmontel

2007年のバゲット・コンクールで1位に輝いた
ブーランジュリー。「ルネッサンス」と名づけら
れた、ゲランドの塩を使ったバゲットは必食。

Map 別冊P.7-C2

🏠39, rue des Martyrs 9e ☎01.48.78.29.33
🕐7:00〜20:30 🈲無休 Card M.V.
Ⓜ⑫Notre Dame de Loretteより徒歩5分
URL www.arnaud-delmontel.com

マドレーヌ広場＆マルティール通り

マルティール通り

パリ」がぎゅっと詰まった
で美味さんぽ。

ST-GEORGES Ⓜ

モンマルトルへ

マルティール通り

❶
❷

カーベー・
カフェショップ
（カフェ）

ラ・メランジェ
（メレンゲ）

ベイユヴェール（乳製品）
ローズ・ベーカリー（オーガニックデリ）
フード・ド・パティスリー（スイーツ）
❸
キャトルオム（チーズ）

パレ・デ・テ
（紅茶）

❹

ファリンヌ・エ・オ（パン）
カイユボット（レストラン）

肉屋や魚屋が
並ぶ界隈

おすすめランチスポット

ショッピングの途中、軽い
ランチをとるなら、「ロー
ズベーカリー Rose Bakery」（46番地）
がおすすめ。キッシュがおいしい。

NOTRE-DAME
DE LA LORETTE
Ⓜ

濃厚な
味わい

3 伝統菓子のルネッサンス
セバスチャン・ゴダール
Sébastien Gaudard

「上質な伝統菓子を」という思いが込
められた、正当派のお菓子が並ぶ。

Map 別冊P.7-C2

🏠22, rue des Martyrs 9e
☎01.71.18.24.70 🕐10:00〜20:00
（土）9:00〜、（日）9:00〜19:00 🈲8月
に3週間 Card M.V. Ⓜ⑫Notre-
Dame de Loretteより徒歩4分
URL www.sebastiengaudard.com

1、プラリネが香ばしいパリ・ブレスト
2、店のデザインも上品でクラシック

1、ハチミツのバリエーションも豊富。ジャ
ムは€7.50〜 2、マンゴーとホワイトチョ
コレートのコンフィチュール 3、ナッツ系
のスプレッド「パータ・タルティネ」も

4 まるで食の博物館！
ラ・シャンブル・オ・コンフィチュール
La Chambre aux Confitures

オーナーのリズさんが出会った職人たちが作る
無添加ジャム（コンフィチュール）の店。約70
種類あり、素材の組み合わせもユニーク。

Map 別冊P.7-C2

🏠9, rue des Martyrs 9e ☎01.71.73.43.77 🕐11:00〜14:00、
15:30〜19:30 （土）10:00〜14:00、14:30〜19:30 （日）9:30〜13:30）
🈲一部祝、8月に15日間 Card M.V. Ⓜ⑫Notre de Lorette より徒
歩3分 URL lachambreauxconfitures.com

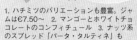

Rue des Martyrs

ティーインストラクターと紅茶好きスタッフがご案内!

香りのブレンドを楽しむ フランス紅茶セレクション

複雑な香りが特徴的なフランス紅茶。
その代表的な銘柄とフレーバーを、
紅茶を愛するaruco編集スタッフがご紹介。

MARCO POLO
マルコ・ボーロ

「マリアージュ・フレール」で一番の人気を誇る紅茶。花や果物の甘い芳醇な香りが特徴で、まろやかな味わい。

さすが老舗という紅茶。香りは甘いのに味は甘くなく、すっきりしている（編集S）砂糖を入れてもおいしそう（編集Y）

100g €17

紅茶の老舗
マリアージュ・フレール
Mariage Frères

パリで紅茶といえばまず名前が挙がる老舗。高級ダージリンから、オリジナルブレンド、フレーバーティーまで種類豊富な紅茶が揃っている。優雅なサロン・ド・テも人気。

データは →P.131

THÉ DES AMANTS
テ・デ・ザマン

「恋人たちのお茶」という名の紅茶。リンゴとシナモンなどをミックスして香り高く仕上げている。

リンゴの甘酸っぱさのなかに、ほのかにバニラの芳香を感じさせる。クセがなく、香りの強いお菓子にも合いそう。（編集S）

THÉ DES AMANTS
Thé noir, pomme et épices
LOVERS TEA
Black tea, apple and spices

100g €14

厳選の茶葉
パレ・デ・テ Palais des Thés

量産のお茶が出回ることに危機感を抱いた専門家と愛好者によって、パリで創設された店。お茶の鮮度や品質にこだわり、繊細な風味を損なわないよう細心の注意が払われているという。

Map 別冊P.14-A2 マレ地区
🏠 64, rue Vieille du Temple 3e
🕙 10:00～20:00
㊡ 一部祝
URL www.palaisdesthes.com

JARDIN BLEU
ジャルダン・ブルー

リュバーブ、イチゴや野イチゴの香りのする紅茶。中国やスリランカ産の茶葉に、青や黄色の花びらがブレンドされている。

すっきりした味で、紅茶だけでおいしく飲める（編集S）渋みが少ないので、しっかり淹れるのがおすすめ（編集Y）

DAMMANN
FRÈRES
Paris 1692

3

JARDIN BLEU

100g €13

王室御用達だった
ダマン・フレール Dammann Frères

Map 別冊P.14-B3 マレ地区

1692年、ルイ14世に国内での紅茶販売権を許可されてからの歴史をもつ。高級感のある店内で量り売りを行っている。店内で香りのテイスティングができる。

🏠 15, pl. des Vosges 4e
🕙 11:00～19:30(土・日10:00～)
㊡ 一部祝
URL www.dammann.fr

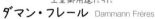

 香り付けをした緑茶は苦手な人もいるので、おみやげにするなら紅茶のほうがよいかも。(山梨県・じゅるりー)

ティーインストラクター
の資格をもつ
編集者Rié

仕事の合間に紅茶でひと息つくのが何よりのしあわせ〜！砂糖やミルクは入れず、そのままの味を楽しむ派です。

プチ講座 フランス紅茶の楽しみ方

どんな紅茶？

フランス人が好むのは、ベーシックな紅茶に果物や花、スパイスをブレンドしたフレーバーティー。複雑で繊細な調合のもと、ブランドの個性が感じられる"香りのお茶"が主流です。最近は緑茶ベースのものも。

買い方のヒント

初めてのフレーバーは、香りのテイスティングができるお店で選ぶと安心。リーフタイプなら少量ずつ試してみて。気軽なティーバッグはおみやげに最適です。クリスマスなど季節限定ブレンドも要チェック！

おいしい淹れ方

汲みたての新鮮な水をしっかりと沸騰させ、ポットに入れた茶葉に注ぐ。そして茶葉の大きさに合わせた時間できちんと蒸らすこと（3〜5分）。これが基本です。濃い場合はお湯で割って調整すればOK。

フランス紅茶セレクション

> 南仏プロヴァンスの香りが詰まってる〜

TISANE DIGESTIVE BIOLOGIQUE
ティザンヌ・ディジェスティブ・ビオロジク

ヴァーヴェナ、メリッサ、リンデン、レモンマートルをブレンドしたオーガニックハーブティー。食後にいただくと消化を促してくれる。

> すっきりと濁りのない味わいで、体が浄化されそう。南仏らしいボックスも小物入れにしても。（編集S）

24袋入り €22

プロヴァンス・ダンタン　Provence d'Antan

> 体に優しい素材を厳選

南仏プロヴァンスのメーカーで、オーガニックのハーブティーやスパイスを扱っている。パリではギャラリー・ラファイエット・パリ・オスマン（→P.127）の「グルメ」などで購入可能。

> 色違いのボックスも！

ニナス　Nina's

> 歴史香る紅茶

1672年創業。ヴェルサイユ宮殿「王の菜園」のバラや果物からフレーバーを作る唯一の紅茶ブランド。マリー・アントワネットの直筆の手紙など、歴史を感じさせる内装にも注目。

Map 別冊P.12-B1
オペラ地区

🏠 29, rue Danielle Casanova 1er
🕐 12:00〜19:00
休 日 URL www.ninas paris.com

MARIE ANTOINETTE
マリー・アントワネット

ヴェルサイユの「王の菜園」で育ったリンゴを香りづけしたセイロンティー。茶葉にはバラの花びらがブレンドされている。

> バラの香りが強すぎなくていい（編集K）飲むとマリー・アントワネットのような優雅な気持ちになります（編集Y）

100g €16

ANASTASIA
アナスタシア

ロシア皇帝ニコライ2世の娘の名が付いた紅茶。アールグレイティーをベースにレモン、オレンジの花の香りが付けられている。　100g €15.90

> 柑橘類が効いていて飲み味すっきり（編集Y）アールグレイがベースなので冷やして飲んでもおいしそう（編集S）

KUSMI TEA
Anastasia

クスミ・ティー　Kusmi Tea

> スパイシーな香り

1867年、ロシアで茶商クスミチョフによって創設された。ロシア革命後、フランスに亡命し、スモーキーなロシアの香りがフランス人に受け入れられて今にいたっている。

Map 別冊P.13-C1
オペラ地区

🏠 33, av. de l'Opéra 2e
🕐 10:00〜19:30（日11:00〜19:00）休 無休
URL www.kusmitea.com

ミニ単語

紅茶	thé noir	テ・ノワール
緑茶	thé vert	テ・ヴェール
フレーバーティー	thé parfumé	テ・パルフュメ
ハーブティー	tisane	ティザヌ
カモマイル	camomille	カモミーユ
リンデン 菩提樹	tilleul	ティユル
ミント	menthe	マント
ヴァーベナ	verveine	ヴェルヴェーヌ

「マリアージュ・フレール」など、サロン・ド・テを併設した紅茶店もある。

「モノプリ」で見っけ！
こんなおみやげいかが？

パリのスーパーの代表格といえば、やっぱり「モノプリ」。
おみやげのまとめ買いにも便利！

スーパーは
プチプラ天国！

ライヨールの
ナイフはフランス
の名産品

ナイフセット
ライヨールナイフ6本
セットはお買い得！

€18.99

どちらも
ミント味〜

歯磨きペースト
右：ホワイトニング用
左：リフレッシュ用
歯磨きだってビオ
でね！

各€2.89

€1.89〜
1.97

ヒマラヤの
ピンク岩塩
エッフェル塔のガ
ラス瓶入りはおみ
やげにイチオシ

€10.35

5種類の
ミックスよ！

スパイス
使いやすい調
味料はおみやげ
に便利

€2.950

オリーブ
袋入りのオリー
ブなら持ち帰り
やすさ抜群！

オリーブオイル
このまま飾ってお
きたいエッフェル
塔の瓶入り

€9.99

500g入り

€2.89

マロンクリーム
栗の名産地として知られ
るアルデッシュ地方産の
栗を使ったクリーム

€1.25

ハーブティーのティーバッグ
フレーバーが豊富で軽いのもグ〜

€2.950

「ボンヌ・ママン」の
お菓子
種類がたくさんあるので、
食べたことのない味を

カマルグの塩
南仏カマルグ産の
塩も手頃な値段で

€3.59

P.74も
チェック！

ハンドクリーム
アルガンオイル
配合なのにプチ
プラのモノプリ
ブランド

€2.35〜5.15

モノプリのエコバッグはデザインや柄がよく変わるので、行くたびチェックしています。（千葉県・なっちゃん）

日本でおなじみのお菓子を発見！

€2.19

ミカド Mikado
名前の由来は「ミカド」
というゲームだそう

「ボンヌ・ママン」のジャム
ギンガム・チェックのフタが目印！空きビンも捨てられな〜い

€1.89〜3.09

エコバッグ
色や柄のバリエーションが豊富なのでたくさん欲しくなる

€2〜3

€2.29

€1.99

オニオン・グラタン・スープとアスパラガスのポタージュの素。エシャロットソースなど、ステーキソースの素もある

レジの近くにコーナーがあります

€1.29

€2.19

€7.89

€7.45

リップクリーム
モノプリブランドだけで数種類ある

左：アルガンオイル
右：ローズウオーター
モノプリブランドはビオシリーズが充実

「モノプリ」はこう使う！

スーパーマーケットの大手チェーンが「モノプリ」

スーパーの代表格

モノプリ（オペラ店）
Monoprix

パリ市内に50店舗以上ある。主要地区では必ず見つかる。

Map 別冊P.13-C1　オペラ地区

🏠23, av. de l'Opéra 1er　☎01.42.61.78.08　🕐8:00〜22:00（日9:30〜21:00）　🈹一部祝　Card A.M.V.　Ⓜ⑦④㍺Pyramidesよりすぐ　URL www.monoprix.fr

＜モノプリ利用の注意点＞
●同じチェーン店でも、店舗によって取り扱い商品が異なるので、気に入ったものが見つかったらその場で買うのがベター。
●商品の値段は店によって異なり、観光地区は少し高め。
●レジ袋は紙製で有料なので、エコバッグ持参で。

レジでは商品を自分で台の上に並べ、次の客の商品と区別するためのバーを置こう。袋詰めも自分で。急ぐときはセルフレジへ

€2.09

薄いクレープ生地でチョコレートを包んだもの。10秒ほどレンジで温めてもおいしい

チョコレート
ナッツやクリームが入った板チョコはバリエーション豊富

€5.29

€3.19

「モノプリ」で見つけたおみやげ

スーパーマーケットは夕方になるととても混雑する。おみやげを買うなら、空いている午前中に行くのがおすすめ。

「私のリアル買いアイテムはコレ！」

編集スタッフが取材の合間にリアルに購入したパリみやげのなかから
特に気に入ったアイテムを大公開〜！(取材：2023年8月)

買っちゃった

行くたびに買ってしまう ミニサイズのハンドクリーム

植物由来で肌にも安心

手洗い後の保湿に欠かせないハンドクリーム。常に持ち歩けるミニサイズのものを、パリに来るたび買っています。パッケージがかわいいので、おみやげにもなります。€4.99〜 (編集S)

シティファルマ → P.114

インスタントスープで なんちゃってフレンチも

粉末のインスタントなのに、結構本格的な味になるのがスープの素。種類も多く、オニオン・グラタン・スープだって5分でできちゃいます。スープ皿によそえば立派な前菜に€1.69 (ライターA)

キノコ入りのポタージュ

モノプリ → P.121

カリグラフィのノートで 美しい字を書く練習！

アルファベットを美しく手書きする手法「カリグラフィ」をマスターするための練習帳を発見！ すてきなメッセージカードを作れる日を夢見て、練習しなきゃ。€10 (編集Y)

ステッカーも付いています

レクリトワール・パリ → P.111

飾りたくなるような 刺繍入りエコバッグ

シックなデザイン

2021年にリニューアルオープンしたデパート「サマリテーヌ」内の雑貨店「ルルLoulou」で購入。白いオーガンジーの生地に、アールヌーヴォー様式の階段をモチーフにした刺繍が施され、繊細な美しさにうっとり。高級感があり、エコバッグとしてより、お出かけのおともとして使っています。€25 (編集S)

サマリテーヌ → P.28

パンのおともに お菓子作りに活躍

チューブ式で使いやすい

モンブランで有名なサロン・ド・テ「アンジェリーナ」のマロンクリーム。お菓子作りの好きな人へのおみやげにもおすすめです。€3.90 (ライターA)

ラ・グランド・エピスリー・ド・パリ → P.84

「レ・ドゥー・マルモット」の ハーブティーでデトックス

柑橘系のブレンド

環境への負担を極力抑えたメイド・イン・フランスのハーブティー。100％自然由来、上質のハーブやフルーツを使った優しく澄んだ味わいで、心と体を癒やしてくれます。€5.50〜 (編集S)

ラ・グランド・エピスリー・ド・パリ → P.84

今日はどこを
歩こっか?

歴史があるのに新しい。
旅ごころを刺激する
パリのおさんぽプラン

パリの面積は東京の山手線の内側くらい。
大きすぎず、小さすぎず、ぶらぶら歩きにちょうどいいサイズ。
下町情緒あふれるエリアでノスタルジーに浸ったり、
ヒロイン気分で映画のロケ地を歩いたり。
素顔のパリに会えそうな予感。

W　I　L　K

キラキラ輝くメインストリート
パリ観光の王道をゆくなら
シャンゼリゼ大通りから！

凱旋門からコンコルド広場までの全長約2km。
マロニエとプラタナスの美しい並木が輝き、
「あなたの欲しいものは何でも揃ってる〜♪」と歌われる
世界一有名な大通りを口笛さんぽ。

8e Arr!
AVENUE
DES
CHAMPS-ÉLYSÉES

TOTAL 4時間

シャンゼリゼ
大通りおさんぽ
TIME TABLE

10:30	凱旋門に上る
↓ 徒歩5分	
11:30	ラデュレでお買い物
↓ 徒歩2分	
12:00	ラルザスでランチ
↓ 徒歩1分	
13:00	キャトルヴァン・シス・シャンでお買い物
↓ 徒歩5分	
13:30	モンテーニュ大通り
↓ 徒歩5分	
14:00	ド・ゴール将軍像
↓ 徒歩15分	
14:15	コンコルド広場

1 凱旋門 Arc de Triomphe
シャンゼリゼの起点はココ！ 10:30

オステルリッツの戦いに勝利したナポレオンの命で作られた凱旋門は、パリ観光の最初の一歩としてもふさわしい。凱旋門に行くには専用地下道を通って。

データは→P.147

オ〜♪シャンゼリゼ〜

凱旋門の屋上からはまっすぐ延びるシャンゼリゼ大通りが見える

CHARLES DE GAULLE ETOILE

M

プティ・バトー

→P.107

GEORGE V M シャンゼリゼ大通り FRANKLIN D. ROOSEVELT M

ルイ・ヴィトン フーケッツ

「ルイ・ヴィトン」の本店には世界中からファンが押し寄せ、ときには入場制限の列ができることも

別冊P.

車には充分注意して

横断歩道のまん中は、凱旋門を正面から写真撮影できるベストポジション！

フランスの権威ある映画賞、セザール賞の受賞パーティが開かれる「フーケッツFouquet's」は1899年創業の老舗カフェ

監督や俳優の名が刻まれたプレートが人口に

2 ラデュレ Ladurée
素通りするなんて無理！ 11:30

かわいいグッズをおみやげに買ったあとは、マカロンを頬張りながらシャンゼリゼを歩いちゃう？

かわいさ満点のマカロンタワー

Map 別冊P.11-D1

🏠75, av. des Champs Elysées
☎01.40.75.08.75 🕐8:00〜22:00
🈚無休 💳A.D.J.M.V.
Ⓜ①George V.より徒歩3分
🔗www.laduree.fr

3 ラルザス l'Alsace
ブラッスリーでランチ 12:00

24時間営業のアルザス料理店。アルザス地方の名物であるシュークルート（発酵キャベツを豚肉とともに白ワインで煮込んだ料理）がおいしい。

1. 年中無休がうれしい 2. シュークルートはアルザスの白ワインとともに

Map 別冊P.11-D1

🏠39, av. des Champs Elysées 8e
☎01.53.93.97.00 🕐7:00〜翌4:00 🈚無休
🍴ムニュ€19.90〜、シュークルート€23.50
〜 💳A.M.V. Ⓜ①Franklin D. Rooseveltよりすぐ 🔗www.restaurantalsace.com

高級なイメージのシャンゼリゼ大通りにスーパーマーケットの「モノプリ」があって驚きました。（兵庫県・ひなこ）

Map 別冊P.11-12

凱旋門
エッフェル塔

4 夢のコラボが実現！ 13:00
キャトルヴァン・シス・シャン
86 Champs

「ピエール・エルメ」と「ロクシタン」のコラボ店。ここでしか買えない限定商品もあるのでチェックしてみて。サロン・ド・テでは限定スイーツを。

Map 別冊P.11-D1

🏠86, av. des Champs-Elysèes 8e ☎01.70.38.77.38
🕙10:30～22:00（金・土10:00～23:00、日10:00～）無休
Card A.M.V. M George V.より徒歩3分 URL www.86champs.com

キラキラの店内にワクワク～

1. コラボ商品の石鹸は特別なおみやげに
2. サロン・ド・テで味わえる「イスパハン・ラテ」

1,2. ディオール
3. シャネル

シャンゼリゼ大通り

5 13:30
パリ随一のブランドストリート
モンテーニュ大通り
Avenue Montaigne

「シャネル」「ディオール」などフレンチブランドから、「グッチ」「マックスマーラ」などヨーロピアンブランドまで高級ブランド店がズラリと並ぶ。

セレブウオッチングができちゃう～

シャンゼリゼを歩くコツ
まっすぐに延びるシャンゼリゼ大通りは平坦に見えるけれど、実は緩やかな坂道。凱旋門からコンコルド広場に向けて下り坂になっているので、凱旋門から歩き始めるほうが疲れない。

切手市

パリには熱心な切手コレクターが多い。週3回（木・土・日）開かれる切手市では、気軽に買える古切手やハガキなども揃っている

かわいい切手あるかな？

CONCORDE
M

7

ロン・ボワン・デ・シャンゼリゼからコンコルド広場までは店がなく、街路樹が連なる散策路となる

ロン・ボワン・デ・シャンゼリゼ

CHAMPS ELYSEES
CLEMENCEAU

FRANKLIN D.
ROOSEVELT
M

M

6

プティ・パレ
→P.154

グラン・パレ
国立ギャラリー

5

モンテーニュ大通り

ベンチでのひと休みも気持ちいい～

月に一度の歩行者天国
シャンゼリゼ大通りでは毎月第1日曜に歩行者天国が実施されている。通りの真ん中を自由に歩くことができるので、旅行の日程に組み込むのもおすすめ。

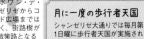

6 14:00
凱旋門の広場にも私の名前が付いてます

空港の名前にもなっている
ド・ゴール将軍像
Statue du Général de Gaulle

メトロのシャンゼリゼ・クレマンソー駅近くにあるグラン・パレ前の広場に建っているのがド・ゴール将軍の像。陸軍軍人だったド・ゴールは、1959～1969年、第五共和制初代大統領を務めた。

7 14:15
フランス革命の舞台となった
コンコルド広場
Place de la Concorde

フランス革命で、ルイ16世、マリー・アントワネットが処刑されたことでも知られる広場。中央にはエジプトから贈られたオベリスクが建っている。

エッフェル塔も見渡せる

7月14日の革命記念日にはさまざまなイベントが行われるが、なかでもシャンゼリゼ大通りでの軍事パレードは見逃せない。

世界中の旅人を引き寄せる華やかなオペラ地区でパリの香りを感じて！

パレ・ガルニエの周辺は旅行者の利用度No.1の観光エリア。
交通量も多く、いつも賑やか。2大デパートでの買い物も楽しみ！

TOTAL 4時間

オペラ地区おさんぽ
TIME TABLE

11:00	パレ・ガルニエ
↓ 徒歩7分	
12:00	ル・プティ・ヴァンドームでランチ
↓ 徒歩12分	
13:00	香水博物館
↓ 徒歩5分	
14:00	ギャラリー・ラファイエット、プランタンでお買い物

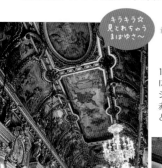

キラキラ☆
見とれちゃう
まばゆさ～

1 華やかな音楽と舞踊の殿堂
パレ・ガルニエ 11:00
Palais Garnier

19世紀後半、当時の商業的中心地に社交場として建てられた歌劇場。シャンデリアの連なるフォワイエ、赤と金のバルコニーをもつ観客席など、華麗な装飾は一見の価値あり。

データは →P.162

ハチミツはレア物よ！

5
M HAVRE CAUMARTIN
オスマン大通り
4 CHAUSSEE D'ANTIN LA FAYETTE
M

3

カプシーヌ大通り
M OPERA

レペット

2 ル・ショコラ・デ・フランセ →P.71
オペラ大通り
セドリック・グロレ・オペラ →P.80
ジャド・ジュナン →P.71

PYRAMIDE M

モノプリ →P.121

1. グラン・フォワイエ（大ロビー）は幕間に観客がくつろぐ場所
2. ドレスで着飾った観客が行き交った大階段も重要な社交の場だった
3. 彫刻で飾られた堂々たる外観

2 伝統料理をお手頃に 12:00
ル・プティ・ヴァンドーム
Le Petit Vendôme

パリの中心地にありながら、昔ながらのビストロの雰囲気を残す店。ランチ時には常連客でにぎわう。テイクアウトできるサンドイッチも人気。

Map 別冊P.12-B1

日替わり料理もチェックして！

🏠 8, rue des Capucines 2e
☎01.42.61.05.88　⏰8:00～翌2:00（月～16:30、土10:00～、ランチ12:00～16:00）　休日、一部祝
💴ア・ラ・カルト予算約€35
Card M.V.　👔望ましい　🚇
🚇3/7/8号線Opéraより徒歩3分
URL lepetitvendome.fr

パレ・ロワイヤル

ルーヴルのすぐ北にあるパレ・ロワイヤルは、美しい回廊に囲まれた静かな庭園。ストライプの円柱オブジェが並ぶ楽しい中庭もあり、ショッピングや観光の合間にひと休みするのにおすすめ。

1. 自家製鴨のコンフィ
2. ハムをはさんだバゲットサンドも人気

Map 別冊P.6-7、P.12-13

↓日本食材も揃う界隈よ♪

3 知られざる香水の歴史を体感
香水博物館 13:00
Musée du Parfum Fragonard

老舗香水メーカー「フラゴナール」による博物館。100年前のアランビック（蒸留装置）や香水瓶コレクションが展示され、暮らしを彩る香りについて幅広く知ることができる。

アンティークの貴重な香水瓶も

Map 別冊P.6-B3

🏠9, rue Scribe 9e ☎01.47.42.04.56
⏰9:00～17:30（入館～16:30）
休一部祝 料無料 Ｍ③⑦⑧「Opéra」より徒歩5分
fragonard.com

1. 予約不要、約30分で見学できる　2. ナポレオン1世の時代に使われた旅行用品セットの展示も　3. 香りの種類はこんなにたくさん　4.5. アンティークのさまざまな香水瓶を展示　6. 邸宅の一室を思わせる展示室
©musée du parfum Fragonard

オペラ地区

サンタンヌ通り
オペラ地区には日本食レストランが多数点在している。なかでもサンタンヌ通りとその周辺にはラーメン店がたくさんあり、パリジェンヌにも大人気。日本食が恋しくなったら行ってみては。

ラーメンはフランスでも大人気

モードも最旬グルメも大充実

4 世界中から良品が集まる 14:00
ギャラリー・ラファイエット パリ・オスマン
Galleries Lafayette Paris Haussmann

本館、紳士館、メゾン＆グルメ館の3館からなる百貨店。世界のブランドを幅広く扱っている。高級食材からお菓子まで並ぶ「グルメ」は、おみやげ調達の観光客に人気が高い。

おもな出店ブランド
●ルイ・ヴィトン
●シャネル
●カルティエ
●ディオール
●サン・ローラン
●ソニア・リキエル
●セリーヌ
●ピエール・エルメ etc.

1. 3500を超えるブランドが並ぶ　2. 本館のクーポール（丸天井）は1912年建造　3. 7万㎡の売り場面積を誇る

Map 別冊P.7-C3

🏠40, bd. Haussmann 9e ☎01.42.82.34.56 ⏰10:00～20:00（日11:00～）、グルメ⑨9:30～21:00（日11:00～20:00）休一部祝（特別営業日あり）
Card A.J.M.V. Ｍ⑦⑨「Chaussée d'Antin-La Fayette」よりすぐ
URLhaussmann.galerieslafayette.com

サンタンヌ通り

ギャラリー・ヴィヴィエンヌ →P.164

パレ・ロワイヤル

デパートはハシゴよね

5 待望のグルメフロアがオープン！ 14:00
プランタン・オスマン本店
Printemps Haussmann

ウイメンズ、メンズ、ビューティ・ホーム・キッズの3館からなる。メンズストアの8階にはグルメフロア「プランタン・デュ・グー」があり、食料品の買い物やイートインでひと休みも。

最新のトレンドを常に発信

©MANUEL BOUGOT

Map 別冊P.6-B3

🏠64, bd. Haussmann 9e ☎01.71.25.26.01 ⏰10:00～20:00（日11:00～）休一部祝
Card A.D.J.M.V. Ｍ③⑨「Havre Caumartin」よりすぐ URLwww.printemps.com/fr/fr/printemps-paris-haussmann

おもな出店ブランド
●ルイ・ヴィトン
●シャネル
●カルティエ
●ディオール
●セリーヌ
●ランバン
●ジバンシー
●グッチ
●ラデュレ etc.

1. 選び抜かれた食料品が並ぶ「プランタン・デュ・グー」　2. ステンドグラスの丸天井が美しい最上階のレストラン

ルーヴル美術館 →P.148

香水博物館では香水作りもできるミニ調香講座を開催（€29、英語、要予約）。詳細はウェブサイトで。

パリはここから始まった
シテ島&サン・ルイ島で
ノスタルジックなパリ探し

パリ発祥の地、歴史の宝庫シテ島と、古きよき時代が香るサン・ルイ島。
セーヌに浮かぶふたつの島を行ったり来たり。

TOTAL
4時間30分

シテ島 &
サン・ルイ島おさんぽ
TIME TABLE

10:00 サント・シャペル
↓ 徒歩5分
11:00 ノートルダム大聖堂
↓ 徒歩3分
12:00 ル・プティ・プラトー
でランチ
↓ 徒歩5分
13:00 ピローヌでお買い物
↓ 徒歩1分
14:00 ベルティヨンでアイス
↓ 徒歩5分
14:15 セーヌ河岸を散歩

エリザベス女王の名前が付いた花市
シテ島には19世紀から続く常設の花市場があるが、2014年6月7日、「エリザベス2世花市場Marché aux fleurs Reine Elizabeth II」に改名。女王自らプレートの除幕を行った。花市場がちょっぴり高貴に変身？

このプレートに注目~！

MARCHÉ AUX FLEURS
REINE ELIZABETH II

行って
みたい～

古本のことをブーカンという

ポン・ヌフ

コンシェルジュリー

ブキニスト
（古本市）

花市場

M CITE ①

パレ大通り

シテ通り

シテ島

アルコル通り

アルシュヴェシュ橋

②

③

M ST MICHEL
RER ST MICHEL
NOTRE-DAME

釣りをする
猫通り
→ P.166

入口では
荷物チェックが
あるので
早めに行くのが
おすすめ！

光のシャワーをたっぷりと 10:00
サント・シャペル
Ste-Chapelle

1248年、キリストの聖遺物を納めるために、ルイ9世によって建立された。2層になっていて、狭い階段を上って上部の礼拝堂に出ると、息をのむようなステンドグラスの世界が広がる。

詳細は → P.158

セーヌ河畔の名物、ブキニスト（古本市）
シテ島を挟んだ両河岸に沿って、緑色の箱を利用した古本屋が並んでいる。これはブキニストと呼ばれるもので、古本のほかに絵はがきやポスター、おみやげ品もあり、観光客にも人気だ。

1. コンパクトな箱に本がぎっしり！ 2. 閉めるとこんな感じ～

シテ島の西端には眺めのよい公園があり、観光客はほとんどいなくて穴場だと思います。（熊本県・SAYA）

さらなる再開を待っています

バラ窓は3ヵ所にあります

詳細は →P.159、160

詳細は →P.159、160

凱旋門
エッフェル塔

Map 別冊P.13~14

2 荘厳なゴシック建築　11:00
ノートルダム大聖堂
Cathédrale Notre-Dame de Paris

シテ島にそびえるフランス・カトリックの総本山。12世紀から14世紀にかけて、170年以上の歳月を費やして建てられた。

2024年12月（予定）まで見学不可

シテ島＆サン・ルイ島

3
1. デザートまで付くムニュはお得すぎる！
2. 手づくりのキッシュはボリューム満点でやさしい味

地元客にも愛され続ける手づくりキッシュ　12:00
ル・プティ・プラトー　Le Petit Plateau

シテ島とサン・ルイ島の境目にある小さなサロン・ド・テで、地元の常連客も訪れる落ち着いた雰囲気。テーブルにしている足踏みミシンやランプなど、アンティークの調度品がさりげなく使われている。

Map 別冊P.13-D3

🏠1, quai aux Fleurs 4e　☎01.44.07.61.86　⏰10:00～19:00（月・火～16:00、金・土・日～22:00）　🈺クリスマスに1週間　💴昼ムニュ€23、€26、ア・ラ・カルト予約約€30　**Card**M.V.　🚇④Citéより徒歩6分

PONT MARIE
マリー橋
サン・ルイ島
サン・ルイ・アン・リル通り
キニスト5本市）
ルイ・フィリップ橋
トゥールネル橋
シュリー橋
食べ歩き楽しいよ
④
⑤

5 パリでアイスといえばココ
ベルティヨン　Berthillon　14:00

パリで一番有名な老舗アイスクリームショップ。サイズは小ぶりで食べやすく、甘みはナチュラル。フレーバーの種類が多いので、何度も通ってしまいそう。サロン・ド・テもあるのでゆっくりひと休みすることもできる。

Map 別冊P.14-A3

🏠29-31, rue St-Louis en l'Ile 4e　☎01.43.54.31.61　⏰10:00～20:00　🈺月・火、1/1、12/25、学校休暇期間、7月下旬～8月下旬　**Card**M.V.（€15～）　🚇⑦Pont Marieより徒歩3分　🌐www.berthillon.fr

アイスクリームについて →P.98

アイスクリームについて →P.98

1. シングル€3.50、ダブル€5　2. サロン・ド・テで食べたいフランボワーズ・メルバ

誰を選びます？

1. チーズおろし器 €19.90
2. ブラシ €12.90　3. サラダサーバーセット €29.90
4. 折り畳み傘 各€24.90

4 思わずクスッと笑っちゃう　13:00
ピローヌ　Pylones

カラフルでポップ、さらにほかでは見られないユーモアに富んだデザインの雑貨がいっぱい。見ているだけで楽しくなる店。

Map 別冊P.14-A3

🏠57, rue St-Louis en l'Ile 4e　☎01.46.34.05.02　⏰11:00～19:00（月13:00～、1～3月は~18:00）　🈺1～3月の月、1/1、5/1　**Card**A.J.M.V.　🚇⑦Pont Marieより徒歩5分　🌐www.pylones.com

---

「ベルティヨン」のアイスはサン・ルイ島内のほかのカフェでも売っている。行ったら定休日でがっかりした人、あきらめないで。

最旬トレンドもアンティークも
おしゃれ探しなら
マレ地区におまかせ☆

16世紀の貴族の館が残る「パリのお屋敷街」マレ地区には、こだわりのスポットがいっぱい。日曜営業の店も多くて、食べ歩きしながらショッピングするのにぴったりの場所。

TOTAL 4時間

マレ地区おさんぽ
TIME TABLE

11:00	ボントンでお買い物
↓ 徒歩3分	
11:50	メルシーでお買い物
↓ 徒歩10分	
12:40	ラス・デュ・ファラフェルでランチ
↓ 徒歩3分	
13:00	フラン・ブルジョワ通りでお買い物
↓ 徒歩10分	
13:45	マリアージュ・フレールでお茶
↓ 徒歩15分	
14:30	ヴィラージュ・サン・ポール

> 子供の頃から
> おしゃれセンス
> 磨いてる！

1 11:00
かわいい雑貨も見つかる
ボントン Bonton

カラフル＆シックな色遣いが人気の子供服ブランドのコンセプトストア。子供服だけでなく、キッチュな雑貨、食器、ベッド用品、絵本、ケーキの型などがいっぱい。

Map 別冊P.14-B2

🏠 5, bd. des Filles du Calvaire 3e
📞 01.42.72.34.69　🕐 10:00～19:00
休 日　Card A.D.M.V.
Ⓜ ⑧St-Sébastien Froissartよりすぐ
URL www.bonton.fr

1,2. かわいいだけじゃないシックな色や柄の組み合わせが新鮮　3,4,6. 絵本や雑貨などもたくさんある　5. 子供部屋のインテリアの参考にもなる

狩猟自然博物館（ゲネゴー館）　→P.156
オメール・ロブスター　→P.82
フランス歴史博物館（スービーズ館）
パン・ド・シュクル　→P.69,73
→P.157
ポンピドゥー・センター
フリュクス　→P.110
HOTEL DE VILLE
ルナール通り
アルシーヴ通り
パリ・ランジス
パリ市庁舎

2 11:50
訪れるだけでワクワクできる
メルシー Merci

マレ地区北部エリアのファッション＆カルチャーを牽引し続けるセレクトショップ。3階構造になった広大なフロアに、メルシーならではの視点で選ばれた商品が並ぶ。

Map 別冊P.14-B2

🏠 111, bd. Beaumarchais 3e　🕐 10:30～19:30（金・土～20:00、日11:00～）　休 一部祝　Card A.M.V.　Ⓜ ⑧St-Sébastien Froissartより徒歩1分　URL merci-merci.com

1. オーガニックコットン100%のロゴ入りオリジナルトートバッグ　2. コスメブランドやデザイナーとのコラボ商品もチェックしたい

虹色の旗は何の旗？
ゲイタウンとしても知られるマレ地区。「ゲイ御用達」の店には、自由の象徴であるレインボーフラッグが掲げられている。ゲイカップルのおしゃれ度も要チェック！

> ボリュームたっぷり～

3 12:40
ヘルシーなユダヤサンドイッチ
ラス・デュ・ファラフェル L'As du Fallafel

ファラフェル（ユダヤサンドイッチ）のレストランが連なるロジエ通りで、一番人気の店がここ。ピタパンに具がぎっしり詰まっていて、フォークで食べるのがお約束。

> どんなに並んでも食べたい～！

ファラフェルは、ヒヨコ豆のコロッケ、揚げナス、紫キャベツをピタパンに挟んだもの

Map 別冊P.14-A2

🏠 34, rue des Rosiers 4e　📞 01.48.87.63.60
🕐 11:00～23:00（金～16:00）　休 土、ユダヤ教の祝、復活祭に1週間　料 ファラフェル€9
Card M.V.　Ⓜ ⑧St-Paulより徒歩3分

ヴォージュ広場は中央が緑地になっていて、テイクアウトのランチを楽しめました。（石川県・雅）

4 貴族の館も残るショッピングストリート 13:00

フラン・ブルジョワ通り Rue des Francs Bourgeois

パリジェンヌに人気のファッションブランドから、アクセサリー、靴、フレグランスまで小粋なブティックが立ち並ぶ。ウインドーショッピングも楽しい。

Map 別冊P.14-A2~B3

A ホーム・オトゥール・デュ・モンド
Home Autour du Monde

ナチュラルカラーのスニーカーで知られる「ベンシモン」が揃う。

🏠8, rue des Francs Bourgeois
3e ⏰11:00~19:00（日13:00~）
休1/1 URLwww.bensimon.com

B エキヨグ Ekyog

着合わせしやすいデザインが多いフレンチ・ブランド。

🏠23, rue des Francs Bourgeois
4e ⏰11:00~19:30 休1/1、5/1、12/25 URLwww.ekyog.com

C ザディグ・エ・ヴォルテール
Zadig & Voltaire

上質な普段着を探すパリジェンヌに人気。カップルにもおすすめ。

🏠42, rue des Francs Bourgeois 3e
⏰11:00~19:00 休無休
URLwww.zadig-et-voltaire.com

Map 別冊P.14

ST SEBASTIEN FROISSART Ⓜ

ピカソ美術館
（サレ館）→P.156

ヴィエイユ・デュ・タンプル通り

フラン・ブルジョワ通り
ロジエ通り

サテリット →P.108

ヴォージュ広場

テュレンス通り

ダマン・フレール →P.118

BASTILLE Ⓜ
バスティーユ広場

リヴォリ通り Ⓜ ST PAUL

サンタントワンヌ通り

サン・ポール通り

Ⓜ PONT MARIE

アンリ・カンタル大通り

ユダヤ料理のレストランもあります

RUE des ROSIERS

マレ地区

5 ブランチも人気の紅茶店 13:45

マリアージュ・フレール
Mariage Frères

17世紀からの歴史があり、日本でもよく知られた老舗紅茶店。オリジナルフレーバーティーの種類が豊富で新作も発表、どれを選ぶか悩んでしまうほど。クリスマスなど季節限定のお茶もおすすめ。

Map 別冊P.14-A2

🏠30, rue du Bourg Tibourg 4e
☎01.42.72.28.11 ⏰10:30~19:30 休無休
CardA.D.J.M.V. Ⓜ①St-Paulより徒歩5分
URLwww.mariagefreres.com

1. サロン・ド・テではブランチのサービスが毎日ある
2. 缶のデザインもおしゃれ 3. 控えめなたたずまいだけど、中に入れればお客でいっぱい

季節のフレーバーティーも試してみて

紅茶について→P.118

6 専門店が並ぶアンティーク村 14:30

ヴィラージュ・サン・ポール
Village St-Paul

マレ地区の南側、セーヌ川に抜けるサン・ポール通りとともにアンティーク専門店が集まる一画。銀製品やキッチン雑貨の専門店もあり、品揃えが豊富。

Map 別冊P.14-A3~B3

🏠Rue St-Paul 4e Ⓜ①St-Paul
Ⓜ⑦Pont Marieより徒歩3分
URLwww.levillagesaintpaul.com

プチトランでぐるり1周
モンマルトルの裏道散歩

古きよき時代の趣が残るモンマルトル。
坂道が多いこの丘をミニ列車「プチトラン」でひと巡り。
途中下車して路地散策も楽しんで。

TOTAL 3時間

モンマルトルおさんぽ
TIME TABLE

14:00	プチトラン乗車
↓20分	
14:20	テルトル広場で途中下車
↓10分	
14:30	モンマルトル美術館&周辺の散策
↓徒歩5分	
15:30	サクレ・クール聖堂
↓徒歩5分	
16:30	プチトラン再乗車
↓30分	
17:00	ムーラン・ルージュ前で下車

1 小さな列車の旅の出発地　14:00
ブランシュ広場　Place Blanche

プチトランの旅はムーラン・ルージュ前から出発！

ここから出発〜

Map 別冊P.7-C1

🚇M②Blancheよりすぐ

のんびり下町散歩

ルノワールの作品で有名ムーラン・ド・ラ・ギャレット

モンマルトル墓地

ゴッホ兄弟アパート

アメリのまねっこ★

カフェ・デ・ドゥー・ムーラン

ルピック通り

ムーラン・ルージュ
→P.41

M BLANCHE

クリシー大通り

40分でひとまわり！

プチトラン
ブランシュ広場からテルトル広場経由でモンマルトルを一周。英・仏語で見どころの案内あり。🕐10:00〜19:00（季節によって異なる）❸€10
URL www.promotrain.fr

1.3. カフェ内のいたる所にアメリが
2. クレーム・ブリュレが看板メニュー

人気映画ロケ地
カフェ・デ・ドゥー・ムーラン
Café des Deux Moulins

モンマルトルは、映画『アメリ』(2001)の舞台となった場所。主人公アメリが働いていたカフェで食べたいのは、やっぱりクレーム・ブリュレ！

Map 別冊P.7-C1

🏠15, rue Lepic 18e ☎01.42.54.90.50 🕐7:00〜翌2:00（土・日9:00〜）休12/24の夜 📋クレーム・ブリュレ€8.90
Card A.J.M.V. 💳 URL cafedesdeuxmoulins.fr

プチトランで1周したら、今度は自分の足で石段を歩いて、丘に登ってみよう

Map 別冊P.6-7

秋にはブドウの
収穫祭も

ラマルク通り

オ・ラバン・
アジル →P.33

ブドウ畑

③

④

ル・グルニエ・
ア・パン・アベス
→P.78

②

②

→P.167

世界各国の言語で
「愛」のメッセージ
がつづられた壁

●ジュ・テームの壁

M ABBESSES

ラ・プティック・
デザンジュ

→P.111

マルティール通り

ANVERS
M

ロシュシュアール大通り

M
PIGALLE

---

2 今も昔も画家たちが集う　14:20
テルトル広場
Place du Tertre

もとはモンマルトル村の広場
だった所で、今では画家たちが
絵を売る場所となっている。プ
チトランの停留所があり、ここ
でいったん降りて丘の上を散策
してみよう。

Map 別冊P.7-C1

ⓜ ②Anvers ⑫Abbessesより徒歩10分

似顔絵を描いて
もらうなら
最初に値段交渉
をしてから

ドキドキ…

3 古きよきパリがここに　14:30
モンマルトル美術館
Musée de Montmartre

ルノワールやユトリロなど多くの
芸術家がアトリエを構えたモンマ
ルトル最古の建物。シャンソニエ
「オ・ラバン・アジル」（→P.33）
の古い看板などを展示している。

Map 別冊P.7-C1

🏠12, rue Cortot 18e ⏰
10:00〜18:00（4〜9月は
19:00）休無休 料€15
ⓜ⑫Lamarck Caulain-
courtより徒歩5分
URL museedemontmartre.fr

---

1. サクレ・クール聖堂下の
階段は、パリでも指折りの
ビューポイント　2. モンマ
ルトルはレトロな楽器や
シャンソンがよく似合う

4 白亜のドームがまぶしい　15:30
サクレ・クール聖堂
Basilique du Sacré Cœur

モンマルトルの丘にそびえる白亜の聖堂。ビザンチン・スタ
イルのドームの高さは83m、市内のいたる所から、その姿が
見える。教会の建設が始まったのは19世紀のこと。「聖なる心
（サクレ・クール）」という名が付けられ、1919年に完成した。
ステンドグラスが美しい内部を見学したら、ドームに上って
みよう。パリの町が見渡せる。

眺めの
写真は →P.146

Map 別冊P.7-D1

⏰聖堂6:30〜22:30　ドーム10:30〜18:30（夏〜20:30）料ドーム€7
聖堂内部は無料
ⓜ②Anvers⑫Abbessesより徒歩10分
URL www.sacre-coeur-montmartre.com

モンマルトル
ル

モンマルトルのブドウ収穫祭は10月の第2週末に開催。パレードや出店もあり、いっそうにぎわう。 **133**

パリっ子が秘密にしておきたい
カルチェ・ラタンの休日

学生街カルチェ・ラタンでいつもと違う、おさんぽコース。
エキゾチックなモスクとティーサロン。
動物園からローマ遺跡まで、秘密のパリ発見！

ドコ!?

こんなところに
動物園が!?

TOTAL
4時間30分

カルチェ・ラタン
おさんぽ
TIME TABLE

11:15 クリュニー美術館
↓徒歩5分
12:00 ル・サロン・デュ・
パンテオンでランチ
↓徒歩5分
13:00 パンテオン
↓徒歩10分
14:00 モスク
↓徒歩5分
14:45 植物園
↓徒歩10分
15:30 アラブ世界研究所

© Alexis Paoli, OPPIC

1. ノートルダム大聖堂を飾る歴代の王の
彫刻のオリジナルがココに　2. 壁一面に
並ぶステンドグラス　3.『貴婦人と一角
獣』の展示室。大規模な工事を経て2022
年にリニューアルオープン

1　11:15

中世の世界へタイムスリップ
クリュニー美術館 Musée de Cluny

ローマ時代の遺跡である公共浴場の跡に
ある美術館。膨大な数の貴重な中世の美
術品を所蔵し、なかでも『貴婦人と一角
獣』のタピストリーは見逃せない。

Map 別冊P.17-D1

🏠6, pl. Paul Painlevé 5e ⏰9:30～
18:15 休月、1/1、5/1、12/25 💰€12、
パリ・ミュージアム・パス使用可 (→P.145)
🚇M10Cluny La Sorbonneより徒歩1分
URL www.musee-moyenage.fr

2　12:00

映画館内の隠れ家的サロン・ド・テ
ル・サロン・デュ・パンテオン Le Salon du Panthéon

大女優カトリーヌ・ドヌー
ヴがプロデュースしたこと
で知られるサロン・ド・
テ。広々とした空間にテー
ブルやソファがゆったりと
配置され、まさに「女優の
プライベートサロン」のよ
うな雰囲気だ。

Map 別冊P.17-C1

🏠13, rue Victor Cousin 5e ☎01.56.24.88.80 ⏰12:30～19:00（ランチ
12:30～15:00）休土・日、8月 ア・ラ・カルト予算約€20 Card M.V.
🚇RERB Luxembourgより徒歩3分 URL www.whynotproductions.fr/pantheon

1. サロン・ド・テは映画を観なくても利用できる　2. カト
リーヌ・ドヌーヴがセレクトしたインテリアがすてき！
3. ボリューム満点のキッシュのランチ

3　13:00

偉人たちの霊廟
パンテオン Panthéon

大きなドームとギリシア風の円
柱をもつ新古典主義の建築。フ
ランスの偉人を祀る墓所で、哲
学者ルソー、思想家ヴォルテー
ル、文豪ユゴーらが眠る。

Map 別冊P.17-D1

🏠Pl. du Panthéon 5e ⏰10:00～
18:00(4～9月は18:30) 休1/1、5/1、
12/25 💰€11.50（ドーム追加料金
€3.50）、パリ・ミュージアム・パス使用可
(→P.145) 🚇M10Cardinal Lemoine
より徒歩3分 URL www.paris-pantheon.fr

1. フーコーが地球の自転を証明する振り子の実験を行った　2. パリの守
護聖女ジュヌヴィエーヴを祀った丘に建つ　3. ルソーの棺

地図内表記
ST MICHEL NOTRE DAME RER
CLUNY LA SORBONNE M
シェイクスピア・
アンド・カンパニー・
カフェ →P.96
MAUBERT MUTUALITE M
サン・ジェルマン大通り
①
②　③
パンテオン →P.79
CARDINAL LEMOINE M
レザンシエル →P.114
リュテス闘技場
ひとり
ランチにも
オススメ！
ムフタール通り
PLACE MONGE M
ファルマシー・
モンジュ →P.114
CENSIER DAUBENTO M

凱旋門
エッフェル塔

Map 別冊P.17-18

異国情緒
たっぷり

1,2. 幾何学模様でオリエンタルな雰囲気のタイル装飾が美しい回廊 3. 礼拝堂のほか図書館も備えたモスク 4. 女性専用のハマムもある

4 サロン・ド・テもおすすめ 14:00

モスク Grande Mosquée de Paris

パリのイスラム教寺院。礼拝堂には入れないが、モザイクタイルで飾られた回廊は見ることができる。中庭のエキゾチックな空間に、パリにいることを忘れてしまいそう。

Map 別冊P.18-A2

⌂2bis, pl. du Puits de l' Emite 5e ⏰9:00〜18:00 ㊡金、イスラム教の祝祭日 €3 ⑭⑦Place Monge より徒歩10分 URL www. mosqueedeparis.net

サロン・ド・テ→P.96

200年前からある動物園だって♪

ホントのカバに乗った気分☆

バラを愛する人たちにも人気！

-ランジェ・ラ・ール
P.79

⑥

セーヌ川

サン・ベルナール河岸

パリ第6大学

野外彫刻博物館

う〜ん
いい香り！

5 緑豊かな秘密の散歩道

植物園 14:45
Jardin des Plantes

ルイ13世代の王立薬草園から始まり、現在も四季折々の草花が見られる植物園。18世紀からの歴史をもつ動物園もあり、のんびりと散策を楽しむ家族の姿が見られる。

Map 別冊P.18-A2〜B2

⏰植物園7:30〜20:00、動物園10:00〜18:00(日・祝は18:30) ㊡無休 無料(動物園は€13) ⑭⑤ ⑩⑪Ⓒ Gare d'Austerlitzより徒歩1分

1. 植物園の広大な園内には、きちんと手入れされたバラ園や菜園もある 2. 珍しい動物はいないが、心なごむ動物園

Ⓜ JUSSIEU

動物園

⑤

Ⓜ RER
GARE
D'AUSTERLITZ

進化大陳列館

④ →P.157

ローマの
遺跡が
こんなところに！

6 屋上からの眺めが抜群 15:30

アラブ世界研究所
Institut du Monde Arabe

アラブ世界との文化交流のために建てられた研究施設。博物館では、アラブ文化を紹介するさまざまな企画展が催されている。ジャン・ヌーヴェル設計の建築も要チェック。

Map 別冊P.18-A1

⌂1, rue des Fossés St-Bernard 5e ⏰博物館10:00〜18:00(土・日・祝〜19:00) 屋上テラス10:00〜18:00 ㊡月、5/1 博物館€8、屋上テラスは無料 ⑭⑦⑩Jussieuより徒歩5分 URL www.imarabe.org

1. 地上10階、地下3階、総ガラス張りの建物は軽やかな印象 2. 壁面を覆うガラスのパネルは、太陽の光に反応して繊細なアラベスク模様を描く

カルチェ・ラタン

植物園の近くにある「リュテス闘技場」は、パリに残る数少ないローマ遺跡のひとつ。 **Map** 別冊P.17-D2

サン・ジェルマン・デ・プレで知性派パリジェンヌを目指す

作家たちがアツく語り合った文学カフェでお茶したあとは
シンプルながらどこか品のよさが感じられる
シックなパリジェンヌスタイルに変身してみない？

TOTAL 3時間30分

サン・ジェルマン・
デ・プレおさんぽ
TIME TABLE

| 14:00 | サン・ジェルマン・デ・プレ教会 |
↓ 徒歩ですぐ
| 14:30 | カフェ・ド・フロールかレ・ドゥー・マゴでお茶 |
↓ 徒歩5分
| 15:30 | サン・シュルピス通りでショッピング |
↓ 徒歩5分
| 17:00 | ブラッスリー・リップでビール |

青空によく映える鐘楼〜☆

ピカソが作ったアポリネール像
サン・ジェルマン・デ・プレ教会脇の公園内に、詩人の「アポリネール」と書かれたピカソ作の頭像がある。実際は恋人のドラ・マールだとか。謎に包まれた像だが、パリで見られる貴重なピカソの公共作品。

1 左岸のシンボル的存在 14:00
サン・ジェルマン・デ・プレ教会
Eglise St-Germain des Près

詳細は→P.161

左岸文化の象徴ともいえるサン・ジェルマン・デ・プレ散歩の第一歩はこの教会から。派手さはないが、人間的なあたたかみが感じられる。

1. パリに残るロマネスク様式の数少ない建造物　2. 歴史を感じさせる落ち着いた雰囲気の内部。静かに祈りを捧げるのにふさわしい　3. 窓から入り込む光が石の床を幻想的に染める

2 静かな2階席もおすすめ 14:30
とってもなめらかショコラ・ショー
カフェ・ド・フロール
Café de Flore

1880年代の創業以来、文化人に愛されてきたカフェ。ここでぜひ試したいのが、舌にすっとなじむホット・チョコレート、「ショコラ・スペシャル・フロール」。

詳細は→P.94

1. 老舗の風格漂う正面入口　2. 小ムメイドのお菓子も

3 14:30 文学賞もある老舗カフェ
落ちつく〜♪
レ・ドゥー・マゴ Les Deux Magots

「フロール」と並ぶ老舗カフェ。店内に入ってまず目に入るのは、店の名前の由来となった中国人形2体。ヘミングウェイやサルトルが通った店でもあり、彼らが座った席の壁には、当時の写真が掲げられている。

1. 「マゴ」とは中国人形のこと　2. 教会の見えるテラス席　3. ひと休みには甘いケーキが欠かせない

詳細は→P.95

ジャコブ通り
サン・ジェルマン・デ・プレ教会
アポリネール像
ST GERMAIN DES PRÈS
メトロの駅も文学チック！
フュール通り
シティファルマ P.114
セーヴル通り
ピエール・エルメ
ST SULPICE
アニエス・ベー
P.107
サン・シュルピス通り
サン・シュルピス教会 P.160
P.68

サン・シュルピス通り周辺にはスイーツやコスメの店もあり、おみやげを買うのに便利でした。（静岡県・菜々）

Map 別冊P.12-13

15:30

RUE
SAINT-SULPICE

教会横のショッピングストリート

4 サン・シュルピス通り Rue St-Sulpice

サン・シュルピス教会横の通りには、パリジェンヌが支持するファッションブティックが並んでいる。ブランドを越えた組み合わせや、上品な着こなしがうまいパリジェンヌのファッション術を盗んじゃおう！　人気チョコレート店もあるので、おみやげ購入もばっちり。

Map 別冊P.13-C3

知性を感じるね

レ・プティ・プランス・ストア・パリ
→P.111

セーヌ通り

ビュッシ通り

サン・ジェルマン大通り

●サン・ジェルマン市場

BILLON

A ヴァネッサブリューノ
Vanessabruno

着ると実感できる質のよさと女性らしいラインが人気の秘密。

⌂25, rue St-Sulpice 6e ⏱11:00～19:00
URL www.vanessabruno.fr

B コテラック Cotélac

カジュアルにもフェミニンにもアレンジしやすい服が揃う。

⌂30, rue St-Sulpice 6e ⏱10:00～19:00 ㊡日 URL www.cotelac.fr

C シャポン Chapon

テイクアウトのチョコレートムースを食べながら歩こう！

⌂34, rue St-Sulpice 6e ⏱10:00～20:00（日～19:00）㊡無休 URL chapon.com

D イロ IRO

ニューヨークのロックスピリッツを感じさせるブランド。

⌂38, rue St-Sulpice 6e ⏱10:30～19:30 ㊡日、一部祝 URL www.iroparis.com

E パトリック・ロジェ
Patrick Roger

創造性あふれるチョコレートはパリジェンヌも大好き！（→P.70）

⌂2-4, pl. St-Sulpice 6e ⏱11:00～13:45、14:30～19:00 ㊡月・日 URL www.patrickroger.com

F グタール Goutal

エレガントな香りで人気のパリ発フレグランスブランド。

⌂12, pl. St-Sulpice 6e ⏱10:00～19:00（日11:00～）㊡一部祝 URL www.goutalparis.com

G コントワー・デ・コトニエ
Comptoir des Cotonniers

シンプルなのにちょっとひねりが利いたパリらしいデザイン。

⌂12, pl. St-Sulpice 6e ⏱10:00～19:30 ㊡日 URL www.comptoirdescotonniers.com

日本人にも似合うわ☆

サン・ジェルマン・デ・プレ

映画『ギャルソン』の舞台にもなった

5 ブラッスリー・リップ
Brasserie Lipp

17:00

Map 別冊P.13-C3

パリ滞在中のヘミングウェイが足しげく通い、作品『移動祝祭日』にも登場するブラッスリー。1880年創業の老舗らしく、料理、内装、ギャルソンのたたずまいにいたるまで、ブラッスリーの神髄ここにあり！

⌂151, bd. St-Germain 6e ☎01.45.48.53.91 ⏱9:00～翌0:45 ㊡ア・ラ・カルト予算約€50 Card A.D.M.V. ㊟望ましい ㊂④St-Germain des Présより徒歩1分 URL www.brasserielipp.fr

ビールにぴったり

1. ヘミングウェイは原稿料が入ると必ずここに来たという
2. ヘミングウェイがよく頼んだという「セルヴァ・レムラード」は、ソーセージのマスタード・マヨネーズがけ

歴史的建造物にも指定されている「ブラッスリー・リップ」では壁やタイルにも注目！ **137**

映画ファンの憧れ、
モンパルナスを歩く

ヌーヴェル・ヴァーグの舞台となったモンパルナス。
名場面を思い浮かべながら、
シネフィル（映画通）気分で町歩き。

おしゃれな
映画館☆

TOTAL
5時間30分

モンパルナスおさんぽ
TIME TABLE

14:30 ル・セレクトか
ラ・ロトンドでお茶
↓ 徒歩10分
15:30 モンパルナス墓地
↓ 徒歩5分
16:30 ダゲール通りを歩く
↓ 徒歩10分
17:00 カンパーニュ・
プルミエール通りを歩く
↓ 徒歩5分
17:30 カルティエ現代
美術財団
↓ 徒歩10分
19:00 ル・ドームでディナー

クラブサンドや
クロック・ムッシューが
おすすめです

1 ゴダールの映画に登場 14:30
ル・セレクト
Le Select

ボクも一緒に
歩んだわん！

モンパルナス大通りとラスパイユ大通りが交差するヴァヴァンの交差点に集まる4つのカフェのひとつ。ゴダールの『勝手にしやがれ』に登場したのがこのカフェ。

Map 別冊P.16-B2

🏠99, bd. du Montparnasse 6e ☎01.45.
48.38.24 ❼7:00〜翌2:00（金・土〜翌
3:00）❸無休 ☕コーヒー€3.70〜、昼メニュ€25 ❖A.M.V. ❧ 🚇M④Vavinより徒歩1分
URLwww.leselectmontparnasse.fr

1. 『勝手にしやがれ』で、逃亡中の主人公ミシェルが友人を捜してやってきたのがこの店のテラス。ヘミングウェイの『日はまた昇る』にも登場する老舗だ 2.ランチにも利用できる

59階からの
眺めは
サイコー！

モンパルナス・タワー
→P.41

モンパルナス駅 Ⓜ MONTPARNASSE
BIENVENÜE

駅周辺は
映画館が
いっぱい

Le Petit Nicolas

THE
BOX

レンヌ
大通り

フード・ソサ
エティ・パリ・
ゲテ
→P.90

Ⓜ
GAITE

2 モディリアニゆかりのカフェ
ラ・ロトンド
La Rotonde 14:30

イタリア人画家モディリアニが通っていたカフェ。セット撮影だが、ジェラール・フィリップ主演の映画『モンパルナスの灯』でもカフェの場面が登場する。

Map 別冊P.16-B2

🏠105, bd. du Montparnasse 6e
☎01.43.26.48.26 ❼7:30〜24:00（L.O.）
❸無休 ☕コーヒー€3.50、牛肉のタルタル
€25 ❖A.J.M.V. ❧ 🚇M④Vavinより
すぐ

1. 赤い庇が目印 2. 店内にはモディリアニの複製画が飾られている 3. コーヒーの値段は時間帯によって替わる

LA ROTONDE

LA ROTONDE

ヌーヴェル・ヴァーグと
モンパルナス
1950年代末に始まった映画運動。ゴダールなど若い作家たちによって、ロケ撮影中心の新しい手法が切り開かれた。モンパルナスは、その運動の舞台となった場所のひとつ。

ニワトリの
エキストラ
やりますよー

3 多くの映画人が眠る　15:30
モンパルナス墓地
Cimetière du Montparnasse

『勝手にしやがれ』に出演したジーン・セバーグや2023年に亡くなったジェーン・バーキン、元パートナーで映画監督でもあったセルジュ・ゲンズブールなどが眠る墓地。

Map 別冊P.16-B2~B3

🏠3, bd. Edgar Quinet 14e ⏰8:00~18:00（季節、曜日によって異なる）🚇Ⓜ⑥Edgar Quinetより徒歩2分

1. 歌にちなんで、メトロの切符やキャベツ！まで供えられたゲンズブールの墓　2. ジェーン・バーキンは娘のケイト・バリーとともに眠る

映画の舞台になったカフェ集中エリア

寝間着姿で失礼！（バルザック）

BEAT TAKESHI KITANO

2010年の「ビートたけし展」も人気を博した

Ⓜ VAVIN

モンパルナス大通り

ラスパイユ大通り

クレープ屋が集まる通り　→P.58

クレープリー・ド・ジョスラン　→P.88

エドガー・キネ大通り

カンパーニュ・プルミエール通り

墓地入口

③

お墓に混じってブランクーシの彫刻『接吻』が

Ⓜ RASPAIL

モンパルナス墓地

ゴダール作『勝手にしやがれ』のラストシーンで使われた、カンパーニュ・プルミエール通り

4 ユニークな企画展が世界の注目を集める　17:30
カルティエ現代美術財団
Fondation Cartier pour l'art contemporain

老舗ブランドのカルティエが1984年にオープンした現代美術館。三宅一生、村上隆、森山大道、川内倫子など日本人も数多く紹介してきたほか、映画監督デヴィッド・リンチの大回顧展も行われた。

1. ジャン・ヌーヴェル設計の建物も必見　2. 日本人アーティストの企画展もよく開催されている

Map 別冊P.17-C3

🏠261, bd. Raspail 14e ⏰11:00~20:00（火~22:00）休月 €11 🚇Ⓜ④⑥Raspailより徒歩5分 URLwww.fondationcartier.com

④

いつかは
ヒロイン！

5 ヌーヴェル・ヴァーグに舞台を提供　19:00
ル・ドーム
Le Dôme

アニエス・ヴァルダの代表作『5時から7時までのクレオ』に登場。不治の病と思いこんだヒロインが、不安な心持ちで入るのがここ。現在は魚介レストランとしても有名。

Map 別冊P.16-B2

🏠108, bd. du Montparnasse 14e ☎01.43.35.25.81 ⏰12:00~14:45、19:00~翌0:30 休無休 予ブイヤベース€64 CardA.M.V. 🚇Ⓜ④Vavinよりすぐ URLwww.restaurant-ledome.com

14e Arr
RUE DAGUERRE

ダゲール通り

ヴァルダの映画『アニエスの浜辺』では、砂が敷き詰められて「浜辺」になったダゲール通り

映画の上映情報はキオスクで売っている情報誌『L'Officiel des Spectacles ロフィシェル・デ・スペクタクル』などで。

ちょっぴり観光に疲れたら
パリっ子の癒やしスポット
サン・マルタン運河へ

映画『アメリ』の舞台としても知られるサン・マルタン運河は
風情ある下町の雰囲気が残るパリっ子のくつろぎエリア。
水のある風景に溶け込んで気ままにおさんぽ♪

外ランチが
最高よね〜

TOTAL
3時間30分

サン・マルタン運河
おさんぽ
TIME TABLE

11:00	レピュブリック広場
	↓ 徒歩3分
11:30	ラ・トレゾルリーでお買い物
	↓ 徒歩10分
12:00	オテル・デュ・ノールでランチ
	↓ すぐ
13:00	サン・マルタン運河散策
	↓ 徒歩1分
13:15	アントワーヌ・エ・リリで お買い物
	↓ 徒歩2分
14:00	テン・ベルズでお茶

1 共和国の象徴的広場　11:00
レピュブリック広場
Place de la République

フランスのシンボル、マリアンヌ像
（下記）が中央に建つ広場。2013年に
リニューアルし、パリっ子の憩いの場
としてイベントなども行われる。

Map 別冊P.14-B1

Ⓜ③⑤⑧⑨⑪Républiqueよりすぐ

イベントや
展示などが
楽しみ！

1. 開放感のある広場　2. 本格的な町角ミュー
ジシャンが演奏していることも　3. 写真展な
どの展示会場としても使われる　4. シンボリックな存在である「マリアンヌ」の像

店内は
広いよ〜！

© La Trésorerie Ingo Kanefeyer

© Mollyseyes

1,2. 食器から家具まで機能的で日々の暮らしが楽
しくなるようなデザインの物が揃ってる

2 機能的なインテリア雑貨　11:30
ラ・トレゾルリー
La Trésorerie

シンプルで美しく、温かみが感じられる
北欧デザインの生活雑貨が人気。歴史の
あるメーカーや自然素材を使っている商
品が優先的にセレクトされている。

Map 別冊P.14-B1

🏠11, rue du Château d'Eau 10e ☎01.40.40.20.
46 🕐11:00〜19:00 休月・日（12日は無休）
CardM.V. Ⓜ③⑤⑧⑨⑪Républiqueより徒歩3分
URLwww.latresorerie.fr

3 映画ファンならここでひと休み　12:00
オテル・デュ・ノール
Hôtel du Nord

映画『北ホテル』の舞台となったホ
テルを改装したカフェレストラン。
店内には、古きよき時代のパリの雰
囲気が漂っている。

Map 別冊P.8-B3

🏠102, quai de Jemmapes 10e ☎01.40.40.78.78 🕐9:00〜翌
2:00 休無休 予ア・ラ・カルト予算約€40 CardA.M.V. 裏 Ⓜ⑤
Jac-ques Bonsergentより徒歩5分 URLwww.hoteldunord.org

店頭の
テラス席も
おすすめ♪

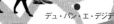

仲良く
おさんぽ♪

1. 運河を眺めながらランチ　2. 重厚なカウンターがいい感
じ。おしゃべりに熱中する常連客の姿も

5

サ
ン
・
マ
ル
タ
ン
運
河

3

4

ル・ヴェール・
ヴォレ
→P.92

デュ・パン・エ・デジデ
→P.77

Ⓜ JAQUES
BONSERGENT

ボ
ー
ル
ベ
ー
ル
通
り

ラ
・
ジ
ャ
ン
タ
大
通
り

マ
ジ
ャ
ン
タ
大
通
り

2

REPUBLIQUE
Ⓜ

1

マリアンヌって？
広場の中央に建つマリアンヌはフランス
共和国を擬人化した女性像。自由の象
徴であるフリジア帽をかぶり、平和を意　レピュブリック
味するオリーブの枝を掲げ持っている。　広場

デモのある日、レピュブリック広場が騒然としていました。近寄らないほうがいいかも。（愛知県・ノワール）

凱旋門
エッフェル塔

Map 別冊P.8、P.14

運河沿いには
自転車専用
レーンもあるよ

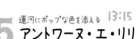

くつろぎの散歩道　13:00

4 サン・マルタン運河
Canal St-Martin

気ままな
おしゃべりが
続く〜♪

心地よい風に吹かれて思いおもいに過ごせる人気スポット。緩やかな弧を描く鉄橋がアクセントを添えるノスタルジックな風景の中をゆっくり歩きたい。

Map 別冊P.8-B2〜B3、P.14-B1

サ
ン
・
マ
ル
タ
ン
運
河

閘門ポイント

運河の途中には水位が異なるところが何ヵ所かある。閘門では、船を通すために水位の調整をする光景が見られる。船が入ったら水門を閉じて船を上下させる様子が興味深い！

1,3,4. 色鮮やかなキッチン雑貨のほか、センスのいいインテリア小物が見つかる　2. 運河沿いのランドマーク的存在　5. 黄色の店舗内に広がるピンクの世界！

運河にポップな色を添える　13:15

5 アントワーヌ・エ・リリ
Antoine et Lili

ピンク、緑、黄に塗られた店舗はそれぞれ、洋服＆アクセサリー、子供服、雑貨に分かれている。カラフルでキッチュな世界観でまとめられていて、はしごするのが楽しい。

Map 別冊P.8-B3

🏠95, quai de Valmy 10e　☎01.40.37.34.86　🕐10:30〜19:30（月・日11:00〜19:00）　🈺無休　Card A.M.V.
Ⓜ⑤Jacques Bonsergentより徒歩5分
URLfr.antoineetlili.com

可動橋ポイント

ここは"旋回橋"になっている。タイミングが合えば、橋の一部が水平に回転して船を通す風景が見られるかも。

こだわり派のコーヒー

6 テン・ベルズ　14:00
Ten Belles

運河散歩のひと休みにぴったりのカフェ。豆の焙煎にこだわった絶品コーヒーを楽しめる。マグカップでたっぷり飲めるフィルターコーヒーも。

Map 別冊P.8-B3

🏠10, rue de la Grange aux Belles 10e　☎09.83.08.86.69　🕐8:30〜17:30（土・日9:00〜18:00）　🈺クリスマスに1週間　Card M.V.　Ⓜ⑤Jacques Bonsergentより徒歩6分　URLwww.tenbelles.com

1. ラテアートはパリジェンヌも大好き！　2. 店頭の小さなスペースもくつろぎの場所に　3. 毎日通いたくなるような気取りのない店内　4. コーヒーによく合う焼き菓子も

水のない
運河！

大掃除が行われることも

2016年、15年ぶりに水を抜いて大掃除が行われた。運河の底に沈んでいた大量のゴミが取り除かれ、運河は美しく蘇った。

遊覧船で運河クルーズ

パリ・カナル
Paris Canal

サン・マルタン運河にも遊覧船があり、セーヌ川クルーズとは違う情緒を味わえる。水門を通る体験が楽しい！
URLwww.pariscanal.com

カノラマ
Canauxrama

バスティーユ広場近くとラ・ヴィレット貯水池を結ぶ。所要約2時間30分。
URLwww.canauxrama.com

データは→P.45

パリジェンヌ気分でサイクリング♪

パリで自転車散歩

電動だからラクだわ〜

©Alain Longeaud - Mieux

のんびり歩いて回るパリも楽しいけれど、
パリジェンヌのように颯爽と
自転車で走ってみよう！

2018年リニューアルした
ヴェリブ・メトロポールで
パリの町を走ろう

「ヴェリブ・メトロポール」は、セルフサービス式のレンタサイクルシステム。24時間自由に自転車を借りたり返したりでき、パリ市民はもちろん観光客にも幅広く利用されている。パリでは自転車レーンの拡充が進められており、より走りやすくなっている。

パリっ子たちに人気定着
ヴェリブ・メトロポール
Vélib' Métropole

グリーンのクラシックタイプとブルーの電動タイプがある。詳細はウェブサイトで確認しよう。●Ticket-V（1回券）€3、24時間券€5（電動タイプは€10）　URLwww.velib-metropole.fr

自転車のマークが書かれた専用レーンを走ろう

©Alain Longeaud - Mieux

電動タイプ　ノーマルタイプ

ヴェリブ・メトロポールの利用方法

1 利用者登録をする

公式ウェブサイト、もしくは無人駐輪場（ステーション）にある機械「ボルヌ Borne」（写真）で利用者登録をする。クレジットカードを町なかで出すのが不安な人は、事前登録を。

2 タイプを選ぶ

ステーションで電動もしくはノーマルタイプの自転車を選ぶ。このとき、故障していないか必ず確認すること（サドルが後ろ向きになっているものは故障中）。

3 IDパスを入力し取り出す

ボルヌまたは事前登録によって取得したIDとパスコードをモニターで入力すると、ロックが外れて自転車を出すことができる。ナビ用にスマホを入れるケースも付いている。

4 返却

空きのあるステーションを探して返却。カチッと音がしてモニターに「Stop」の文字が表示されれば終了。1回券の場合、30分以内に返却すれば、追加料金は不要。

気をつけたいステーション探し

通勤の足としても使われているため、時間帯や場所によっては、ステーションに1台の自転車もないこともある。反対に、返却するための空きが見つからないことも。制限時間を超えると追加料金が発生するので、時間に余裕をもって。

自転車に乗るときの注意点

1 自転車には自動車の交通ルールが適用され、車道を右側通行で走るのが基本。歩道を走ると罰金の対象になる。

2 パリは一方通行の道が多いので、道路標識をよく確認すること。一方通行の道や歩行者用の信号では、自転車を降りて押して歩くのはOK。

3 自転車専用レーンが設けられている場所では専用レーンを走ること。

覚えておきたい道路標識

A 自転車専用レーン
（このレーン以外を走ると罰金の対象になる）

B 自転車専用レーン

C 車両進入禁止（自転車含む）

D 自転車以外の車両進入禁止

SAUF CYCLISTES

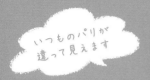

いつものパリが
違って見えます

めざせ「パリ通」！
ひと味違う
パリの遊び方

一度訪れたら、もう一度と思ってしまう、それがパリ。
リピーターが多いのは、毎回新しい何かが見つかる町だから。
何度訪れても、まだまだ知らない魅力がいっぱい。
いつもと違うこんなパリ、あんなパリをご紹介。

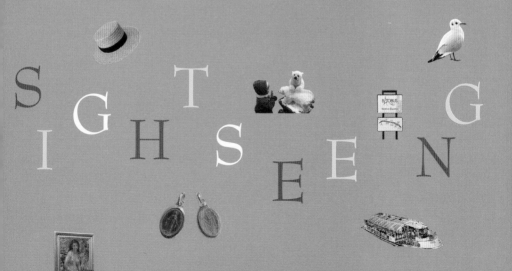

01 手荷物は最小限にまとめよう

キャリーバッグ不可！

美術館の行列の原因のほとんどはセキュリティチェック。大きい荷物（55×35×20 cm以上）を持っては入場できない施設もあるので手荷物はコンパクトに。

02 人気スポットはオンライン予約が吉！

企画展、エッフェル塔も！

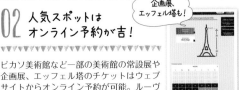

ピカソ美術館など一部の美術館の常設展や企画展、エッフェル塔のチケットはウェブサイトからオンライン予約が可能。ルーヴル美術館のように、予約しないと入場が保証されない所も。観光する日が決まっているなら絶対おすすめ！

03 英語で相談できる観光案内所へ行ってみよう

各種資料は無料

観光案内所はパリ市内に3ヵ所あり、情報や資料を得られる。ツアー申し込みやチケット類の購入には手数料が€1.50かかる。

パリ市庁舎
Map 別冊P.14-A3

国鉄北駅
Map 別冊P.8-A2

カルーゼル・デュ・ルーヴル
Map 別冊P.13-C2

裏ワザ公開！

限られた時間
aruco流 観光

あれもこれもと欲張るよりも、充実感アップ。計画前に知って

04 無料wi-fiをキャッチ♪美術館、駅、公園にも

オーディオガイドもその場でDL

国鉄駅や公園など公共施設でキャッチできる、無料の公衆Wi-Fiを活用すれば旅の上級者。ルーヴルなど美術館にもWi-Fiスポットがあるので、パリ観光の強い味方になってくれるはず。

05 行けるときに行っておく！気になるパリのトイレ事情

一般的にパリのトイレは有料で、€1～1.50を係員に支払う。町なかに無料の公衆トイレはあるが清潔とは言いがたく、緊急用と認識しよう。美術館や飲食店で休憩ついでに行くのが◎。

HOMMES / MEN　FEMMES / WOMEN

06 撮影OK？フラッシュNG！守りたい鑑賞マナー

ルーヴル、オルセーなど写真撮影が認められている美術館でも、作品保護のためには絶対にフラッシュをたかないのがマナー。オートフラッシュがオフになっているか入館前に確かめておこう。

07 26歳未満はチェック！年齢割引はパスポートで

学生割引よりも年齢割引のほうが一般的なパリ。年齢確認にはパスポートを提示しよう。「Jeunes（若者）」「Moins de 26 ans（26歳未満）」が目印。

●ミニ単語帳

トイレ	toilettes	トワレット
	W.C.	ヴェー・セー
男性	Hommes	オム
	Monsieur	ムッシュー
	Messieurs	メッシュー
女性	Femmes	ファム
	Madame	マダム
	Dames	ダム
使用中	occupé	オキュペ
空室	libre	リーブル

08 パリ・ミュージアム・パス活用のススメ

定番スポットを回るなら「パリ・ミュージアム・パス」は最強の助っ人。近郊も含む約50ヵ所で使えるフリーパスだ。連続した日数で使用するので、無駄なく活用するには、①休館日と無料の第1日曜を避ける、②夜間開館に行く、③シテ島など見どころの集中しているスポットを1日にまとめるようにしよう。48時間パス€55〜。
URL www.parismuseumpass.fr

ミュージアム・パスの使えるおもな美術館＆スポットと定休日

ルーヴル美術館	→P.148	火
オルセー美術館	→P.152	月
オランジュリー美術館	→P.156	火
ロダン美術館	→P.157	月
国立近代美術館	→P.157	火
ピカソ美術館	→P.156	月
凱旋門	→P.147	ー
サント・シャペル	→P.158	ー
ヴェルサイユ宮殿	→P.52	月

09 月曜＆火曜は要注意。休館日のチェックはぬかりなく

大きな美術館や博物館でも、月曜か火曜は休館となるところがほとんど。お目当てがあるなら忘れずチェックしよう！

でも大満足！テクニック

行きたい所を絞ったほうがおきたい豆知識をご紹介！

地上階を示す言葉はこれ

REZ DE CHAUSSEE

1階にあるフロントに行きたいときは「0」を押す

10 フランスの階数表示は日本と違うので注意！

フランスでは、日本の2階を1階と呼び、3階を2階と呼ぶ。日本の1階は、「レ・ド・ショセrez-de-chaussée（地上階）」もしくは「ニヴォー・ゼロniveau 0（0階）」と呼ぶ。間違わないように！

Tootbus

Big Bus Paris

11 乗り降り自由の観光バスが便利！

名所を効率よく回る2階建てオープンバス。各名所に停留所があり1日乗り降り自由なうえ、日本語オーディオガイド付きでお得。

トゥートバス URL www.tootbus.com
ビッグ・バス・パリ URL www.bigbustours.com

12 観光名所が集中した使えるメトロは何号線？

ルーヴル美術館、コンコルド広場、シャンゼリゼ大通り、凱旋門……これらすべてが沿線にあるのが、メトロ1号線。駅のホームの装飾もそれぞれ個性的で観光気分も盛り上がる。ただし観光客を狙ったスリも多い路線なので、手荷物には気を付けて！

13 思わぬ出合いがあるかも「歴史」が刻まれた黒い案内板

町歩きしていると目に入る、通りの隅に立つ黒い案内板。「Histoire de Parisイストワール・ド・パリ（パリの歴史）」といって、その場所の歴史を解説している。解説はフランス語だが、そこに歴史的建造物があるという印なので、立ち止まって注目してみれば面白い発見があるかも。

14 フランスの祝日とストは油断禁物！革命記念日、クリスマス、新年の過ごし方

祝祭日は閉まる所が多く、特に元日は全滅状態のパリ。7月14日の革命記念日と大晦日は、凱旋門とエッフェル塔付近に交通規制がかかり、多くの美術館が休館する。またストライキも多いので、「grèveグレーヴ（ストライキ）」という単語に注意して。

フランスの祝日→P.11

©Paris Tourist Office-Amélie Dupont

aruco編集部が選ぶ
パノラマ絶景ポイントBest5！

これが1位に輝いた絶景よ！

セーヌ川沿いを歩いたり、古い町並みを散策するのはもちろん楽しいけれど、
高い場所から眺めるパリは、また別の感動を与えてくれる。
編集部おすすめのパノラマ絶景ポイントはココ！

1位

サクレ・クール聖堂
Basilique du Sacré Cœur

ドーム屋根の下が展望台

モンマルトルの丘に上るだけでも
眺望は楽しめるけれど、白亜の円
屋根越しに眺めるパリは本当に
フォトジェニック。ドームの下は
一周できて、全方角眺めを満喫で
きる点もポイントが高い。

ドーム
階段のみ300段
€7

データは→P.133

エッフェル塔

外側の細い階段
も上るからスリ
ル満点！ 高い
所が苦手な人は
気をつけて

ここがgood

★パリで一番高い丘に建っている
★きれいなパノラミック写真が撮れる
★ドームは意外と混雑しないので穴場

エッフェル塔が見えるベス
トビューポイントはこ
のあたり。もちろん自撮
りも忘れずに！

ドームへの入口は、
なぜか階段を下り
たところに。ここ
から300段。荷物は
軽くしてね

ジャンヌ・ダルク像

聖ルイ王の像

ドームへの
入口はこっち

ドームに上る時間がない人も聖堂前
からパリの町並みが眺められる

ギャラリー・ラファイエット・パリ・オスマンの(→P.127)の屋上テラスからの眺めも、最高。(兵庫県・ミヌ)

2位

凱旋門

Arc de Triomphe

シャンゼリゼを見下ろす快感

シャンゼリゼ大通りの西の起点にあり、エッフェル塔に並ぶパリの象徴といえば、凱旋門。ここから見るパリは、どこまでものびやか。

Map 別冊P.11-C1

シャンゼリゼ大通

🏠 Pl. Charles de Gaulle 8e ⏰ 10:00〜23:00（10〜3月〜22:30）🈶一部祝 M①②⑥ A Charles de Gaulle Etoileよりすぐ URL www.paris-arc-de-triomphe.fr

ここがgood

★ 車のライトが光の線を描く夜のシャンゼリゼ大通りは最高！
★ エッフェル塔の上部がはっきり見える
★ パリ・ミュージアム・パスが使える（→P.145）

> エッフェル塔もよーく見える！

まっすぐに延びるシャンゼリゼ大通り。奥の方にコンコルド広場のオベリスクも見える

シャンゼリゼの反対側はビル群がそびえるラ・デファンスまで見渡せる

テラス 階段284段（エレベーターは体の不自由な人専用）€13

テラスまで螺旋階段をひたすら上るべし

ぐるぐる〜

足元にある「無名戦士の墓」は祖国フランスのために戦死したすべての兵士の名誉を称えるもの。追悼の炎と花は絶やされることなく、毎日18:30から点火と献花のセレモニーが行われる。

素朴な疑問！

Q 凱旋門って何？

A 凱旋とは戦いに勝って帰ること。オステルリッツの戦いの勝利を記念して建てられたのがこの凱旋門だ。1806年から完成までに30年もかかり、皮肉にも建造を命じたナポレオン自身が凱旋門をくぐることができたのは、1840年、死後19年経ってからのことだった。

凱旋門への行き方

広場の真ん中に建つ凱旋門。実は地下通路を通ってアクセスするようになっている。門を挟んでシャンゼリゼ大通り側とグランド・アルメ大通りの2ヵ所に地下へ降りる階段がある。

地下から行くのよ〜

エトワールの凱旋門

凱旋門が建つ場所は大通りが放射状に広がっていることから、昔は「エトワール（星型）広場」という名前だった。そのためこの凱旋門は今でも「エトワールの凱旋門」と呼ばれている。広場は1970年に改称されて現在は「シャルル・ド・ゴール広場」。

シャンゼリゼ大通り

3位

モンパルナス・タワー

エレベーターが高ポイント

展望台 210m（59階。エレベーターと階段）€19

眺めの写真＆データは→P.40, 41

ここがgood

★ 56階までエレベーターで上がれる（展望台は59階）
★ 深夜までオープンしているので夜景もバッチリ
★ 56階のレストラン「Le Ciel de Paris」を利用する場合はレストラン専用のエレベーターで無料で上がれる

パノラマ絶景ポイントBest5！

4位

パンテオン

知られざる展望台

ドーム 階段のみ206段 入場料 €11.50+€3.50

データは→P.134

ここがgood

★ 360度の眺めを楽しめる
★ 行きと帰りの階段が異なるので、鉢合わせにならない

ここが残念

階段しかないので、荷物があるとちょっとつらい
人数制限があるのでウェブサイトで予約しないと入れないことも

5位

エッフェル塔

まさかの5位！？

最上階 276m（エレベーター。2階までは階段も選べる）€28.30

データは→P.23

ここがgood

★ シャンパンを飲みながらパリを眺めることができる
★ 大行列必至の人気スポットだがウェブサイトで予約可能

ここが残念

当然だけどエッフェル塔が入ったパリの風景を見ることができない〜

番外

ノートルダム大聖堂

再開が待たれる

塔 階段のみ422段

大聖堂は2024年12月再開予定。塔の再開時期は未定。

詳細は→P.160

アンドレ・シトロエン公園での気球体験もおすすめ。空からの眺めは最高！ URL www.ballondeparis.com

Map 別冊P.4-B3

美のヒント見つけた！
ルーヴル美術館
名作クルーズ

『モナ・リザ』の近くにあります

『聖母子と聖アンナ』もダ・ヴィンチの作品

膨大なコレクションを誇るルーヴル美術館。
壮大さに圧倒されて、迷宮に彷徨い込んでしまわないよう、
見るべき名作と回り方を優しくご案内。

これだけは観ておきたい

人気名作図鑑

『モナ・リザ』はもちろん
世界の名作が集うルーヴル。
なかでも見落とし厳禁の
作品たちはこちら。

永遠の美女を描いたのはこの人

ずっと手元に置いていました

レオナルド・ダ・ヴィンチ
（1452~1519年）

イタリアで生まれたルネッサンスの画家であり科学者。フランス王フランソワ1世の招きに応じ、晩年はフランスで暮らした。作品は、暗号が潜んでいるような、緻密さが特徴。

謎に包まれた微笑みの美女
[2] モナ・リザ
La Joconde
レオナルド・ダ・ヴィンチ作（1503~1519年）

晩年のダ・ヴィンチが、フランソワ1世の招きでフランスを訪れた際、持参した作品のひとつ。そのままフランスの財産となった。防弾ガラスで守られた、世界一セレブな絵。

check!

髪を覆う薄いベール。作品そのものも謎のベールに包まれている

The Bridgeman Art Library／アフロ

古典美女の代表
[1] ミロのヴィーナス
Vénus de Milo
（紀元前2世紀末）

19世紀、キクラデス諸島のミロス島で発見。紀元前100年頃の作品とされ、「アフロディテ（ヴィーナス）」と呼ばれるのは、その裸体の美しさから。ナットク！

check!

顔の長さは鼻3つ分というのが古代ギリシアの理想型

世界の美の宝庫
ルーヴル美術館 Musée du Louvre

金は夜までオープン

古代から18世紀まで、30万点ものコレクションを誇る美術館。『モナ・リザ』をはじめ、誰もが知っている世界的に有名な作品を多数所蔵している。

夜の見学→P.42

Map 別冊P.13-C2 ルーヴル美術館

⌂Musée du Louvre 1er ◷9:00~18:00（金~21:45）、ウェブサイトから要予約 ㊡火、1/1、5/1、12/25 ㊎€17、パリ・ミュージアム・パス使用可。ウェブサイトで要時間指定（→P.145）、7・8月を除く第1金曜の18:00以降と7/14無料 ㊟Ⓜ①⑦Palais Royal Musée du Louvreより徒歩1分 URLwww.louvre.fr

日本語解説付き！

©pyramides du Louvre, arch.I.M.Pei

鑑賞のヒント

『モナ・リザ』など必見の作品はドノン翼に集中しているので、時間がなければここだけ回っても。案内所で見取り図をもらおう。

The Bridgeman Art Library／アフロ

3 理想の母親像
聖母子と幼き洗礼者聖ヨハネ（美しき女庭師）
La Vierge à l'Enfant avec le petit St-Jean-Baptiste (La Belle Jardinière)
ラファエロ・サンティ作（1507～1508年頃）

chech!
聖母のマントは
神秘性を象徴する
「青」と決まっていた

牧歌的な風景のなかで、聖母と幼子イエス（画面左）、洗礼者ヨハネ（右）が描かれている。穏やかで慈愛に満ちて、でもちょっぴり不安も匂わせる、聖母の女性らしい表情に共感できる作品。

「聖母子像」ならこの人！

ラファエロ
（1483～1520年）

同じテーマで
何度か描いています

レオナルド・ダ・ヴィンチ、ミケランジェロと並ぶイタリアルネッサンスの巨匠。37歳の若さで亡くなるまで、おびただしい数の作品を制作。なかでも優しい雰囲気の聖母子像は人気が高い。

chech!
共和国のシンボルとして描かれた女性像「マリアンヌ」

4 フランスを象徴する女性マリアンヌ
7月28日-民衆を導く自由の女神
Le 28 Juillet : La Liberté Guidant le peuple
ウジェーヌ・ドラクロワ作（1830年）

三色旗を持って民衆を鼓舞しているのは「マリアンヌ」。フランス共和国と自由を象徴する女性アイコンだ。ドラマチックな構成が得意なドラクロワに描かれたマリアンヌはカッコイイ！

The Bridgeman Art Library／アフロ

chech!
舞台を見ているような光の効果に注目

5 繊細な雰囲気をまとった
レースを編む女
La Dentellière
ヨハネス・フェルメール作（1669～1670年頃）

chech!
庶民の日常が描かれている

こわいわね！

17世紀オランダの画家フェルメールの作品。縦24cm、横21cmと超ミニサイズだが、近づけば、一心にレースを編む女性の息づかいが感じられそう。

The Bridgeman Art Library／アフロ

6 だまされてみたい？
ダイヤのエースを持ついかさま師
Le Tricheur à l'as de carreau
ジョルジュ・ド・ラ・トゥール作（1635～1638年頃）

お茶をするなら
ルーヴル美術館内には、サロン・ド・テ「アンジェリーナ」が入っているので、モンブランと紅茶でひと休み。

中央の女性がふたりと組んで、右端の男性をだまそうとしているのは確か。ルーヴルきっての悪女？ 女性にスポットライトがあたり、何かが起こりそうな気配。

※作品の位置は変わる可能性があります。⑦～⑪の作品解説→P.150

MAP

1階 Niveau 0　　2階 Niveau 1　　3階 Niveau 2

リシュリュー翼　アンジェリーナ　リシュリュー翼　リシュリュー翼

半地階にナポレオンホール

ドノン翼　シュリー翼　ドノン翼　シュリー翼　ドノン翼　シュリー翼

⑨　④②　⑤　⑥　⑩

⑧　①　③⑦⑪

メトロ1号線に「ルーヴル・リヴォリLouvre Rivoli」という駅があるけれど、美術館の最寄り駅ではないので、降りないように。

ルーヴル美術館

7 躍動感のある翼の女神
サモトラケのニケ
La Victoire de Samothrace
（紀元前190年頃）

check!

目を閉じた表情、
ポーズが官能性を
感じさせる

ドノン翼の1階と2階を結ぶ階段踊り場にあるギリシア彫刻。船の船首に立つ女神の姿で立ち、海戦の勝利を記念した献上品と見られる。2015年に大規模な修復作業が完了し、本来の輝きが復活！

2体からなる彫像のひとつで、もう1体は《抵抗する奴隷》。教皇ユリウス2世の墓を装飾するために制作されたが、予算縮小で最初の案が流れ、さまざまな経緯を経てフランスに。

check!

風を受けてはためく、
衣服のひだの表現が巧み

未完の名作
8 **奴隷（瀕死の奴隷）**
Captif（"L'Esclave mourant"）
ミケランジェロ・ブオナローティ作（1513～1515年）

check!

乳房をつまむ仕草は、ガブリエルが王の私生児を
懐妊した象徴とも解釈されている

9 刻まれた条文で有名に
バビロン王のハムラビ法典
Code de Hammurabi, roi de Babylone
（紀元前1792～1750年）

バビロンの王ハムラビによって建てられた、高さ2.25mの玄武岩製の碑。くさび形文字とアッカド語で刻まれた条文のなかに、有名な一文「目には目を、歯には歯を」がある。

モデルは、アンリ4世の寵妃ガブリエル・デストレ（右）と、その姉妹のひとりとされている。浴槽のなかにいる二人、その仕草、背景に見える人物など、どこか謎めいたところがあるのがこの作品の魅力。

謎がいっぱいの名画
10 **ガブリエル・デストレとその姉妹**
Gabrielle d'Estrées et une de ses sœurs
作者不詳（1594年頃）

check!

ハムラビが太陽神シャマシュの前に立ち、
法典を授与されている場面がここに

11 永遠に見開いた目
書記座像
Le scribe accroupi
（紀元前2600～2350年）

古代エジプト美術部門の代表作。左手でパピルスを持ち、右手には筆記用具があったと見られる。細やかな細工が施された目と、鮮やかな色の肌で、強烈なインパクトを残す作品。

check!

生き生きとした目は、
水晶をはめこんで
造られたもの

リアルだね

注：作品の場所はP.149の館内見取り図に示しているが、貸出しなどで、作品が展示されていないこともある。

必見の名作を巡る

所要時間別 **ルーヴル見学プラン**

いいとこどり!

もりだくさん!

とにかく広大で、迷路のように入り組んだルーヴル。
見逃せない名作たちに会える賢い回り方はこちら。

名作集中派のための **2時間コース**

ナポレオンホール
↓ 10分
『奴隷』 ドノン翼1階 **8**
↓ 15分
『サモトラケのニケ』 ダリュの階段 **7**
↓ 15分
『聖母子と幼き洗礼者聖ヨハネ』 ドノン翼2階 **3**
↓ 15分
『モナ・リザ』 ドノン翼2階 **2**
↓ 15分
『7月28日-民衆を導く自由の女神』 ドノン翼2階 **4**
↓ 15分
『ナポレオン1世の戴冠式』 ドノン翼2階
↓ 20分

『モナ・リザ』など名作集中エリアにあります

『ミロのヴィーナス』 シュリー翼1階 **1**
↓ 15分
ナポレオンホール

モナリザのクリアファイルも!

館内にはショップもあります

たくさん観たい派のための **半日コース**

ナポレオンホール
↓ 10分
『奴隷』 ドノン翼1階 **8**
↓ 15分
『サモトラケのニケ』 ダリュの階段 **7**
↓ 15分
『聖母子と幼き洗礼者聖ヨハネ』 ドノン翼2階 **3**
↓ 15分
『モナ・リザ』 ドノン翼2階 **2**
↓ 15分
『7月28日-民衆を導く自由の女神』 ドノン翼2階 **4**
↓ 15分
『ナポレオン1世の戴冠式』 ドノン翼2階 **5**
↓ 20分
『書記座像』 シュリー翼2階 **11**
↓ 30分
『ダイヤのエースを持ついかさま師』 リシュリュー翼3階 **6**
↓ 10分
『レースを編む女』 リシュリュー翼3階 **5**
↓ 15分
『ガブリエル・デストレとその姉妹』 リシュリュー翼3階 **10**
↓ 20分
『ミロのヴィーナス』 シュリー翼1階 **1**
↓ 20分
『バビロン王のハムラビ法典』 リシュリュー翼1階 **9**
↓ 15分
マルリーの中庭 リシュリュー翼半地階
↓ 10分
ナポレオンホール

3階への長〜いエスカレーター移動など、時間に余裕をもって

フラッシュはダメよ

効率よく見学するために

★ **美術館へのアクセスポイントは2つ**
1. カルーゼル・デュ・ルーヴルから
→予約した人専用。カルーゼル・デュ・ルーヴルへはメトロ駅、リヴォリ通り99番地、カルーゼル凱旋門の横の階段からアクセスできる **Map** 別冊 P.13-C2
2. ガラスのピラミッドの中央入口
→予約なしの場合はこちらへ。ただし入場は保証されない。

★ **ナポレオンホールからスタート**
ガラスのピラミッドの下にあるのがナポレオンホール。リシュリュー、シュリー、ドノンと名づけられた3つの展示室セクションへのアクセスポイントとなっている。

案内所やロッカーも

★ **オーディオガイドを活用**
ニンテンドー3DSを使ったルーヴルのオーディオガイドを利用しても。現在地がわかるインタラクティブマップ付き。

日本語を含む9ヵ国語解説付き

19世紀の美の宮殿
オルセー美術館で
印象派美女に浸る

©Musée d'Orsay / Sophie Boegly

モネ、ルノワールをはじめ、印象派の秀作が揃うオルセー。
そのモチーフのひとつとなったのが、女性たちだ。
画家たちの麗しきミューズに会いに行こう！

モリゾはオルセーでいちばんのおしゃれさん。
黒の装いで決めたこんな作品も
マネによって描かれました。

印象派美女図鑑

時代を先取りしていた
印象派画家たちだから
女性を描いた絵から
モードや流行も感じとれる。

1 印象派以前の理想形
泉
La Source
ドミニク・アングル作（1856年）

印象派以前の美女
といえばこちら。神
話に登場するヴィー
ナスなど、理想
化された架空の女
性を描くのが常識
だった。

check!
陶器を思わせる
なめらか肌

2 観る者を挑発するまなざし
オランピア
Olympia
エドゥアール・マネ作（1863年）

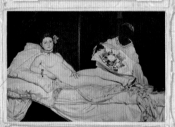

check!
黒いリボンには
危険な香りが
ムンムン

同じ裸婦でもこ
うも違う！ 娼
婦をモデルにし
たマネの作品は
大スキャンダル
に。でもモデル
の目は、アート
の新しい流れを
見据えているか
のよう。

アクセサリーは
ミュージアムショップ
で買えます

check!
バルコニーのある家に住めたのは豊かな人たち。
洋服にもお金がかかっていそう

緑のリボンが
アクセントが

同じくマネの作
品。手前に座る女
性は、女流画家ベ
ルト・モリゾで、
後ろに立つマネの
弟と結婚。当時は
やっていたふんわ
リドレスを身につ
けて、物思い中？

装飾品にも注目したい
3
バルコニー
Le balcon
エドゥアール・マネ作（1868〜1869年）

印象派ファンの聖地
オルセー美術館 Musée d'Orsay

19世紀半ばから20世紀初頭にかけ
ての作品を所蔵する美術館。特に
印象派のコレクションが充実していて見ごたえ十分。か
つての駅舎を改装した美術館の造りもおもしろい。

Map 別冊P.12-B2　サン・ジェルマン・デ・プレ界隈

⌂Esplanade Valéry Giscard d'Estaing 7e　⏰9:30〜18:00（木
〜21:45）　休月、5/1、12/25　€16（現地購入の場合は€14だが、予
約が望ましい。第1日曜無料）、パリ・ミュージアム・パス使用可。ウェブ
サイトで要時間指定（→P.145）　©Musée d'Orsayより徒歩1分
URLwww.musee-orsay.fr

テラスに
出られます

鑑賞のヒント

何をおいても印象派の作品を観たいという人
は、美術館奥にあるエスカレーターで5階まで
一気に上がろう。モネ、ルノワールなど有名な作
品がずらり。貸出などで配置が変わることもあ
るので気をつけて。

4 『田舎のダンス』と『都会のダンス』
Danse à la campagne et Danse à la ville
オーギュスト・ルノワール作（1883年）

田舎と都会のファッションチェック！ 少々やぼったいけれど、満面の笑みをたたえたアリーヌのほうが幸せそう？

check!
ドレスのシルエット、手袋の素材にも「田舎」と「都会」の違いが

ルノワールの奥さんになるアリーヌ

ユトリロのお母さん
シュザンヌ・ヴァラドン

リボン付きのドレスがかわいい

5 ぶらんこ
La balançoire
オーギュスト・ルノワール作（1876年）

check!
今のパリでは誰も日傘をさしません。紫外線なんて気にしない？

木漏れ日のなかで、はにかみながらブランコ遊びをする女性。ルノワールが好んだ青のリボンがとってもおしゃれ。

check!
リカちゃん人形の限定モデルにも使われたドレス

女性の絵といえばこの人

ルノワール
（1841～1919年）

印象派を代表する画家。木漏れ日の下に集う人々や愛らしい少女、豊満な裸婦など人物を中心に描く。南仏で過ごした晩年も創作意欲は衰えず、生きる喜びに満ちた作品を制作した。

モネは友人です

ルノワールの代表作『ムーラン・ド・ラ・ギャレットの舞踏会』

モネやスーラの絵では、モデルが日傘をさしていることがある。日焼け防止というより、ファッションの一部だったようだ。

描いたのはこの人

モネ
（1840～1926年）

ルノワールと並ぶ印象派の巨匠。最も有名な作品は、自宅に造った池で描かれた『睡蓮』。なかでもオランジュリー美術館（→P.156）に展示された連作は晩年の傑作だ。

連作も得意です

モネの最初の奥さんカミーユ

6 左を向いた日傘の女
Femme à l'ombrelle tournée vers la gauche
クロード・モネ作（1886年）

アートもグルメも両方満喫

オルセーには、かつてホテルのダイニングとして使われていた豪華な内装の「レストラン・ミュゼ・ドルセーRestaurant Musée d'Orsay」と、スタイリッシュなデザインの「ル・カフェ・カンパナLe Café Campana」がある。アートな空間でお茶や食事をどうぞ。レストランは木曜のみ夜も営業している。

ちょっとおさらい
印象派ってなに？

19世紀後半フランスで起こった革新的な芸術運動。もともとモネの作品『印象、日の出』を揶揄して生まれた名称で、外光のもとで刻々と変化する色や形を描く手法は、当時の常識を覆し、現代絵画に通じる道筋をつくった。

MAP

地上階 Re-de-chaussée	5階 Niveau supérieur

③
④
⑤
⑥

②

①

ル・カフェ・カンパナ

入口

※作品の位置は変わる可能性があります

モネもマティスも無料で鑑賞！
"€0美術館"でお得にアート三昧

パリでは、市が運営する美術館、博物館の常設展はなんと入場無料。
巨匠たちの名画だって惜しげもなく公開しているから、心もお財布もハッピーに。

必見！
大女優の風格が感じられる肖像画

ジョルジュ・クレラン作『サラ・ベルナールの肖像Portrait de Sarah Bernhardt』(1876)

セザンヌ作『アンブロワーズ・ヴォラールの肖像Portrait d'Ambroise Vollard』(1899)

印象派の名作にも合える
プティ・パレ
Petit Palais

さすが！
芸術の都

必見！
マルモッタン・モネ美術館（→P.157）で「印象、日の出」を観たら、「日没」も！

モネ作『ラヴァクールの日没Soleil couchant sur la Seine à Lavacourt, effet d'hiver』(1880)

美術館のエントランスはこんなに豪華！

お茶も
ランチも

シスレー作『モレの教会L'église de Moret』(1894)

1900年開催のパリ万博会場として建てられたもので、現在はパリ市立美術館となっている。名前は「プティ（小さい）」だけど、実際は広々とした空間に名画が並ぶ美の殿堂だ。モネやセザンヌの秀作、アールヌーヴォーの工芸作品など、見応え十分！

中庭に面したカフェ「ル・ジャルダン・デュ・プティ・パレ」では、キッシュなどの軽食や飲み物を手頃な値段で提供している

Map 別冊P.12-A1
シャンゼリゼ界隈

🏛 Av. Winston Churchill 8e
🕙 10:00～18:00（企画展のみ～20:00）月、1/1、5/1、7/14、11/11、12/25 🚇①⑬Champs-Elysées Clemenceauより徒歩2分 🌐www.petitpalais.paris.fr

第1日曜のみ無料になる美術館も

さすが芸術の都パリ。気軽に作品に触れられるよう、第1日曜に限り、入場が無料になる美術館がある。予約が必要な美術館もあるので確認しよう。

へぇ～

市立近代美術館の一室の壁全体を覆うデュフィの『電気の精』は圧巻でした。（香川県・さゆりん）

市立近代美術館
Musée d'Art Moderne de la Ville de Paris

「エコール・ド・パリ」の作品が充実

エッフェル塔の対岸にある美術館。モディリアニ、藤田嗣治といった20世紀初頭にパリで活躍した「エコール・ド・パリ」の画家たちなど、近代から現代にかけてのコレクションのほか、マティスの作品も常時展示されている。

Map 別冊P.11-C2　シャンゼリゼ界隈

🏠11, av. du Président Wilson 16e　🕙10:00～18:00（木は企画展のみ～21:30）　🈡月、1/1、5/1、12/25　Ⓜ⑨Iénaより徒歩5分　🔗www.mam.paris.fr

必見！
モディリアニらしい構図の肖像画。ほかに藤田嗣治の「寝室の裸婦キキ」も必見

モディリアニ作『青い目の女性 Femme aux yeux bleus』(1918頃)

デュフィ作『30年、あるいはバラ色の人生 Trente ans ou la vie en rose』(1931)

とっても
カラフル～
エッフェル塔をモチーフにしたドローネーの展示室

€0"美術館"でお得にアート三昧

ザッキン美術館
Musée Zadkine

前衛的な彫刻家の個人美術館

中庭にも作品が

彫刻家ザッキンの住居とアトリエが、没後、膨大な作品とともにパリ市に遺贈された美術館に。プリミティブアートの影響もみられる個性的な作品が展示された隠れ家アートスポット。

Map 別冊P.17-C2　モンパルナス

🏠100bis, rue d'Assas 6e　🕙10:00～18:00　🈡月、一部祝、展示替えの期間　Ⓜ④Vavinより徒歩5分　🔗www.zadkine.paris.fr

---

ブールデル美術館
Musée Bourdelle

ベートーヴェンがお出迎え！

必見！
ベートーヴェンの内面まで彫り込まれているよう

ロダンと並ぶ近代彫刻の巨匠、ブールデルの美術館。ヘラクレスなど神話をテーマにしたダイナミックな作品や、同時代人の胸像を多数制作。なかでもベートーヴェンの胸像の連作は見逃せない。

Map 別冊P.16-A2　モンパルナス

🏠18, rue Antoine Bourdelle 15e　🕙10:00～18:00　🈡月、一部祝　Ⓜ⑫Falguièreより徒歩5分　🔗www.bourdelle.paris.fr

---

プルーストの部屋やかわいい看板も

カルナヴァレ博物館
Musée Carnavalet Histoire de Paris

リニューアルしたパリの歴史ミュゼ

マレ地区に残る貴族の館のひとつを利用した博物館で、改修工事を経て2021年にリニューアルオープン。パリの歴史、とりわけフランス革命に関する資料が充実していて、マリー・アントワネットの靴も展示している。

Map 別冊P.14-B2　マレ地区

🏠23, rue Sévigné 3e　🕙10:00～18:00　🈡月、1/1、5/1、12/25　Ⓜ①St-Paulより徒歩5分　🔗www.carnavalet.paris.fr

---

私が創設しました！

レジオン・ドヌール勲章博物館
Musée de la Légion d'Honneur

フランス最高勲章の博物館

Map 別冊P.12-B2　サン・ジェルマン・デ・プレ界隈

🏠2, rue de la Légion d'Honneur 7e　🕙13:00～18:00　🈡月・火、一部祝　Ⓜ⑫Ⓒ Musée d'Orsayより徒歩1分

1802年にナポレオンによって創設されたフランスの最高勲章「レジオン・ドヌール」の博物館。その歴史や制度の展示、さまざまな勲章を見て回るだけでも楽しめる。

一等地にある文豪の家 ヴィクトル・ユゴー記念館　**Map** 別冊P.14-B3　マレ地区

フランスを代表する作家のひとりユゴーが、1832～1848年の間に住んでいたのが、ヴォージュ広場に面した家。『レ・ミゼラブル』の前身となった『レ・ミゼール』もここで執筆。内装も凝っているのでマレ地区の散策スポットに加えてみては。

ここも無料！

🏠6, pl. des Vosges 4e　🕙10:00～18:00　🈡月、一部祝　Ⓜ①⑤⑧Bastilleより徒歩5分　🔗www.maisonsvictorhugo.paris.fr

---

入場無料の美術館でも、「寄付」として€2～5が求められるところもある。なお企画展は有料。

155

ルーヴル＆オルセーだけじゃない！ # 私の偏愛ミュージアム

8枚の連作が壁を覆う！

編集S おすすめ！

モネの色彩に囲まれる至福
オランジュリー美術館
Musée de l'Orangerie

モネの『睡蓮』はいろんな所で観られるけれど、モネ自身が希望した自然光の差し込む空間ということでここがマイベスト。池を散策する気分になります。

Map 別冊P.12-B2　ルーヴル界隈

🏠Jardin des Tuileries 1er　🕐9:00〜18:00（金〜21:00）　🈁火、7/14の午前、5/1、12/25　💰€12.50（第1日曜無料）、パリ・ミュージアム・パス使用可（→P.145）　🚇①⑧⑫Concordeより徒歩3分
🔗www.musee-orangerie.fr

編集T おすすめ！

シャンデリアにうっとり〜
ギャラリーミュージアム バカラ
Galerie-Musée Baccarat

名門貴族の邸宅をフィリップ・スタルクのデザインで改装した美術館。いたるところに掛けられたシャンデリアはゴージャスながら気品に満ちていて、さすがバカラのクリスタル！

Map 別冊P.11-C2　トロカデロ界隈

🏠11, pl. des Etats-Unis 16e　🕐10:00〜18:00　🈁月・日　💰企画展による　🚇⑨Iénaより徒歩5分

トイレだって要チェックよ

編集Y おすすめ！

貴族の館と動物の剥製のコラボ
狩猟自然博物館
Musée de la Chasse et de la Nature

「狩猟」に特に興味がなくても、重厚な邸宅内のあちこちに展示される動物の剥製に夢中になっちゃう。芸術作品ともいえる美しい猟銃も必見！

工夫が楽しい展示箱も

椅子で眠るキツネちゃん！

Map 別冊P.14-A2　マレ地区

🏠62, rue des Archives 3e　🕐11:00〜18:00（水〜21:30）　🈁月・祝　💰€8〜10　🚇⑪Rambuteauより徒歩5分
🔗www.chassenature.org

Map 別冊P.14-B2　マレ地区

🏠5, rue de Thorigny 3e　🕐10:30〜18:00（土・日・祝9:30〜）　🈁月、1/1、5/1、12/25　💰€14（第1日曜無料）、パリ・ミュージアム・パス使用可（→P.145）　🚇⑧St-Sébastien Froissartより徒歩6分　🔗www.museepicassoparis.fr

ピカソの作品がズラリ！ 初期から晩年まで、幾度も変わった制作スタイルの変遷をたどれる。17世紀の館とピカソの作品の対比もおもしろい。

編集Y おすすめ！

美術ファン必見
ピカソ美術館
Musée Picasso Paris

©Béatrice Hatala

ピカソワールド全開

編集S おすすめ！

インテリアの参考になる
装飾芸術美術館
Musée des Arts Décoratifs

あらゆる「飾り」を集めた美術館で、アクセサリー、陶器、家具などとにかくコレクションの数が膨大。お気に入りは椅子の展示。買って帰りたくなります。

「装飾」はじきを豊かにします

Map 別冊P.13-C2　ルーヴル界隈

🏠107, rue de Rivoli 1er　🕐11:00〜18:00　🈁月、1/1、5/1、12/25　💰€14、パリ・ミュージアム・パス使用可（→P.145）　🚇①⑦Palais Royal Musée du Louvreより徒歩3分　🔗madparis.fr

---

個性豊かな美術館から町角のアートスポットまで
aruco編集者が個人的に愛するミュージアム、教えちゃいます。

狩猟自然
博物館にいるよ!

こっそりネ!

Map 別冊P.18-A2
カルチェ・ラタン

庭園だけでも行く価値あり!

編集部おすすめ!

ロダン美術館
Musée Rodin

バラの中で
考えてる人〜

もし6月にパリを訪れたなら、庭園だけでも行ってみてほしいのがここ。バラが美しいし、おなじみの彫刻『考える人』も庭にある。ショップもおすすめ。

Map 別冊P.12-A3 アンヴァリッド界隈

🏠 77, rue de Varenne 7e ⏰10:00〜18:30 🗓️月、1/1、5/1、12/25 💶€13、第1日曜無料、パリ・ミュージアム・パス使用可(→P.145)
Ⓜ️⑬Varenneより徒歩3分
🔗www.musee-rodin.fr

『考える人』の
腕時計見っけ

編集部おすすめ!

思わず時間を忘れちゃう

進化大陳列館
Grande Galerie de l'Evolution

🏠36, rue Geoffroy St-Hilaire 5e ⏰10:00〜18:00 🗓️火、1/1、5/1、12/25 💶€13 Ⓜ️⑦
Place Mongeより徒歩5分

子供向けかと思ったら大間違い!吹き抜けの広い空間にたくさんの動物が配置され、上から下から横からと、さまざまな角度から観察できる展示が楽しすぎ!

動物たちが
大行進〜!

私の偏愛ミュージアム

フランス各地の建築物の傑作をパリに集めた壮大な博物館。地方のものがなぜパリに?なぜなら複製だから!リアルな再現技術にホレボレ〜。

実はすべて複製品!

建築・文化財博物館
Cité de l'Architecture et du Patrimoine

実物大の
迫力が迫る

Map 別冊P.11-C2
トロカデロ

🏠1, pl. du Trocadéro et du 11 Novembre 16e ⏰11:00〜19:00(木〜21:00) 🗓️火、1/1、5/1、7/14、12/25 💶€9、パリ・ミュージアム・パス使用可(→P.145) Ⓜ️⑥⑨Trocadéroより徒歩1分 🔗www.citedelarchitecture.fr

Map 別冊P.4-A2 西部

🏠2, rue Louis Boilly 16e ⏰10:00〜18:00(木〜21:00) 🗓️月、1/1、5/1、12/25 💶€14.50 Ⓜ️⑨La Muetteより徒歩5分 🔗www.marmottan.fr

隠れた名画の宝庫

編集部おすすめ!

マルモッタン・モネ美術館
Musée Marmottan Monet

「印象派」の名称が生まれるきっかけになったモネの「印象、日の出」がここに。オルセーみたいに混み合わず、ゆっくり作品と向き合えるのが魅力です。

©Yves Forestier

モネのファンは
必見の美術館

まるごと現代アートな空間

編集部おすすめ!

ポンピドゥー・センター
Centre Pompidou

正面は
こんな感じ〜

ヘンテコ奇抜な建物自体はもちろん、上階の国立近代美術館、透明のエスカレーター、センター前広場にあるアトリエ・ブランクーシ、さらにはセンター横の噴水を彩るニキ・ド・サンファルのオブジェなど、隅から隅までアートフル!

Map 別冊P.14-A2 レ・アール

🏠Pl. Georges Pompidou 4e ⏰ポンピドゥー・センター11:00〜21:00、国立近代美術館11:00〜21:00(木は企画展のみ〜23:00) 🗓️火、5/1 国立近代美術館€15(第1日曜無料)、パリ・ミュージアム・パス使用可(→P.145)、アトリエ・ブランクーシ無料 Ⓜ️⑪Rambuteauより徒歩1分 🔗www.centrepompidou.fr

裏側は
こんな感じ〜

噴水を飾る
ポップな作品

2025年夏より
工事のため休館予定

聖空間に癒やされる

パリで行っておくべき教会を
教会推しスタッフがナビゲート!

ノートルダムをはじめ、パリの町には教会がいっぱい。
どの教会がおすすめ?見るべきポイントはどこ?
教会大好きなaruco編集スタッフが、鑑賞のヒントを優しくご案内。

2階の
ステンドグラスは、
入った瞬間
息をのむほどの
美しさ。
(編集Y)

赤鬼見つけた!

Les églises
incontournable à Paris

聖書の物語が
1113景もの場面
に描かれている

教会好きなら、パリでまず行くべき場所
はセーヌ川に浮かぶシテ島。ゴシック建
築の傑作ノートルダム大聖堂(火災によ
る修復工事のため閉鎖中)と、ステンド
グラスが見事なサント・シャペルがあ
り、壮麗さに魅了されるはず!

教会見学をおすすめする理由 5

1 今も使われている「現役」です
教会はミサが行われる宗教施設。ただの
歴史建造物にはない生き生きとした
空気を感じます。

2 入場無料のところがほとんど
サント・シャペル以外は無料で、
気軽に入れます。

3 美術作品の宝庫です
ステンドグラスや彫像など、見事な作品が並び、
まるで美術館のよう。

4 安心して休める場所です
歩き疲れたとき、ここなら安心して過ごせ
ます。夏は暑さを逃れてほっとひと息。

5 すばらしい音楽が聴けます
鳥肌が立つほど美しい
パイプオルガンの演奏に
出会えることも。

ステンドグラスが絶品
サント・シャペル
Ste-Chapelle

ルイ9世が購入した聖遺物「荊
の冠」を納めるために建設、
1248年に完成した。宝石箱の
ようなステンドグラスは必見。

Map 別冊P.13-D3　シテ島

🏠8, bd. du Palais 1er　🕘9:00～
19:00(10～3月～17:00)　🈡1/1、
5/1、12/25　🈵€11.50、パリ・ミュ
ージアム・パス使用可(→P.145)、1
～3月と11・12月の第1日曜無料。
🚇M④Citéより徒歩3分
🔗www.sainte-chapelle.fr

ノートルダム大聖堂に学ぶ
ゴシック様式の大聖堂必見ポイント

中世の建築技術の粋を集めた
ゴシック様式の大聖堂。
壮大な造りの秘密と見るべきポイントを、
ノートルダム大聖堂 →P.160 で
チェックしよう!

Point 1
パノラマ絶景スポット
塔&キマイラの回廊

Les tours & Galerie des chimères

ここがおすすめ 階段を上って塔へ。北塔と南塔を結ぶ回廊に出れば、伝説の怪物「キマイラ(仏語ではシメール)」と絶景が迎えてくれる。町並みを見下ろす物憂げな表情に萌えちゃうかも。

やっぱりパリがすき

パノラマスポット!

→P.147

知ってた?
「パリからの距離」測るのはノートルダムから

大聖堂の正面、広場の石畳にはめ込まれた八角形の印はパリのゼロ地点を示す「ポワン・ゼロ Point zéro」。「パリから○km」というのは、ここから測った距離で示されている。

ヴィクトル・ユゴーの小説に書かれたノートルダムの鐘がここに

再建中の尖塔の高さは96m

Point 2
中世のストーリーテラー
大聖堂のファサード(正面)

La façade de la Cathédrale

ここに注目! ファサード(大聖堂正面)のレリーフや彫刻は、中世の時代、字の読めない人たちに聖書や聖人の物語を伝えるために彫られたもの。とりわけ悪人が地獄に送られる「最後の審判」(中央扉)は人気テーマ。

1. クリスマス時期には正面に大きなツリーが設置されていた
2.「最後の審判」のレリーフがある中央扉

彫像がいっぱい!

出口
ポワン・ゼロ
入口

雨どいやってます

Point 3
働き者の怪物
ガーゴイル

Gargouille

ここに注目! 雨どいの役目を果たしている怪物の彫刻。南塔と北塔を結ぶ回廊に設置された怪物「キマイラ」とよく混同されるけれど別物。ひとつひとつ顔が違うので、見比べるのもおもしろい。

ガォー!

Point 4
深い森に咲いた大輪のバラ
ゴシックの聖堂内部とバラ窓

Intérieur & rosaces de la Cathédrale

ここに注目! 重い屋根が載っかっているのが信じられないくらい繊細な聖堂内部。その秘密は天井に。交差した梁「リブ・ヴォールト」によって屋根の重力を分散しているから、軽やかな空間になっているというわけ。

1. 新約聖書の物語を描いた84の部分から構成されている「南のバラ窓」 2. 南のバラ窓の近くにある聖母子像「パリのノートルダム」 3. 淡い光の中、聖堂の奥まで柱が続く様は、まるで深い森のよう

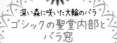

両サイドにバラ窓が

Point 5
これがなければ崩れます
フライング・バットレス

Arc-boutant

ここに注目! 大聖堂の外側に設置された「支え」。下にある「控え壁」とともに、重力を吸収する役割を果たす、ウルトラ級の建築技術。

後ろ姿もきれいです

斜めに出ているアーチがフライング・バットレス

キリストが磔刑に処された時、身につけていたとされる荊の冠などの聖遺物や、金銀細工が施された宝物が納められている宝物館Trésor。

パリで行っておくべき教会

「ノートルダムNotre-Dame」はフランス語で聖母マリアのこと。この名の付く大聖堂は国内に多数ある。

Must Visit!

\まだある!/ パリのおすすめ教会

パリにある教会のなかでも、ぜひ訪れてほしい場所はこちら。歴史を刻んだ空間に、それぞれの『物語』を感じてみて。

2024年末の再開が待たれる

中世ゴシック建築の至宝
ノートルダム大聖堂
Cathédrale Notre-Dame de Paris

> どこから見ても絵になるフォトジェニックな大聖堂。特に左岸のセーヌ河岸からの眺めは最高です。工事終了後再び美景を見せてくれるはず。（ライターA）

ミステリーと映画がお好きなら

『ダ・ヴィンチ・コード』の舞台となった
サン・シュルピス教会
Eglise St-Sulpice

> ドラクロワ晩年の作品は大作で見応えがありました。近くにあるドラクロワ美術館を一緒に鑑賞するのもいいかも。（ライターA）

切手になったよ
NOTRE-DAME DE PARIS / LA POSTE / 1,55€ / FRANCE

1. ドラクロワ作「天使とヤコブの戦い」
2. 柱が特徴的な外観
3. オルガンコンサートも開かれる
4. 小説に出てきた真ちゅうの子午線

1163年に建設開始。当時の技術を駆使し、14世紀に完成した。一時期荒廃していたが、ユゴーの小説のヒットなどで復興の機運が高まった。2019年の火災以来閉鎖されているが、再建工事が進められている。

見どころ→P.159

Map 別冊P.13-D3
シテ島

1. 170年以上の年月を費やして建てられた壮大な建築 2. 1250年頃に制作された北のバラ窓。火災の被害から免れ、貴重なオリジナル部分が守られた

🏛 6, parvis Notre-Dame 4e ⓂⓂ④Cité より徒歩3分
URL www.notredamedeparis.fr 2023年10月現在閉鎖中。2024年12月再開予定

18世紀に設置された真ちゅうの子午線が、ベストセラー『ダ・ヴィンチ・コード』に「ローズライン」（教会側は認めていない）として登場したことで一躍有名になった教会。入ってすぐ右側の礼拝堂には、ドラクロワが描いたフレスコ画がある。

Map 別冊P.13-C3
サン・ジェルマン・デ・プレ

🏛 Pl. St-Sulpice 6e
🕐 7:30〜19:30
🈚無休 🈯無料
ⓂⓂ④St-Sulpiceより徒歩3分

教会見学を楽しむためのQ&A

Q1 どう違うの？ ロマネスクとゴシック

🏛 ロマネスクは10〜12世紀にフランス南部を中心に広まった様式。ゴシックは12〜15世紀にパリ周辺、北部の都市部を中心に発展した様式。ひと言でいえば、ロマネスクは「アーチ系」の和み空間、ゴシックは「とんがり系」で上へ上へと伸びる。技術を駆使して背が高くなったゴシックの大聖堂では、見事なステンドグラスも楽しめる。

1. ロマネスクを基本にしたサン・ジェルマン・デ・プレ教会 2. ノートルダム、サント・シャペルはゴシック

Q2 「大聖堂」と「教会」の違いは？

🏛 大聖堂は「カテドラルCathédrale」の日本語訳で、カトリックの高位聖職者が座る司教座（カテドラ）がある教会のこと。「大きな聖堂」という意味ではない。教会は一般に「エグリーズEglise」と呼ばれているもの。造りによって「バジリカ聖堂」と呼ばれるものもある。

ギリシア神殿みたいだけれど、ここは「マドレーヌ教会」

教会の鐘の音が好きなので、録音したものを日本で再生して思い出にふけっています。（山口県・せん）

中世にロマンを感じる文学女子には

作家たちに愛された左岸の代表

サン・ジェルマン・デ・プレ教会

Eglise St-Germain des Prés

ロマネスク様式の控えめな美しさに惹かれる教会です。ゴシックの華やかさ、壮大さにちょっと疲れたときに。（編集S）

柱頭もチェック！

1. 左岸で愛されてきた心の灯台 2. ゴシック様式のリブ・ヴォールトは17世紀に加えられた

6世紀からの歴史をもち、ベネディクト会の修道院として隆盛を極めたこともある教会。20世紀半ばに作家たちが集った文学カフェ「レ・ドゥー・マゴ」(→P.95)のある広場に面し、知的な雰囲気も。ロマネスク様式を基本にした建築で、柱の上部にある表現豊かな柱頭彫刻は要チェック。

Map 別冊P.13-C3 サン・ジェルマン・デ・プレ

住 3, pl. St-Germain des Prés 6e　時 8:30～20:00（月・日9:00～）
休 無休　料 無料　交 M④St-Germain des Présより徒歩1分
URL www.eglise-saintgermaindespres.fr

おすすめミュゼ

中世美術に親しめる美術館は？

2013年、タピストリー『貴婦人と一角獣』が来日したことで話題になったクリュニー美術館は、フランスきっての中世美術の宝庫。サン・ジェルマン・デ・プレ教会の柱頭彫刻や、ノートルダム大聖堂正面にある彫刻の一部も、オリジナルはこちらで保管されている。

クリュニー美術館 → P.134

パイプオルガンの音色に浸るなら

屈指の名器と言われるパイプオルガンがある

サントゥスタッシュ教会

Eglise St-Eustache

横から見るとゴシック、正面から見るとギリシア風の柱があったりして、様式がミックスされているのがおもしろいです。（編集S）

ショッピングセンター「フォーロム・デ・アール」のすぐ近く。観光客でにぎわうレ・アールの喧騒から離れて、ひと息つきたい時はここへ。16世紀から100年かけて建てられた壮大な教会で、8000本のパイプをもつオルガンは大迫力。

1. 壮大な教会 2. 毎週日曜17:30よりパイプオルガンの演奏がある 3. 教会のそばには日本のCMにも出てきたオブジェが

Map 別冊P.13-D2 レ・アール

住 2, impasse St-Eustache 1er　時 9:30～19:00（土10:00～、日9:00～、宗教行事のない祝12:00～）　休 無休　料 無料
交 M④Les Hallesより徒歩5分　URL www.saint-eustache.org

★こちらの教会も忘れずに★

サクレ・クール聖堂

モンマルトルの丘に立つ白亜の聖堂。独特の形をしたドームは、パノラマスポットでもある。

詳細は → P.133

奇跡のメダイユ教会

持てば大きな恵みがあると言われるメダイユ（メダル）で有名に。世界から巡礼者が訪れる。

詳細は → P.166

Q3 教会を見学するときのマナーを教えて

A ミサが行われている間は、聖堂内を歩き回ることを禁じている（入場はできる）。また、神聖な場所であることをわきまえて、肌を露出しすぎた服装は控えよう。カメラ撮影はほとんどの場所で可能だが、フラッシュ、三脚の使用は禁止されているので注意したい。

入口に書かれた注意事項

Q4 パイプオルガンの演奏を聴くには？

A パリにある教会は、現在も使われている宗教施設なので、日曜などに行われるミサでオルガンが演奏される。サン・シュルピス教会、サントゥスタッシュ教会などでは、オルガンコンサートも開かれるので、じっくり聴きたい人は足を運んでみてはいかが？

サン・シュルピス教会でのオルガンコンサート

Q5 教会で買えるおみやげってある？

A 教会によっては売店があり、写真集や小物を販売している。サン・ジェルマン・デ・プレ教会などには記念コインが買える自動販売機も。絵葉書はセルフサービスで売られている場合があり、書かれた料金を、そばのボックスに投入すればOK。

教会を訪れた記念に、台紙付きのコインやクロスのペンダントなどを買ってみては

ほとんどの教会の入場料は無料だが、献金をしたい場合は「DON」と書かれた献金箱へ。

あの「怪人」ゆかりの場所も！「パレ・ガルニエ」をもっと楽しむ

世界一美しいオペラハウスと称えられるパレ・ガルニエ。
ゴージャスな空間は、舞台を観なくても訪れる価値あり！

入口はこちら

私が設計しました！

内部見学のための入口に立っているのは、設計者シャルル・ガルニエの像

♪ ゴージャス空間をガイド付きで回る

「パレ・ガルニエ」と呼ばれるオペラ座。自由見学もできるけれど、オーディオガイド（日本語あり）を聞きながら回るのがおすすめ。

Map 別冊P.7-C3 オペラ地区

⛪Pl. de l'Opéra 9e ⏰10:00～17:00
（入場は16:00まで。昼公演のある日を除く。
ウェブサイトでの予約推奨）
🚫1/1、5/1、12/25、昼公演のある日
💶€15、12～25歳€10、オーディオガイド
（日本語あり）は約1時間30分の内容で€8
Ⓜ③⑦⑧Opéraよりすぐ
🔗www.operadeparis.fr

必見ポイント4

1. 宮殿を思わせるグラン・フォワイエ
Grand Foyer

幕間など、ロビーとして使われる「グラン・フォワイエ」。ヴェルサイユの鏡の間を模したもので、豪華さに目を奪われるはず。

「光のブーケ」と呼ばれるシャンデリア

2. ドレスで歩きたくなる？大階段
Grand Escalier

舞台、グラン・フォワイエへのアプローチにある大階段。天井にはビザンチン様式のモザイクがあり、ヴェネツィアの大聖堂のよう。

イタリア製大理石でできた大階段

3. 夢見る気分が詰まったシャガールの天井画

客席を見下ろす天井を覆うのは、シャガールが描いた『夢の花束』。巨大なシャンデリアとともに、夢の舞台へと誘ってくれる。

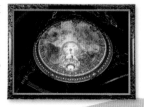

4. 劇場の特等席！『オペラ座の怪人』の部屋

ネームプレートも！

『オペラ座の怪人』でファントム専用の席だった「2階5番ボックス席」もリアルに存在！部屋の様子を小窓から覗くことができる。

✉夏休みの旅でバレエを、と思ったら演目なし。劇場は夏がオフシーズンなので気をつけて。（岐阜県・キトリ）

♪ 一度は観たい！憧れの舞台

19世紀パリの華やかな社交界の情景が目に浮かぶような劇場空間。幕が上がる前からすでに物語が始まっているかのよう。今宵は淑女になりきって、夢の世界を楽しもう。

立見席
Stalles

プログラムもゲットしよう

ブティックも寄ってね

2〜5階サイドボックス席
1〜4es Loges
de côté

個室になってます

1階席
Orchestre

歌手やダンサーの顔をよく見たいなら、舞台に近い1階席がおすすめ

1階桟敷
Baignoires

料金の安いサイド席（côté）は舞台が半分以上見えないこともある。見やすさを重視するなら、正面（face）の席を。

雰囲気にひたって

「パレ・ガルニエ」をもっと楽しむ

気になるー

「初めて！」の人のためのQ&A

チケットは早めにね

♪ おすすめの作品は？

オペラなら、モーツァルト、プッチーニの作品のように、ストーリーがわかりやすく、聴き覚えのある作品がおすすめ。バレエは「白鳥の湖」や「くるみ割り人形」といった正統派の古典を。

♪ チケットはどうやって買うの？

9月下旬から6月末頃までがオペラ座のシーズン。プログラムの確認、チケットの予約ともに公式ウェブサイトでできる。チケットは日本に郵送を依頼することもできるが、不安な人は現地で受けとろう。

♪ 観劇のマナーあったら教えて

開演に遅れると幕間まで入れないことがあるので、余裕をもって出かけよう。服装は、初日、ガラ公演以外は、特に正装する必要はない。でも、せっかくだから小物を使ってちょっぴりおしゃれしてみては？　なお、上演中の撮影禁止は日本と同じ。携帯電話は電源を切るのを忘れずに。

♪ 終演後、食事をとれる店はある？

開演時刻は19:30頃で、舞台が終わると22:00を過ぎる。開演前にカフェで軽く食べるか、夜遅くまで営業しているブラッスリーなら終演後でも利用できる。日本と違って、幕間に持参した軽食を食べる習慣はない。

パレ・ガルニエには外から入れるブティックがあり、オペラやバレエ関連のグッズを買える。

パッサージュの歴史をちょっと

建物の間にある幅3mほどの小道にガラス屋根を渡し、アーケードにした「パッサージュ」。18世紀末からヨーロッパ各地で造られ、パリでも最先端の商業施設として栄華を極めたが、やがて衰退。大型デパートの登場がその一因とも言われたが、1970年以降に再評価の機運が高まり、再び注目が集まっている。これまでパリには150にも及ぶパッサージュが建てられたが、今日残るのは改修され復活した約30ほど。往時をしのんでのそぞろ歩きやフォトスポットとして人気の観光名所となっている。

Retro point

壁や梁の装飾に注目。月桂冠は成功、ヘビの巻き付いた杖は商売繁盛と、ひとつひとつに意味があり、創建当時、パリで最も魅力的なパッサージュとなることを願って伝統的なシンボルが散りばめられた。

案内するわよ〜

19世紀にタイム「パッサージュ」で

ガラス屋根に覆われたアーそこはまるで、100年以上前からこだわり系のお店に寄りながら、

雨の日も楽しく♪

Retro point

幅3m、全長176mの通りを埋め尽くすモザイクは、19世紀に名を馳せたイタリアの職人を呼び寄せて造られたという。

雨の日でもテラスにいるような気分で優雅にお茶ができる。

ルグラン・フィーユエ・フィス →P.92

ワインで乾杯！

老舗ワイン店。有名ワインから珍しい地酒まで良心的な値段で手に入る。ワインバーも併設

ルグラン・フィーユエ・フィス →P.92

ギャルリー・ヴィヴィエンヌ　*Galerie Vivienne*

パリでは高級感のあるパッサージュをギャルリーと呼ぶが、なかでも最も美しいと誰もが認めるパッサージュがココ。床は大理石モザイクで美しく飾られ、優雅なアーチが連なる内装は、抜群の雰囲気。現在はワインなどの専門店、画廊が並んでいる。通路にテラス席を設けたサロン・ド・テもあるので、のんびりと午後のひとときを過ごすのにおすすめ。

一角にはレトロな絵はがきや古書を扱う店もある

Map 別冊P.13-C1　ルーヴル界隈

Ⓜ③Bourseより徒歩7分
URL www.galerie-vivienne.com

家族連れで訪れる人も多い

パッサージュ・ジュフロワ
Passage Jouffroy

大通りに面していることもあり、パリで最もにぎやかなパッサージュ。パリで初めて床下暖房システムを取り入れたり、バラエティ豊かな店が並ぶことで評判に。でも「グレヴァンろう人形館」やおもちゃ屋「パン・デビス」、古本屋など、大人も子供も楽しめる人気パッサージュだ。

Map 別冊P.7-C3 ルーヴル界隈

Ⓜ⑧⑨ Grands Boulevardsより徒歩5分

ショパン→P.169

パッサージュ内にはホテルもある。ショーウインドウを見て歩くだけでも楽しい

Retro point
パッサージュの端には1836年の創設当時から人々を見守ってきた時計が。屋根の鉄のリブ・ヴォールトも当時のパリらしい装飾だ。

ステンドガラスが美しいアーチを描いている

ピカソなど世界中の有名人に会えちゃう「グレヴァンろう人形館」

「パッサージュ」でレトロなパリ発見

スリップ!? レトロなパリ発見

ケード街「パッサージュ」。時間が止まっているかのよう。ノスタルジックなお散歩を。

屋根の装飾にも注目

パッサージュ・デュ・グラン・セール
Passage du Grand Cerf

映画『地下鉄のザジ』のロケ地としても知られるパッサージュ。閉鎖されていたが、20世紀末に全面改装され復活。現在はデザイン雑貨やアクセサリーなどのおしゃれな店が並んでいる。天井の高さはパリでイチバン!

Map 別冊P.13-D1
ルーヴル界隈

Ⓜ④ Etienne Marcelより徒歩5分

Retro point
アールヌーヴォー調の繊細なアイアンワークは、今も昔もパリジャンのお気に入り。

アクセサリーもあるよ〜

プロ向けのアパレル関係の店やデザイン事務所が扉の奥に控えており、洗練された雰囲気

絵はがきがずら〜り

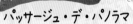

パリで最も古いパッサージュ

パッサージュ・デ・パノラマ
Passage des Panoramas

1799年から続く歴史あるパッサージュ。特徴的な三角のガラス屋根は19世紀に入ってから付けられたものだ。4つの通りが複合しており、全長133mに小さなビストロやショップがずらりと並ぶ。趣味の切手や絵はがきを扱う店もあり、コレクターに混じって掘り出し物を探してみよう。

Map 別冊P.7-C3 ルーヴル界隈

Ⓜ⑧⑨ Grands Boulevardsより徒歩5分

Retro point
両サイドに連なる看板は、往時の活気を物語っている。時計は宝飾品店の看板、古切手屋はもちろん切手形!

レトロな雰囲気の中にかわいさのある店が並んでいる

パッサージュ内でランチするなら「カナール・エ・シャンパーニュ」(→P.62) へ。

信じる信じないはアナタ次第！
愛と奇跡の LOVE&POWER スポット

たくさんの巡礼者を迎えるパリの小さな聖地から、
愛のメッセージが集まった秘密のスポットまで穴場各所をご紹介。

奇跡を呼んだ聖カタリナの教会

Power Spot

教会内では
静かにね

聖カタリナ・ラブレの
遺体がここに

パリにある巡礼の地
奇跡のメダイユ教会
Chapelle Notre-Dame de la Médaille Miraculeuse

1830年、修道女カタリナ・ラブレの
前に聖母マリアが現れて、メダル（＝
メダイ、仏語ではメダイユ）を作る
ようにとのお告げがあった。そのメ
ダルを身につけた人には、奇跡が起
こったという。そんな聖女の遺体が
納められた礼拝堂は、世界中から訪
れる人が絶えない小さな聖地となっ
ている。

Map 別冊P.16-B1　サン・ジェルマン・デ・プレ

🏠140, rue du Bac 7e　⏰7:45～13:00、14:00～
19:00（火7:45～19:00）、売店は9:00～13:00
（日・祝9:15～）、14:30～18:30
🚫無休　🚇①②Sèvres Babyloneより徒歩2分
URLwww.chapellenotredamedelamedaillemiraculeuse.com

1. 死後、腐敗せずに残っているという聖女カタリナの遺
体が安置された礼拝堂　2. ビルの谷間に建つ礼拝堂入口
3. メダルの表面:聖母マリアが両手を広げて招いている姿
4. メダルの裏面:十字架を乗せたMの字、ふたつ（イエス
とマリア）の心臓、12の星（使徒たち）がかたどられて
いる。このメダルを持つ人には、大きな恵みがあるのだ
そう。値段は素材と大きさによって異なる（€0.40～4）

祈りの
言葉が入った
メダル

Ô Marie
conçue sans péché,
priez pour nous
qui avons recours
à vous.

ナゾの
スポット

パリでいちばん細い通り
「釣りをする猫通り」
Rue du Chat qui pêche
カルチェ・ラタンのセーヌ河岸
に、パリでいちばん細い通りがあ
る。「釣りをする猫通り」という
ネーミングがユニーク。
Map 別冊P.13-D3　カルチェ・ラタン

16世紀
からある古い
通り

サン・ミッシェル広場
からセーヌ河岸に沿っ
てしばらく歩くとある。
幅2mくらいしかなく、
確かにネコしか歩かな
いかも

ニャンと！

恋人たちがランデヴー 秘密の愛のスポット

Love
Spot

愛の言葉がちりばめられた
ジュ・テームの壁
Le Mur des Je t'aime

壁を覆うのは、300もの言語で書かれた「Je t'aime（愛してる）」の文字。フレデリック・バロン氏の作品で、分断するイメージがつきまとう「壁」も、ここでは人々をつなぐ平和のイメージに。恋人とふたりで来たくなる場所。

Map 別冊P.7-C1 モンマルトル

🏠Square Jehan Rictus/Pl. des Abbesses 18e ⏰8:00（土・日・祝9:00）〜17:30（季節によって変わる）🚇Ⓜ⑫Abbessesよりすぐ
URL www.lesjetaime.com

1. 地下鉄アベス駅を出てすぐ、小さな公園の中にある。612枚のタイルを使った大がかりな作品 2. 記念写真を撮るカップルの姿も

新婚カップルの記念撮影にもよく使われるビュット・ショーモン公園

カップルに人気の撮影スポット
セーヌ河畔と公園
Quai de la Seine & Parcs

フランスでは土曜日に結婚式をあげるのが一般的。区役所か教会で式をあげたあと、公園やセーヌの橋で記念写真をパチリ。カップルの旅なら、ふたりで自撮りして、美しい思い出をカメラにおさめてみて。

バガテル公園では、満開のバラがふたりの世界を彩ってくれる

イケメンに会えるかも!?

エッフェル塔を望むアルマ橋のたもとは恋人たちに人気の自撮りスポット

アルマ橋 **Map** 別冊P.11-C2

ビュット・ショーモン公園 **Map** 別冊P.9-C2〜D2

バガテル公園 **Map** 別冊P.4-A2

集めたくなる「愛の切手」

フランスの郵便局「ラ・ポストLa Poste」では、毎年バレンタインデーのシーズンになると、記念切手を販売している。毎年、異なるデザイナーやブランドがデザインを担当。おしゃれなハート形の切手は、コレクションアイテムにもなっている。

サン・ルイ（2022）とアニエス・ベー（2023）がデザインを担当

婚活に効く？
ヴィクトル・ノワールの墓 La Tombe de Victor Noir

19世紀のジャーナリストで、ナポレオン3世の帝政を批判したことから凶弾に倒れたヴィクトル・ノワール（本名Yvan Salmon）のお墓。横たわる彫像にさわると恋がかなうという噂が立ち、パリジェンヌがさわりに来るのだそう。

Map 別冊P.15-D2 東部

⏰3月中旬〜10月 8:00〜18:00（土8:30〜、日・祝9:00〜）、11月〜3月中旬 8:00〜17:30（土8:30〜、日・祝9:00〜）
🚫無休 🚇Ⓜ②③Père Lachaiseより徒歩10分
URL pere-lachaise.com

ペール・ラシェーズ墓地で人気のお墓

アレクサンドル3世橋も新婚カップルに人気の撮影場所。 **Map** 別冊P.12-A2

憧れの
デザイナーズから
リーズナブルな
常宿まで

エリア別　快適ホテル案内

観光の拠点になるホテル選びは、エリアで選ぶのが正解♪
パリ初心者さんにもリピーターさんにもおすすめのえりすぐりのホテルを紹介しよう！

隠れ家的雰囲気を持ち合わせたホテル

白やベージュを基調としたやすらぎの空間

Champs-Elysées
夜景もイチオシ！
シャンゼリゼ界隈
凱旋門にエッフェル塔、
空港へのアクセスにも便利

Nuage
ニュアージュ
★★★★

2021年にリニューアルオープン。華やかなシャンゼリゼ大通りからすぐという場所にありながら、静かな環境でくつろげる。ニュアージュとは「雲」のこと。空に浮かぶ雲のように、心も体も軽くしてくれるはず。

「スロータイム」がコンセプト

Map 別冊P.11-D1

🏠30, rue Jean Mermoz 8e
☎01.42.25.75.30 🛏シングル、ダブルとも€224～450、朝食€24 Card A.D.M.V. 🛏27 Ⓜ9 St-Philippe du Rouleより徒歩5分
URL nuage.paris

Point
プライベートシアターがあり、フランス映画や往年の名画を楽しむことができる。

1. 控えめなたたずまいのエントランス　2. 開放的な雰囲気のサロン　3. モダンな朝食室

Acacias Etoile
アカシア・エトワール
★★★

観光に便利なメトロ1号線のArgentine駅が近くにあり、凱旋門まで400mと好立地。客室は小さめだが、隅々まで掃除が行き届き、清潔だ。スタッフも親切で、お値打ち価格とあって、リピーターが多いのも納得。

Map 別冊P.4-B1

🏠11, rue des Acacias 17e
☎01.43.80.60.22 🛏シングル€164～、ダブル€208～、朝食€15 Card A.M.V. 🛏36 Ⓜ1 Argentineより徒歩3分
URL www.arcotel-acacias etoile.com

小さな中庭も

Point
リーズナブルな価格ながら、シャンゼリゼ大通りも散歩圏内。

凱旋門近く。アート感覚あふれるホテル

©S.M

1. すっきりとしたデザインの客室　2. 静かな通りに面したエントランス

Point
バスアメニティは「ロクシタン」を使用している。朝食のクオリティも高い。

ロケーションと清潔さでコスパ◎

モダンな内装は安心感あり

Tilsitt Etoile
ティルシ・エトワール
★★★

客室やサロンにはアート作品や写真が飾られ、ギャラリーを思わせるおしゃれなホテル。凱旋門まで徒歩5分というロケーションもうれしい。スタッフはにこやかに応対してくれ、気持ちよく過ごすことができる。

Map 別冊P.4-B1

🏠23, rue Brey 17e
☎01.43.80.39.71 🛏シングル、ダブルとも€127～325、朝食€15
Card A.D.J.M.V. 🛏38 Ⓜ1②⑥ Ⓐ Charles de Gaulle Etoileより徒歩5分
URL www.tilsitt.com

©S.M

ホテルのハンガーは取り外せないことがあるので、洗濯用に持っていくと重宝します。（神奈川県・ぱるれ）

19世紀の歴史的建造物内にオープン

Opéra

ショッピングにも♪
オペラ地区
南にはルーヴル美術館。
デパートやパッサージュ巡りも

パリの
町並みを
一望できる

Madame Rêve
マダム・レーヴ
★★★

2022年に複合施設として生まれ変わった旧中央郵便局の建物内にオープンしたホテル。緑に覆われた屋上やエッフェル塔やモンマルトルの眺望を楽しめる部屋もあり、都会のオアシスともいえる場所だ。

本棚がある部屋もあり自室のようにくつろげる

Point
ドミニク・ペローの設計によって大改修され、大きな話題となった中央郵便局の建築も楽しめる。

©Jérôme Galland

Map 別冊P.13-D1

🏠 48, rue du Louvre 1er
☎ 01.80.40.77.70 💴 シングル、ダブルとも€400〜700、朝食€40
Card A.M.V. 🛏 82 Ⓜ ④
Etienne Marcelより徒歩6分
URL madamereve.com/ja/

エリア別 快適ホテル

1. 1階にはカフェがある　2. サントゥスタッシュ教会が窓いっぱいに広がる客室　3. リビングを思わせる客室　4. テラスのある部屋も

34B
トラント・キャトル・ベ
★★★

オペラ・ガルニエから徒歩圏内にある観光に便利なロケーション。トリコロールカラーをあしらった客室は、パリ気分を盛り上げてくれること間違いなし。午後にはバーでお茶とスナックのサービスがあるのもうれしい。

1. 廊下もトリコロールカラーに染まる　2. ドリンクがサービスされるバー　3. ポップな雰囲気のレセプションエリア

Map 別冊P.7-D3

🏠 34, rue Bergère 9e　☎ 01.47.70.34.34 💴 シングル€89〜、ダブル€126〜、朝食€10 **Card** A.J.M.V.
🛏 126 Ⓜ ⑧⑨ Grands Boulevardsより徒歩2分 **URL** ja.astotel.com

パッサージュの歴史を感じて

Point
パッサージュ内にあり、静か。クラシックでかわいらしい内装も高ポイント。

ロマンティックでかわいい客室は女性に人気

Chopin
ショパン
★★★

客室やサロンにはアート作品や写真が飾られ、ギャラリーを思わせるおしゃれなホテル。凱旋門まで徒歩5分というロケーションもうれしい。スタッフはにこやかに応対してくれ、気持ちよく過ごすことができる。

看板猫のクラリネットがいる

Map 別冊P.7-C3

🏠 46, Passage Jouffroy 9e
☎ 01.47.70.58.10 **FAX** 01.42.47.00.70 💴 シングル€125〜、ダブル€190〜、朝食€10 **Card** M.V. 🛏 35 Ⓜ ⑧⑨ Grands Boulevardsより徒歩4分 **URL** www.hotelchopin-paris-opera.com

フランス色に染まるホテル

Point
内装がポップでかわいらしく、立地に対してコスパがよいのも魅力。

青・白・赤でコーディネートされた客室

©Hotel34B-Astotel par J.B.Clevenot pour Astotel, Paris

フランスでホテルに宿泊する際、滞在税（€1〜5）が課せられ、チェックイン時などに支払う。

パリジェンヌの「シック」なスタイルがテーマ

エキゾチックな雰囲気を漂わせる部屋も

Marais, Bastille

おしゃれなパリを探して♪

マレ、バスティーユ

ポンピドゥー・センターの東側に
話題のショップがひしめく

Point
どこに行くにも便
利なレ・アール地
区にある。レトロモ
ダン、エキゾチッ
クなど各部屋のデ
ザインを楽しんで。

アーティスティック
な滞在を

SNOB
スノッブ
★★★★

デザインコンセプトは「永遠のバカンスを旅す
るパリジェンヌ」。黒と白のモノトーンでまとめ
られた部屋など、ふたりの女性クリエイターが
手がけたハイセンスなデザイン空間を味わって。

Map 別冊P.13-D2

🏠84-86, rue St-Denis 1er
☎01.40.26.96.60 🏨シング
ル、ダブルとも€220〜357、
朝食込み Card A.M.V. 🛏24
Ⓜ⑪Rambuteauより徒歩4分
URLsnobhotelparis.com

1. 階段の壁紙も
個性的 2. アー
ルデコ調のシャ
ンデリア 3. 秘
密めいたバーも

Marais de Launay

マレ・ド・ロネ
★★★

おしゃれな店が多い北マレやオベル
カンフ地区に近く、ショッピングや散
策を楽しみたい人に便利。スタンダー
ドダブルルームは、ピンクを基調にし
た明るい雰囲気の内装で、晴れやかな
気分に。

Map 別冊P.14-B2

🏠42, rue Amelot 11e
☎01.47.00.88.11 🏨シング
ル、ダブルとも€123〜275、
朝食€12 Card A.J.M.V.
🛏35 Ⓜ⑧Chemin Vertよ
り徒歩2分
URLwww.hotelmaraisde
launayparis.com

1. ビュッフェスタイル
の朝食もここで 2. ラ
ウンジにはアート関係の
書籍が並ぶライブラリー
が 3. ポップな色使い
のダブルルーム

シンプルで機能的な内装の客室

Point
ラウンジにはライ
ブラリーがあり、
画集などを自由
に閲覧できる。

ひととき中世のパリに思いを馳せて

Point
便利な立地、価
格帯が魅力。ス
タッフのあたた
かいもてなしも
評判だ。

1. 客室
ごとにカ
ラーが
異なる 2. 古い木
の梁をそのまま生かした内装のサロン
3. クラシックなデザインのベッド

Hôtel de la Bretonnerie
オテル・ド・ラ・ブルトヌリー
★★★

マレ地区に多く残る17世紀の貴
族の館が近代的なホテルとなっ
てよみがえった。ロマンティック
な天蓋付きベッドの部屋もあり、
古城で泊まる気分。

Map 別冊P.14-A2

🏠22, rue Ste-Croix de la
Bretonnerie 4e ☎01.
48.87.77.63 🏨シングル、ダ
ブルとも€173〜260、朝食€15
Card A.M.V. 🛏29
Ⓜ①⑪ Hôtel de Villeより徒歩
7分 URL www.hotelparis
maraisbretonnerie.com

📨 泊まったホテルの1階に電子レンジがあり、温かい部屋食を楽しめました。（静岡県・MAYU）

St-Germain des Prés,
Quartier Latin
エスプリは左岸にあり！
**サン・ジェルマン・デ・プレ、
カルチェ・ラタン**
セーヌを渡ればノートルダム大聖堂。
大通り沿いに老舗カフェが点在

1. チューリップのオブジェがキッチュな雰囲気　2. 猫脚のバスタブがある部屋も　3. 鮮やかな色使いの朝食ルーム　4. ケーキやクレープもある種類豊富な朝食

大学生が行き交う文教地区にあるデザインホテル

エリア別　快適ホテル

Design Sorbonne
デザイン・ソルボンヌ
★★★

ソルボンヌ大学の前に古くからある宿が、改装されてスタイリッシュなデザインホテルに。洗練された空間で滞在を楽しめる。チーズ、ハム、自家製ケーキまで付くビュッフェスタイルの朝食も満足度が高い。

Map 別冊P.17-C1

🏠6, rue Victor cousin 5e　☎01.43.54.58.08
🛏シングル、ダブルとも€189〜450、朝食€18
Card A.D.J.M.V.　🛏38　🚇Luxembourgより徒歩4分　URL www.hotelsorbonne.com

過剰すぎない装飾が魅力

ノスタルジックな写真があしらわれた部屋

Point
大学やパンテオンのドームを望める部屋もあり、学生街の雰囲気を味わえる。

Point
中庭のテラスは午後からサロン・ド・テ＆バーになり、23:30までお茶やアペリティフを楽しめる。

Hôtel des Marronniers
オテル・デ・マロニエ
★★★

左岸のショッピングゾーンど真ん中の立地♪

サン・ジェルマン・デ・プレのプチホテルとして、長く愛されてきた場所。アートギャラリーや古書店が並ぶジャコブ通りに面し、界隈の雰囲気もよく、安心して滞在できる。

Map 別冊P.13-C3

🏠21,rue Jacob 6e　☎01.43.25.30.60　🛏シングル€176〜306、ダブル€190〜500、朝食€15　Card A.M.V.
🛏36　🚇M④St-Germain des Présより徒歩3分　URL www.hoteldesmarronniers.com

マロニエの木の下で朝食やお茶を

Point
緑豊かなリュクサンブール公園でのんびり過ごすのもいい。

1. 清潔感のある客室
2. 朝食はビュッフェ式
3. 落ち着いた雰囲気の内装

落ち着いた雰囲気の正統派プチホテル

Grand Hôtel des Balcons
グラントテル・デ・バルコン
★★

リュクサンブール公園からすぐ、大学の校舎が集まる界隈の静かな通りに面している。19世紀建造のアパルトマンを改装したホテルで、アールヌーヴォー調の装飾がすてき。

Map 別冊P.17-C1

🏠3, rue Casimir Delavigne 6e　☎01.46.34.78.50
🛏シングル€105〜250、ダブル€155〜250、朝食€12
Card M.V.　🛏49　🚇M④⑩Odeonより徒歩3分　URL www.balcons.com

サン・ジェルマン・デ・プレ教会を望める部屋も

小さくてパリらしいホテルを表す「プチホテル」は日本だけの呼び方。フランスでは通じないので注意して。

映画をコンセプトにしたデザインホテル

部屋ごとに違った作品の写真が

Point
映画に関する「小道具」がいっぱい。遊び心あふれる「仕掛け」を見つけるのが楽しい。

1. 映画館のチケット売り場を模したレセプション　2. ヘルシーでクオリティの高い朝食　3. 眺望のよいテラス付きの部屋もある

© G.Grasset pour Astotel

シェフと素顔と、おいしい時間（原題Décalage Horaire）の写真が貼られた部屋

123 Sébastopol
サン・ヴァン・トロワ・セバストポル
★★★★

ゴダールの映画のひとコマが壁紙になっていたり、映写機が置かれていたりと、ホテル全体に映画の世界が広がる、ユニークなコンセプトホテル。映画ファンならテーマパークのように楽しめることうけあい。

Map 別冊P.14-A1 レピュブリック界隈

🏠123, bd. de Sébastopol 2e
☎01.40.39.61.23 💰シングル€185～324、ダブル€205～400、朝食€12 Card A.J.M.V.
🛏63 Ⓜ③④Réaumur-Sébastopolより徒歩2分 URL www.astotel.com

R de Paris
エール・ド・パリ
★★★★

ホテル名の「R（エール）」は、「rare（稀少）」「raffiné（洗練）」「rénové（改装）」の頭文字から取られた。上質にこだわった空間は、旅の疲れを癒やして、心地よい眠りへと誘ってくれることだろう。

1. 19世紀建造の建物を改装した　2. 夕方はバーになる朝食室　3. 大理石の床が続くエントランス

Map 別冊P.6-B2 モンマルトル界隈

🏠41, rue de Clichy 9e
☎01.40.82.36.20 💰シングル€200～550、ダブル€220～570、朝食€19.50 Card A.M.V.
🛏40 Ⓜ⑬Liègeより徒歩2分 URL www.hotelrdeparis.com

エルメス製のアメニティなど高級感たっぷり

Point
サロンラウンジでは16:00～18:00の間、無料でソフトドリンクとスイーツを提供しており、ひと息つくことができる。

ベッドはクイーンまたはキングサイズ

デザイナーズ・ギルド社のファブリック類を使用

洗練されたデザイン性のあるファブリック

Point
クレープリーが並ぶモンパルナス通りもすぐ近くにある。

Jardin le Bréa
ジャルダン・ル・ブレア
★★★

20世紀初頭、芸術家たちが集ったカフェが集まるモンパルナス、ヴァヴァン交差点からすぐ。内装のセンスもよく、アート好きな人におすすめ。ラウンジではコーヒーと紅茶の無料サービスがある。

1. 自然光が差し込む明るいエントランスロビー　2. 大人の雰囲気が漂うラウンジ

Map 別冊P.16-B2 モンパルナス界隈

🏠14, rue Bréa 6e ☎01.43.25.44.41 💰シングル€144～、ダブル€164～、朝食€23 Card A.M.V. 🛏23 Ⓜ④Vavinより徒歩2分 URL www.hoteljardinlebrea.com

おうちに着くまでが
パリ旅です！

安全・快適
旅の基本情報

パリの旅への思いがつのって気持ちが先走り、
出発当日忘れ物……なんてことがないように、
出発前の準備から、トラブルにあったときの対策まで、
ぜんぶバッチリおさえました。
これさえ読めば大丈夫。安心していい旅を。
ボン・ヴォワイヤージュ Bon Voyage!

aruco的 おすすめ旅グッズ

「どんなものを持っていこうかな♪」……そう考えるだけでワクワク、すでに旅はスタートしてる。arucoでは必需品以外にも、女子旅をより楽しく、快適にするための便利グッズをフランス通のスタッフが厳選してご紹介。ぜひ参考にして、旅をパワーアップさせてね。

忘れ物はないかな？

旅のお役立ちアイテム

□ 保湿クリームと リップクリーム

パリはとても乾燥しているので、保湿効果のあるクリームやリップクリームは必需品。

□ おりたたみバッグ

フランスではスーパーや小売店ではプラスチック製のレジ袋の使用が禁止となっている。エコバッグ持参は今や常識！

□ カーディガン

夏でも朝晩は冷え込むことがあるパリ。長袖の羽織るモノは、季節を問わず用意しておこう。

□ プラスチック製の密閉容器と ジッパー付きビニール袋

マカロンなど形が崩れやすいお菓子や、割れ物・濡れた物を入れるのに便利なアイテム。

□ スカート

昼間の観光はカジュアルスタイルでも、おしゃれなスカートが1枚あれば、レストランでのディナーやオペラ鑑賞などで大活躍。

□ ウエットティッシュと ティッシュペーパー

レストランに入っても、おしぼりなんて出てこない。ウエットティッシュは多めに。

機内手荷物のアドバイス

日本からパリまでは直行便で約14時間。機内は乾燥しているので乳液やクリームがあると助かる。化粧水はすぐ気化してしまうので、かえってガビガビになることも。保湿マスクも効果大。スリッパやショール、歯ブラシなどリラックス&リフレッシュグッズも忘れないで。

※スプレーやまゆばさみはスーツケースに入れてね
機内持ち込み制限についての詳細はP.176をチェック！

基本の持ち物 チェックリスト

貴重品
- □ パスポート
- □ 現金 (ユーロ、円)
- □ クレジットカード
- □ eチケット控え
- □ 海外旅行保険証書

洗面用具
- □ シャンプー、コンディショナー
- □ 歯磨きセット
- □ 洗顔ソープ
- □ 化粧水、乳液
- □ タオル

衣類
- □ 普段着、おしゃれ着
- □ 靴下、タイツ
- □ 下着、パジャマ
- □ 手袋、帽子、スカーフ

その他
- □ 常備薬
- □ 生理用品
- □ 筆記用具
- □ 電卓
- □ 目覚まし時計
- □ 雨具
- □ カメラ
- □ マスク
- □ 電池、充電器
- □ 携帯電話
- □ 変圧器、変換プラグ
- □ スリッパ
- □ サングラス
- □ 裁縫道具
- □ 割りばし、紙皿

日本にあるようなポケットティッシュは売っていないので、多めに持参して正解でした。(神奈川県・駒)

知って楽しい！パリの雑学

これから旅する国の歴史や文化、習慣など、ちょっぴりカタく思うかもしれないけれど、
出発前にほんの少〜し勉強していくだけで、観光はもちろん、
買い物や食事をするときの現地の人々とのコミュニケーションも
ぐんと楽しくなっちゃうこと間違いなし！

〜え〜
なるほど

フランスの
基礎知識メモ

正式名称	フランス共和国 République Française
国旗	青、白、赤の三色旗。通称「トリコロール」
国歌	ラ・マルセイエーズ La Marseillaise
人口	約6744万人。海外県や、海外領土を含む（'20）
面積	約55万km²。海外領土を除く
首都	パリ Paris。人口約214万人（'20）
元首	エマニュエル・マクロン大統領 Emmanuel Macron
政体	共和制
民族	フランス国籍を持つ人は民族的出自を問わずフランス人とみなされる
宗教	カトリックのほか、イスラム教、プロテスタント、ユダヤ教など
言語	フランス語

もっと
知りたくなるね！

パリの歴史年表

パリの発祥〜ローマ時代 紀元前3世紀〜5世紀
パリ発祥の地はシテ島。この地にケルトのパリシイ人が住み始め、その後ローマ人に支配された。
リュテス闘技場はパリに残るローマ遺跡

中世のパリ 5〜15世紀頃
5世紀にローマ人がフランク族に敗退して以来、キリスト教が浸透、数多くの教会が建設される。
ノートルダム大聖堂は中世建築の傑作

ブルボン朝〜フランス革命 16〜18世紀
17世紀、絢爛豪華な王朝文化が黄金期をむかえる。一方、貧困にあえぐ市民の不満から1789年、大革命勃発。王政から共和制へ。
ヴェルサイユ宮殿は王朝の栄華の象徴

ナポレオンの登場 18〜19世紀
自ら皇位に就いたナポレオンは行政制度などを改革。
凱旋門、アンヴァリッドはナポレオンゆかりのスポット

近代都市パリの誕生 19〜20世紀
ナポレオン3世の時代、大規模な改造計画によって、近代都市パリの形ができあがる。
パレ・ガルニエの建設も改造計画に含まれた

グラン・プロジェと再開発 20世紀後半〜現在
20世紀末、ミッテラン大統領が推進したパリ大改造計画「グラン・プロジェ」で新しい建築物が誕生。
ルーヴルのガラスのピラミッドもこの計画によって誕生

パリのおもなイベントカレンダー

1月 公現祭（6日または2〜8日の間の日曜）
Epiphanie
ガレット・デ・ロワというケーキを切り分け、フェーヴが当たった人がその日の王様になれる

2月 バレンタインデー（14日）
St-Valentin
男性が女性にカード、花束などのプレゼントを贈る

3月 秋冬パリコレクション（前半の約10日間）
Paris Collection
モード関係者が集まり町が華やかな雰囲気に。春夏コレクションは10月開催

4月 パリ・マラソン（'24は7日）
Marathon de Paris
パリ市内を横断するマラソン大会

5月 ローラン・ギャロス全仏テニス
（'24は20日〜6月9日）
Internationaux de France de Tennis
テニス4大国際大会のひとつで、ブーローニュの森近くの競技場で行われる

6月 音楽の日（21日）
Fête de la Musique
夏至の日にフランス全土で行われる音楽祭

7月 革命記念日（14日）
14 juillet
シャンゼリゼ大通りでの軍事パレードや華やかな花火で盛り上がる

8月 パリ・プラージュ（7月後半〜8月後半）
Paris Plage
セーヌ河岸がビーチに大変身する夏の風物詩

9月 ヨーロッパ文化遺産の日（第3土・日曜）
Journées Européennes du Patrimoine
通常公開されていない文化財が特別に公開される

10月 サロン・デュ・ショコラ
Salon du Chocolat
世界中のチョコレートファンが注目する大見本市（→P.56）

11月 ボージョレ・ヌーヴォー解禁日（第3木曜）
Arrivée du Beaujolais Nouveau
ボージョレ・ワインの新酒販売が解禁になる日

12月 クリスマス（25日）
Noël
11月下旬から町中がクリスマス・イルミネーションに包まれる

フランス入出国かんたんナビ

空港には2時間前に着こう!

フランスの入国審査は意外なほど簡単。パスポートコントロールを抜ければそこはもう憧れのパリ！ 出国のときは、買い込んだおみやげで重量オーバーにならないよう、気をつけてね。

日本からパリへ

1 空港到着

出口(Exit／Sortie)の案内板に従い、入国審査場へ。

↓

2 フランス入国審査

「EU加盟国の国民」と「それ以外」に分かれているので、EU以外の列に並び、パスポートを提示する。顔認証ゲートの導入も進められている。
※シェンゲン協定加盟国で飛行機を乗り継いだ場合は、フランスでの入国審査は免除される。

↓

3 荷物受け取り

到着便名の表示されたターンテーブルから機内預け荷物を引き取る。紛失や破損の場合は、バゲージ・クレームBaggage Claimのカウンターで引換証(クレームタグ)を見せて交渉を。

↓

4 税関審査

課税対象の物品(右表)を持っている場合のみ。所持品が免税範囲の場合は、そのまま出口へ。

↓

5 到着ロビー

観光案内所や両替所などがある。市内への交通手段についてはP.178を参照。

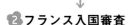
ミニ単語帳

入国審査
contrôle des passeports
コントロール・デ・パスポール

税関
douane ドゥアンヌ

両替所
bureau de change
ビュロー・ド・シャンジュ

●シェンゲン協定加盟国から入国する場合

シェンゲン協定加盟国で飛行機を乗り継いでフランスに入国する場合は、経由地の空港で入国審査が行われるため、その国の入国方法に従うこと。
シェンゲン協定加盟国：アイスランド、イタリア、エストニア、オーストリア、オランダ、ギリシア、クロアチア、スイス、スウェーデン、スペイン、スロヴァキア、スロヴェニア、チェコ、デンマーク、ドイツ、ノルウェー、ハンガリー、フィンランド、フランス、ベルギー、ポーランド、ポルトガル、マルタ、ラトビア、リトアニア、リヒテンシュタイン、ルクセンブルク
(2023年10月現在)

●欧州旅行にも電子渡航認証が必要に!

2024年より、ビザを免除されている日本やアメリカなどの国民がシェンゲン協定加盟国(上記)にビザなしで入国する際、ETIAS(エティアス、欧州渡航情報認証制度)電子認証システムへの申請が必須となる予定。各種条件や導入時期などは変更される可能性もあり、最新情報の確認を。

フランス入国時の免税範囲

品名	内容
酒類	17歳以上のみ。ワイン4ℓ、ビール16ℓ、および22度を超えるアルコール飲料1ℓ(22度以下なら2ℓ)
たばこ	17歳以上のみ。紙巻き200本、または葉巻50本、または小型葉巻100本、またはきざみたばこ250g
薬	滞在中使用する量
通貨	持ち込みは無制限。ただし€10000以上の多額の現金など(ユーロ、その他の通貨、小切手)を持ち込む際は申告が必要

空港で役立つ英会話は表紙の裏面をチェック!

荷物について

機内持ち込み制限

おもな制限品は次のとおり。
刃物類(ナイフ、ハサミなど)：持ち込み不可
喫煙用ライター：ひとり1個のみ(機内預けの荷物に入れるのは不可)
予備用リチウムイオン電池：ひとり2個まで(機内預けの荷物に入れるのは不可)
液体物：容量制限あり
※100ml以下の容器に入った液体物(ジェル類、エアゾール類など)で、容量1ℓ以下の再封可能な透明プラスチック袋に入れられている場合のみ持ち込み可。機内に持ち込める手荷物は、ハンドバッグ、カメラなど身の回り品のほか、3辺の和が115cmを超えないもの1個。

機内預け荷物重量制限

航空会社により多少異なるが、エコノミークラスなら、23kgまでの荷物1～2個を無料(一部有料)で預けることができる。制限重量を超えると超過料金を払うことになるので、特におみやげの増える帰国時は要注意。

購入した航空券が「預け荷物有料」の条件付きだったのを知らず、空港で追加料金を払いました。(東京都・ミモザ)

パリから日本へ

❶ 免税手続き

必要な人のみ。フランスでは電子認証による「パブロPablo」という免税通関システムを導入している。免税カウンター（デタックスDétaxeと表示）の近くにあるパブロの機械で手続きを行う。機械が故障していたり、電子認証に失敗した場合は、免税カウンターの窓口で手続きをする。免税書類、パスポート、購入商品（未使用）、搭乗券を提示して申告する。

↓

❷ チェックイン

利用航空会社のチェックインカウンターへ。eチケット控えとパスポートを提示し、搭乗券を受け取る。機内預け入れ荷物を預けて、引換証（クレームタグ）を受け取る。航空会社によっては、自動チェックイン機で搭乗券を発券してから自動手荷物預け機で荷物を預ける。

↓

❸ 出国審査

パスポート、搭乗券を提出し、出国スタンプをもらう。もしくは顔認証ゲートを通過する。

↓

❹ セキュリティチェック

機内持ち込み手荷物のX線検査とボディチェックがある。ブーツも検査の対象になる。

↓

❺ 出国エリアへ

免税店で最後の買い物を楽しむのもいいが、余裕をもって搭乗ゲートへ。

↓

❻ 搭乗

搭乗券とパスポートを提示して機内に乗り込む。

↓

❼ 帰国

税関審査では、機内で配られた「携帯品・別送品申告書」を提出。別送品がある場合は2枚必要。提出後は到着ロビーへ。日本入国時の「税関申告」をウェブで行うことができるサービス「Visit Japan Web」を利用すれば、必要な情報を登録することでスピーディに入国できる。
URL vjw-lp.digital.go.jp

携帯品・別送品申告書の記入例

A面

B面

免税について

フランスでは、EU圏外からの旅行者がひとつの店で1日に€100.01以上（店によって異なる）の買い物をすると、12〜18.6％（店によって異なる）の免税が受けられる。

電子認証システム「パブロ」

「パブロPablo」は電子認証による免税通関システム。免税書類にPabloのマークがあれば、免税手続きカウンター近くに設置された端末機にバーコードを読み取らせて手続きを行う。画面には日本語表示もあり、「明細書が認証されました」と出たのを確認して手続き終了。免税書類には何も印字されないので注意しよう。

日本入国時の免税範囲　税関 URL www.customs.go.jp

品名	内容
酒類	3本（1本760mlのもの）
たばこ	紙巻たばこ200本、葉巻たばこ50本 加熱式たばこ個装等10個、その他のたばこ250g ※免税数量は、それぞれの種類のたばこのみを購入した場合の数量であり、複数の種類のたばこを購入した場合の免税数量ではない。「加熱式たばこ」の免税数量は、紙巻たばこ200本に相当する数量となる。
香水	2オンス（1オンスは約28ml。オー・ド・トワレは含まれない）
その他	20万円以内のもの（海外市価の合計額）
おもな輸入禁止品目	・麻薬、向精神薬、大麻、あへん、覚せい剤、けしがら ・けん銃等の鉄砲・爆発物、火薬類 ・貨幣、有価証券、クレジットカード等の偽造品 ・偽ブランド品、海賊版等

※免税範囲を超える場合は追加料金が必要。海外から自分宛に送った荷物は別送品扱いになるので税関に申告する。

空港からパリ市内へ

パリの空港は、シャルル・ド・ゴール空港とオルリー空港のふたつ。
どちらも市内へは30分〜1時間の距離にあって、アクセスの方法もいろいろ。
ホテルの場所やフライトの時間に合わせて、選んでみて。

行き先に
合わせて
えらんで

空港案内

「ロワシー空港」
とも呼ばれます

ゲートを
確かめて

日本からの直行便はここに

シャルル・ド・ゴール空港
Aéroport Charles de Gaulle (CDG)

エールフランス航空をはじめ、日本との
直行便が発着する空港。ターミナルは
1、2、3の3ヵ所あり、利用する航空会
社によってターミナルが異なるのでどこ
に発着するか気をつけよう。

ターミナル1と2の間は、無料の無人
電車CDGVALを使って数分で移動
URL www.parisaeroport.fr

おもな航空会社のシャルル・ド・ゴール空港発着ターミナル

ターミナル1	ターミナル2		
ANA(NH)	●2A〜2G	●2C	●2E
ルフトハンザ航空(LH)	エールフランス航空(AF)	エミレーツ航空(EK)	日本航空(JL)
SASスカンジナビア航空(SK)	(日本発着便はおもに2E)	●2D	大韓航空(KE)
シンガポール航空(SQ)	●2B	ブリティッシュ・エアウェイズ(BA)	●2F
タイ国際航空(TG)	フィンエアー(AY)		ITAエアウェイズ(AZ)
			KLMオランダ航空(KL)

空港からのエリア別アクセス

空港からパリ市内へ向かう交通手段としては、ロワシーバス、エール・
ウー・エール（高速郊外鉄道）、タクシーなどがある。滞在するホテ
ルへの行きやすさ、荷物の量、人数、料金、時間帯などを考慮して選
ぶといい。

ロワシーバス
Roissybus

エール・ウー・エル
RER

タクシー
Taxi

空港アクセス案内

空港名	種類と料金	行き先
シャルル・ド・ゴール空港	**ロワシーバス Roissybus** URL www.ratp.fr/titres-et-tarifs/billet-aeroport オペラまで60〜75分 (6:00〜翌0:30、15〜20分間隔) 料€16.20	パレ・ガルニエ近く (11, rue Scribe 9e)
	RER-B線 URL www.ratp.fr/titres-et-tarifs/billet-aeroport 北駅まで25〜30分 (4:50〜23:50、10〜20分間隔) 料€11.45	北駅、リュクサンブール駅などB線の各駅。治安が悪いので早朝や夜は避けたい
	タクシー パリ市内まで30〜50分 料パリ右岸まで€55、左岸まで€62の定額制	——

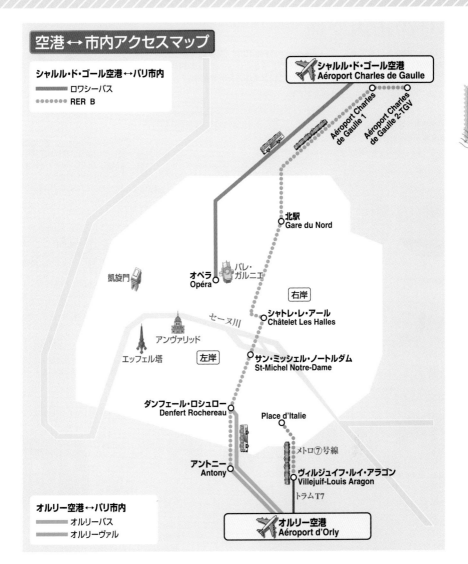

空港↔市内アクセスマップ

シャルル・ド・ゴール空港↔パリ市内
ロワシーバス
●●●●●● RER B

✈ **シャルル・ド・ゴール空港**
Aéroport Charles de Gaulle

Aéroport Charles de Gaulle 1

Aéroport Charles de Gaulle 2-TGV

北駅
Gare du Nord

凱旋門

パレ・ガルニエ

オペラ
Opéra

右岸

セーヌ川

シャトレ・レ・アール
Châtelet Les Halles

アンヴァリッド

エッフェル塔

左岸

サン・ミッシェル・ノートルダム
St-Michel Notre-Dame

ダンフェール・ロシュロー
Denfert Rochereau

Place d'Italie

メトロ⑦号線

アントニー
Antony

ヴィルジュイフ・ルイ・アラゴン
Villejuif-Louis Aragon

トラムT7

オルリー空港↔パリ市内
オルリーバス
オルリーヴァル

✈ **オルリー空港**
Aéroport d'Orly

南回り便や一部国内線はこっち

オルリー空港
Aéroport d'Orly（ORY）

シャルル・ド・ゴール空港が開港するまでは、フランスの表玄関だった空港。南回り便やアフリカ方面からの便、一部国内線が発着する。1〜4のターミナルがある。

パリとメトロで
結ばれる予定

空港とパリ市内間のタクシー料金の定額制は、スーツケースなど大きな荷物への追加料金もない。 **179**

パリの市内交通

パリはメトロMétro（地下鉄）、エール・ウー・エールRER（高速郊外鉄道）、
バスが発達しているので、市内の移動に困ることはない。
パリが初めての旅行者も慣れてしまえば簡単に利用することができる。

●地下鉄（メトロ&RER）&トラム路線図 **Map** 別冊P.2-3

何に
乗ってく？

市内の交通機関

この3つを使えばパリの町は自由自在！

| メトロ
Métro | エール・ウー・
エール RER | バス
Bus |

共通の切符Ticket t+

紙の切符は
2025年に廃止予定

1回券：€2.10
※10枚綴りの紙の回数券は
2021年に廃止。ナヴィゴ・
イージーでのチャージは可能

乗車券の買い方

※紙幣が使える機械の例

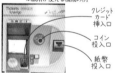

クレジット
カード
挿入口

コイン
投入口

紙幣
投入口

英語表示に変えて使おう。切
符の種類やゾーンを選ぶと料
金が提示される。パス・ナ
ヴィゴのチャージもできる

「Vente」の表示がある有人の
切符売り場でも買える（支払
いはクレジットカードのみ）。
Informationの窓口では切符
は買えない

便利なパス

パリ・ヴィジット
Paris Visite

旅行者向け交通パス。使用期間（連
続した有効日）の日付と自分の名前
を切符に記入して使う。セーヌ川遊
覧船などの割引特典付き。
🎫1～3ゾーン 1日券：€13.55、2日
券：€22.05など。

モビリス
Mobilis

有効ゾーン内（空港は適用外）のメト
ロ、RER、バス、国鉄が乗り放題に
なる1日乗車券。使用する日の日付と
自分の名前を記入して使う。駅窓口、
券売機で販売。🎫1～2ゾーン：
€8.45、1～3ゾーン：€11.30、1～4
ゾーン：€14、1～5ゾーン：€20.10

ナヴィゴ・イージー
Navigo Easy

非接触型のICカードで、乗車券
をチャージして使う。Ticket
t+、1回券、10回券、ロワシー
バス、オルリーバスのチャージ
が可能。最初にICカードを駅の
有人切符売り場で購入（€2）。
写真は不要。

パス・ナヴィゴ・デクーヴェルト
Passe Navigo Découverte

有効ゾーン内のメト
ロ、RER、バス、国
鉄が乗り放題

チャージ
専用機も

非接触型のICカード式パスで、1日、
1週間、1ヵ月のゾーン別定期券を
チャージするシステム。最初に駅の
窓口でICカードを購入し（€5。写
真縦3×横2.5cm 1枚が必要）、チャー
ジ機で定期券の料金をチャージす
る。🎫1日用はモビリスと同料
金、1週間用 1～5ゾーン：€30

1週間用の場合、月曜は
じまりの日曜までとなり、
前の週の金曜からその週
の木曜までチャージ可能

ゾーンに注目

パリとその近郊を1～5の区域に分けたものを「ゾーンZone」
という。パリ市内を移動するだけなら、切符はゾーン1で
OK（切符やカルネは、何も言わなければゾーン1を出され
る）。パリ・ヴィジットは1～3ゾーン用になっているので、
こちらを購入しよう。ヴェルサイユに行く場合はゾーン4、
シャルル・ド・ゴール空港へはゾーン5になる。

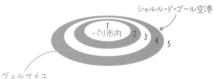

シャルル・ド・ゴール空港

パリ市内 1 2 3 4 5

ヴェルサイユ

🚇 メトロ Métro

パリのメトロは全14路線あり、それぞれ①から⑭までの番号がふられている。運転時間は5:30〜翌0:30頃。深夜は決して安全とはいえないので注意。

メトロの乗り方

① 路線を探す

基本的には日本の地下鉄と同じ。路線図は終点の駅名を必ずチェックすること。

↓

② 改札、ホームへ

改札は無人。自動改札機に切符を差し込み、切符を取ってから、ターンスティールを押し、さらに目の前のドアを抜けて入る。ナヴィゴ・イージー、パス・ナヴィゴ・デクーヴェルトなら読み取り面にタッチして通る。ホームに下りる手前に掲げられた表示板に、路線番号と終着駅名が書かれているので、自分が乗る路線の終着駅名をたどっていく。

↓

③ 乗車、降車

ドアが閉まるときは自動だが、開ける際は手動のことがある。回転式の取っ手の場合は上に向かって引き上げる。押しボタン式の場合は強く押すこと。駅名を告げる車内アナウンスがないときは、ドアの上部にある停車駅一覧で確認して、降りる駅を逃さないように。

↓

④ 乗り換えの場合

路線番号と終着駅名が書かれた表示に従って行けば、目当てのホームに着く。シャトレChâtelet駅など多くの路線が交差している駅には、いくつも表示が出ているので注意しよう。

↓

⑤ 出口

「ソルティSortie（出口）」の青い表示をたどる。複数の出口がある場合、その出口が面している通り名か、おもな建物が併記されている表示板がある。RER（→P.182）と違って、メトロの出口には改札がない。

路線⑫は駅で

1

🚇 メトロの乗車券

メトロは全路線均一料金。Ticket t+1枚分の値段（€2.10）で終点まで乗れる。ナヴィゴ・イージーに10回券をチャージした場合は、少し割安に。

※RATP（パリ交通公団）のウェブサイトでは、駅名を入力すればルート案内をしてくれて便利。URL www.ratp.fr

手で開ける車両も

多くは自動で開く

3

終着駅名をカクニン
← Ⓜ 5 Bobigny Place d'Italie
← Accueil Espace Vente
4
まちがえないでね

← SORTIE SORTIE
BOULEVARD RASPAIL
RUE DE SEVRES RUE VELPEAU
RUE DES SAINTS-PERES
5

エール・ウー・エール RER

パリ市内と近郊を結ぶエール・ウー・エール（A〜Eのアルファベットがふられている）。切符の買い方、乗り方は基本的にメトロと同じだが、異なる点もあるので注意して。

 RERの乗車券

パリ市内（1ゾーン）での利用なら、メトロと同じように利用でき、メトロへの乗り換えも可能。郊外に行くときは、目的地までの切符を買わなければならない。

RERの乗り方

① 改札

出口またはメトロとの乗り換え口にも改札があり、切符を自動改札機に通さなければ出られない。くれぐれも切符を紛失しないように。

1

② ホーム

ホームの上方に停車する駅名が表示された電光掲示板がある。同じ路線でも、行き先がいくつも分かれているので、目的駅に停まるかどうか確かめること。

③ 乗車、降車

自動ドアでない場合は、ドアについているボタンを強く押すと開く。降りるときも同様。車内には停車駅一覧があるので、行き先や乗り換え駅の確認をすること。

ホームが暗いことが多いので、盗難に気をつけて

2

3

おすすめアプリ

①Bonjour RATP（英語）
メトロの路線図、各線の運行状況も調べられる。
②Google Maps（日本語）
現在地から最寄りメトロ駅を検索できる。もちろんナビとしても活躍。

メトロとRERの乗り換えに注意！

メトロから乗り換える際はRERの改札を通る必要がある。メトロの切符でそのまま郊外に行ってしまうと、精算できず罰金をとられるので、メトロゾーン内でいったん出て、目的地までのRERの切符を買い直すこと。

パリのトラムも乗ってみる？

環境に優しい市内交通として、フランスのおもな町で導入が進むトラム。パリでも2006年12月に登場した。サロン・デュ・ショコラ（→P.56）の会場でもある、パリ国際見本市会場前も通るので、一度乗ってみては。切符はメトロ、RERと共通。現在どんどん路線が延長されており、パリと郊外を結ぶ重要な交通手段に。

 どんどん便利に

バス Bus

バス路線は市内全域にわたって網の目のように走っている。車窓を楽しみながら移動できるので気軽に利用してみたい。

バスの乗り方

① バス停で

各バス停には、路線番号とその路線コース、停車場所、時刻表が表示されているので要チェック。

↓

② 乗車

切符はメトロと共通なので駅の券売機で買う。バス停には券売機はない。運転席の脇にある刻印機（写真右）で切符に刻印して乗ろう。パリ・ヴィジット、モビリスも同様。ナヴィゴ・イージー、パス・ナヴィゴ・デクーヴェルトなら読み取り機（写真左）にタッチする。

↓

③ 降車

降りたい停留所が近づいたら車内にある赤いボタンを押す。前方に「arrêt demandé（次、停まります）」と表示される。降車時は切符の刻印やタッチは不要。

1

 ### バスの乗車券

パリ市内および2ゾーン内の郊外なら、1～2ゾーンのナヴィゴまたは「Ticket t+」が使える。1時間30分以内なら、バス、トラムへの乗り換えが可能。メトロ、RERへの乗り換えは不可。

2

よく抜き打ちの検札があるので、切符やパスはすぐ出せるようにね

モンマルトルを走るモンマルトロビュスも同じ切符でOK

3

 ## パリのタクシー Taxi

荷物が多いときや、夜遅くなったときはタクシーが便利。

タクシーの乗り方

① タクシー乗り場を見つける

青地に白い文字でTaxisと書かれた標識のある乗り場「Station de Taxi」で待つ。

↓

② 乗り方

ドアの開閉は自分で。定員は3名で後部座席のみ。

↓

③ 料金について

運転手の右側下方のメーターに表示。大きな荷物をトランクに運んでもらった場合は€2～5のチップを。事前予約した場合は＋€7。

タクシーの料金

A、B、Cの3料金制
（距離制と時間制の併用）

料金体系

A：パリ市内の平日昼間
B：夜間と祝日、パリ近郊3県とヴィルパント展示場の平日昼間
C：深夜、その他の地域など

距離による計算方式

最低料金：€7.30
基本料金：€2.60
A料金：€1.14/km
B料金：€1.53/km
C料金：€1.70/km

旅の便利帳

パリの旅に必要なノウハウをぎゅぎゅっとまとめました。
旅の基本をきっちり押さえていれば、
イザというときにあわてないですむよね。

困ったときは
すぐ確認！

お金・クレジットカード

お金

フランスで使用されている通貨は、EU統一通貨のユーロ（€）とセント（Cent）。それぞれのフランス語読みは「ウーロ」と「サンティーム」。€1＝100セント＝約159円（2023年10月現在）。

クレジットカード

ホテルやレストラン、スーパー、地下鉄の自動券売機などでは、VISAやMasterなど国際ブランドのカードならばたいてい使える。大金を持ち歩くのはリスクが高いので、両替はできるだけ最小限にとどめて、カードで支払うのが賢い方法。ICチップ付きカードの利用時にはPIN（暗証番号）が必要なので、事前に確認を。

ATM

空港や駅、町なかなどいたるところにあり、VISAやMasterなど国際ブランドのカードでユーロをキャッシングできる。出発前に海外利用限度額と暗証番号を確認しておこう。金利には留意を。

€5

€10

€20

€50

10 サンチーム

20 サンチーム

50 サンチーム

€100

€200

1サンチーム

2サンチーム

5サンチーム

€1

€2

電話

SIMを購入して利用しても

公衆電話は、フランスでは全国的に撤廃され、町なかで見つけることはできない。ホテルの部屋から電話をかけると、通話料に加えて手数料がかかる。

※携帯電話の場合は010のかわりに「0」を長押しして「＋」を表示させると、国番号からかけられる
※NTTドコモ（携帯電話）は事前にWORLD CALLの登録が必要

日本からフランスへ

| 事業者識別番号 0033/0061 携帯電話の場合は不要 | ＋ | 国際電話識別番号 010※ | ＋ | フランスの国番号 33 | ＋ | 相手の電話番号 最初の0は取る |

フランスから日本へ 東京03-1234-5678にかける場合

| 国際電話識別番号 00 | ＋ | 日本の国番号 81 | ＋ | 3-1234-5678（固定電話・携帯とも最初の0は取る） |

現地での電話のかけ方

市外局番はないので
10桁の番号をそのままかける

ホテルはWi-Fi無料ですが、繋がりにくいときは、ロビーを利用していました。（東京都・SATO）

電源・電圧

フランスの家庭用電気は220/230V、周波数50Hz。日本国内用の電化製品をパリで使う場合は変圧器が必要になる。持っていくドライヤー、パソコン、携帯電話やデジタルカメラの充電器などが、海外両用か変圧器が必要か必ず確認すること。プラグの形状はCタイプを使う。

トイレ

パリの町なかでトイレを見つけるのはなかなか難しい。美術館や飲食店に入ったら、トイレも行っておくこと。路上にあるユニット式の公衆トイレは無料だが、国鉄駅など公共の場所やデパート内のトイレでも一般的には有料（€1〜）。ファストフード店では、レシートに記されたコード番号で入るトイレの場合もあるので、レシートは捨てないで。

郵便

フランスの郵便局「ラ・ポストLa Poste」は黄色がシンボルカラー。営業時間は月〜金曜8:00〜20:00、土曜9:00〜13:00（局により異なる）。日本までの料金は、ハガキも封書（20gまで）も€1.96（2024より）。小包を送るなら箱代込みの「コリッシモ・プレタ・アンヴォワイエ・モンドColissimo Prêt-à-Envoyer Monde」がお得。

水

パリの水道水は飲んで大丈夫。味が気になるならミネラルウオーター（オー・ミネラルeau minérale）を。スーパーマーケットにはいろいろな種類が揃っているので、飲み比べてみて。炭酸入り（ガズーズgazeuse）と、炭酸なし（プラットplate）がある。レストランでは、気軽な店なら無料の水道水（カラフ・ドーcarafe d'eau）を頼んでもいい。

インターネット

パリのほとんどのホテルはWi-Fi（仏語でウィフィ）環境が整っており、無料で利用できる。空港や一部ファストフード店など、Wi-Fiアクセスポイントも多く、Wi-Fi対応のノートパソコンやスマートフォンを持っていれば自由にインターネット接続可能（一部有料）。パソコンを持参しなくても、宿泊客用のパソコンをロビーに備えているホテルもある。

喫煙

フランスでは公共の閉じられた空間（駅、学校、職場など）での喫煙が禁じられている。ホテル、カフェ、レストランでも建物内は全面禁煙で、例外的に喫煙所が設置されている場合がある。飲食店では屋外のテラス席なら喫煙可。違反者には€68の罰金が科せられる。路上での吸い殻のポイ捨ても対象となる。

マナー

パリを観光するときに、気をつけたいマナーがいくつかある。教会は観光客も訪れるが、信仰の場所であることを心得て。夏でも肌の露出を控え、帽子は脱ぎ、静かに鑑賞すること。なお、ミサの時間は見学を控えること。また、写真撮影可能な美術館でも、作品保護のためにフラッシュ撮影や自撮り棒使用は禁止。そして一番基本的なことは、挨拶をすること。店に入るときも出るときも挨拶だけは忘れずに。ドアを次の人のために押さえるのは、マナーというより習慣にしよう。

チップ

レストランやホテルなどの料金にはサービス料が含まれているので、基本的にチップは義務ではない。高級レストランで渡す場合は、食事代の5〜10%を目安に、きりのいい金額を紙幣で。

ストライキ

フランスでは郵便局、美術館、メトロ、国鉄などあらゆる機関で頻繁にストライキが起こる。必ず予告されるので、ストライキを意味する「グレーヴgrève」という単語に注意しよう。

旅の安全情報

女の子同士、グループでワイワイ楽しく旅していると気もゆるみがち。
日本にいるとき以上に、警戒アンテナをピンとたてることを忘れないで！
でも、トラブルのパターンを知っておけば、予防対策がより万全に。

注意してね～

治安

パリではスリ、置き引き、ひったくりなど、観光客を狙った犯罪が多発している。モンマルトル界隈、北駅周辺、そして日本人の多いオペラ地区などは特に気をつけたいエリア。夜間に人通りのない道をひとりで歩かない、メトロのなかでは眠らないといった基本的な注意を怠らないで。

外務省・海外安全ホームページ
URL www.anzen.mofa.go.jp

病気・健康管理

普段は元気な人でも旅行中は、気候や環境の変化、食事の変化などで急に体調を崩すこともある。思わず食べ過ぎたり、買い物に熱中して歩きっぱなしだったり。疲れを溜めないよう充分睡眠をとって、絶対に無理しないこと。風邪薬や胃腸薬などは使いなれたものを日本から持っていこう。湿布類もあるといい。新型コロナウイルス感染症など事前の海外感染症情報のチェックも欠かさないで。

海外旅行保険

パリでケガや病気をして医者に診てもらうと全額自己負担になってしまう。海外旅行保険には必ず入っておこう。病気になったとき、日本語医療サービスのある海外旅行保険に加入していれば、サービスセンターに電話して対処してもらうのが一番いい。「地球の歩き方」ホームページでは海外旅行保険情報を紹介している。
URL www.arukikata.co.jp/web/article/item/3000681/

こんなことにも気をつけて！

事前に手口を知って、トラブルはできるだけ避けよう

エピソード 1　RERではグループで狙われる

RERのリュクサンブール駅で乗車しようとしたら、女の子数人が近づいてくる気配が。一緒にいた友人が危険を察し乗車するのをやめてその場を離れたのですが、「チッ」という声が聞こえて、狙われていたことを確信しました。数名で組んで取り囲まれる可能性があるので、周囲に目を配ってスキを見せないことです。　（愛知県・ゆう）

エピソード 2　盗難が多いスマホ

現在地を確認したり、目的地への行き方を検索するのに便利なスマホ。日本と同じ感覚で使っていた友人が、メトロの構内で盗難に遭いました。パリ市民も町なかで使っていますが、スリがターゲットにするのは観光客。たくさんの情報が入ったスマホを旅行中になくすのは痛手が大きいですよ。　（奈良県・風の音）

エピソード 3　デモには近づかない！

連帯意識が強いこともあるのですが、フランスではよくデモが行われます。基本は、プラカードなどを持って行進する平和的なものですが、便乗して乱暴な行為をはたらく者がいないとは限りません。とにかくデモの開催地に近づかないこと。特に集会の中心となるレピュブリック広場は避けたほうがいいです。　（編集部）

エピソード 4　ロストバゲージ多発中

友人の娘さんが、短期留学のため某航空会社を利用しロンドン経由でパリに入ったのですが、大幅に遅延したうえロスバゲに遭ってしまいました。届くまで1週間かかったそう。一番困ったのは充電器を預け荷物に入れていたこと。心配な人は、直行便を選んだほうが安心かも（ロスバゲがないとは断言できませんが）。　（東京都・NA）

エピソード 5　空港からのアクセス問題

コロナ明け、久しぶりにパリに行ったら、凱旋門行きの空港バスがなくなっていた！　仕方なくRERに乗ったところ、激混みで座れず、パリ初日からぐったり疲れてしまいました。ケチらずに、定額のタクシーを利用すればよかったと後悔。ロワシーバスは運行しているので、オペラ界隈に宿をとればよかった。（愛知県・ふー）

エピソード 6　話しかけてくる人に注意

エッフェル塔など観光名所の近くで、若い女性がアンケートへの回答を求めてくることがあります。これは、調査に気を取られているうちに、別の仲間が荷物を狙うというパターン。ほかにも切符券売機で使い方を教えようとする手法も。本当に親切で話しかけてくる人もいますが、警戒を怠らないように。　（編集部）

飛行機の遅延で着いたのが朝の2時！　予約しておいたタクシーの運転手が待っていてくれて泣きそうになりました。（千葉県・KON）

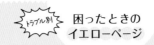

トラブル別 困ったときの **イエローページ** じたばた じたばた

トラブル1 パスポートを紛失したら

まずは警察に届け出て、
現地日本大使館で新規発給の手続きを

パスポートの盗難に遭ったり、紛失してしまったら、すぐに最寄りの警察に届け出て「盗難・紛失届証明書」を発行してもらうこと。それを持って日本大使館へ行き、パスポートの紛失届と新規発給の申請を行う。あらかじめ顔写真のページのコピーやパスポート規格の写真を用意しておくと手続きがスムーズ。（※発給の手数料は、申請内容により異なる）

 パスポート新規発給、
帰国のための渡航書発給の申請に必要なもの

- ☐ 現地警察署等が発行する盗難・紛失届証明書
- ☐ 写真2枚（縦45mm×横35mm）
- ☐ 戸籍謄本（6ヵ月以内発行のもの）
- ☐ 本人確認できる書類
- ☐ 一般旅券発給申請書または渡航書発給申請書
  （オンライン作成が可能）

トラブル2 事件・事故に遭ったら

すぐに警察や日本大使館で
対応してもらう

事件に巻き込まれたり、事故に遭ってしまったら、すぐに最寄りの警察に届けて対応してもらう。事故の内容によっては日本大使館に連絡して状況を説明し、対処策を相談しよう。

 緊急連絡先

警察
17
在フランス日本国大使館
01.48.88.62.00
Map 別冊P.4-B1

トラブル3 クレジットカードを紛失したら

カード会社に連絡して無効処置を
依頼し、警察へ届け出る

クレジットカードを紛失したら、すぐにカード発行金融機関に連絡して無効手続きの処置をとってもらうこと。現地警察では「盗難・紛失届証明書」を発行してもらう。

 カード発行金融機関 ※トールフリー
（日本語対応）
Visa ········ **+1-303-967-1090**
（日本のコレクトコール先）
アメリカン・ **0800.90.83.91**※
エキスプレス
JCBカード ··· **00-800-00090009**※
マスター ······ **0800.90.13.87**※
ダイナース ···· **81-3-6770-2796**
（日本のコレクトコール先）

トラブル4 病気になったら

緊急の場合は迷わず救急車を呼び、
保険会社への連絡も忘れずに

病気になってしまったら、緊急の場合はすぐに救急車を呼ぶこと。日本語で対応してくれる病院もある。海外旅行保険に加入している場合は、保険会社のサービスセンターに連絡を。

 救急/病院
医者付き救急車 **15**
SAMU
救急センター
SOSMédecins **01.47.07.77.77**（パリ）

トラブル5 荷物を忘れたら

遺失物センターに問い合わせる

メトロやバス内での忘れ物にすぐに気が付いたら、最寄り駅の窓口で対応してもらう。メトロ内もタクシー内の忘れ物も、最終的にはパリ警察の遺失物取扱所への問い合わせになる。

 遺失物取扱所
Service des ··· URL **www.ppbot.fr**
Objets Trouvés （オンラインで申請可能）

 その他の連絡先

保険会社（日本国内）	航空会社（フランス）	
損保ジャパン ··········· **0120-666-756**	エールフランス航空 ··· **09.69.39.36.54**	KLMオランダ航空 ··· **09.69.36.86.05**
AIG損保 ·············· **0120-016-693**	日本航空 ··············· **0810-747-777**	大韓航空 ·············· **01.42.97.30.80**
東京海上日動 ········· **0120-868-100**	ANA ·················· **0800-909-164**	

これで
安心だね！

▶：プチぼうけんプランで紹介した物件

188

名称	エリア	ページ	別冊MAP
▶ カフェ・ド・ロム	エッフェル塔界隈	23	P.10-B2
カフェ・ボガトー	マレ地区	63	P.14-A2
▶ カフェ・ニュアンス	オペラ地区	29	P.13-C1
カフェ・ミレット	サン・ラザール駅界隈	63	P.6-B2
カレット	トロカデロ	69	P.10-B2
キャトルオム	サン・ジェルマン・デ・プレ	86	P.16-A1
キャラクテール・ド・コション	マレ地区	83	P.14-B2
グラウンド・コントロール	リヨン駅界隈	91	P.19-C2
クレープリー・ド・ジョスラン	モンパルナス	63	P.16-B2
サビド	北駅・東駅界隈	63	P.7-D3
サン・ブーランジュリー	サン・マルタン運河界隈	77・81	P.8-B3
シェイクスピア・アンド・カンパニー・カフェ	カルチェ・ラタン	96	P.13-D3
ジェフリー・カーニュ	西部	73	P.6-A1
ジャド・ジュナン	オペラ地区	71	P.13-C1
ジャック・ジュナン	サン・ジェルマン・デ・プレ、マレ地区	70	P.12-B3/14-B1
ジャン・ポール・エヴァン	マドレーヌ界隈	69	P.12-B1
ジョイア・パール・エレーヌ・ダローズ	オペラ地区	64	P.13-D1
セドリック・グロレ・オペラ	オペラ地区	80	P.13-C1
セバスチャン・ゴダール	マルティール通り	117	P.7-C2
ティエリー・マルクス・ベーカリー	シャンゼリゼ界隈	81	P.6-A3
ティ・ブレイズ	モンパルナス	88	P.16-A2
デ・ガトー・エ・デュ・パン	モンパルナス界隈	80	P.16-A2
デュ・パン・エ・デジデ	サン・マルタン運河界隈	77・81	P.8-B3
テン・ベルズ	サン・マルタン運河界隈	141	P.8-B3
テン・ベルズ・ブレッド	バスティーユ界隈	83	P.15-C2
パール・ア・ブリオッシュ	オペラ地区	80	P.6-A3
バタフライ・パティスリー	コンコルド広場	66	P.12-B1
バック・ア・グラス	サン・ジェルマン・デ・プレ	98	P.12-B3
パトリック・ロジェ	マドレーヌ広場	70	P.12-B1
バルティス	レ・アール	98	P.13-D1
パン・ド・シュクル	マレ地区	69・73	P.14-A2
ピエール・エルメ	サン・ジェルマン・デ・プレ	68・81	P.13-C3
ピクト	オペラ地区	82	P.7-D3
ビストロ・デ・トゥルネル	バスティーユ界隈	64	P.14-B3
ピルグリム	モンパルナス	65	P.16-A2
フィラキア	レ・アール	82	P.13-D1
フードコート・リヴォリ	ルーヴル	91	P.13-C2
フード・ソサエティ・パリ・ゲテ	モンパルナス	89・91	P.16-B2
ブーリッシュ	レピュブリック広場界隈	65	P.7-D3
ブラッスリー・デ・プレ	サン・ジェルマン・デ・プレ	62	P.13-C3
ブラッスリー・デュ・ルーヴル=ボキューズ	ルーヴル界隈	65	P.13-C2
ブラッスリー・リップ	サン・ジェルマン・デ・プレ	137	P.13-C3
▶ ベル・カント・パリ	マレ地区	32	P.14-A3
ベルティヨン	サン・ルイ島	98・129	P.14-A3
ボー・エ・ミ	ルーヴル界隈	77・81	P.13-C2
ボナ	シャンゼリゼ界隈	70	P.11-D1
ボワローヌ	マレ地区	77	P.14-B2
ボンタン	マレ地区	73	P.14-A2
マミッシュ	サウス・ピガール	79	P.7-D2

名称	エリア	ページ	別冊MAP
マリー・アン・カンタン	エッフェル塔界隈	86	P.11-D3
ミショー	オペラ地区	83	P.13-C1
ミモザ	コンコルド広場	65	P.12-B1
モンブルー	オペラ地区	63	P.7-C3
ユーゴ・エ・ヴィクトール	サン・ジェルマン・デ・プレ	71	P.12-B3
ユトピー	レピュブリック広場界隈	79・81	P.14-B1
ユンヌ・グラス・ア・パリ	マレ地区	98	P.14-A2
ラ・グランド・エピスリー・ド・パリ	サン・ジェルマン・デ・プレ	84	P.12-B3
ラ・シードルリー	サン・マルタン運河	93	P.8-B3
ラス・デュ・ファラフェル	マレ地区	89・130	P.14-A2
ラデュレ	シャンゼリゼ大通り、マドレーヌ広場	68・124	P.11-D1/12-B1
ラ・パティスリー・デュ・ムーリス・パール・セドリック・グロレ	ルーヴル界隈	72	P.12-B1
ラ・パリジェンヌ	サン・ジェルマン・デ・プレ	78	P.17-C1
ラ・ブリエ	バスティーユ界隈	81	P.15-C2
ラ・モスケ・ド・パリ	カルチェ・ラタン	96	P.18-A2
ラルザス	シャンゼリゼ大通り	124	P.11-D1
ラ・ロトンド	モンパルナス	138	P.16-B2
リッツ・パリ・ル・コントワール	ルーヴル界隈	67・73	P.12-B1
ル・ヴェール・ヴォレ	サン・マルタン運河	92	P.8-B3
▶ ル・カフェ・マルリー	ルーヴル界隈	42	P.13-C2
ル・カフェ・マルレット	マルティール通り	117	P.7-C2
ル・グラン・カフェ・フォション	マドレーヌ広場	116	P.6-B3
ル・グルニエ・ア・パン・アベス	モンマルトル	79	P.7-C1
ル・サロン・デュ・パンテオン	カルチェ・ラタン	134	P.17-C1
ル・ジャルダン・スクレ	マレ地区	97	P.14-A2
ル・ショコラ・アラン・デュカス マニュファクチュール・ア・パリ	バスティーユ界隈	71	P.14-B3
ル・ショコラ・デ・フランセ	オペラ地区	71	P.13-C1
ル・セヴェロ	モンパルナス	65	P.16-B3
ル・セレクト	モンパルナス	138	P.16-B2
ル・ドーム	モンパルナス	139	P.16-B2
ル・バラヴ	レピュブリック広場界隈	93	P.14-B1
ル・パン・コティディアン	マレ地区	88	P.14-A2
ル・ブーランジェ・ド・ラ・トゥール	カルチェ・ラタン	79	P.18-A1
ル・プティ・ヴァンドーム	オペラ地区	126	P.12-B1
ル・プティ・プラトー	シテ島	129	P.13-D3
レオン	モンパルナス	89	P.16-B2
レキューム・サントノレ	ルーヴル界隈	89	P.13-C1
レサンシエル	カルチェ・ラタン	79	P.17-D2
レ・ドゥー・マゴ	サン・ジェルマン・デ・プレ	95・136	P.13-C3
レビスリー・デザトリエ・デュ・ブリストル	オペラ地区	67	P.6-A3
ローディア	モンパルナス	14	P.16-A2
アンジェリーナ	ヴェルサイユ	55	本誌P.53
ラ・プティット・ヴニーズ	ヴェルサイユ	55	本誌P.53
ル・プレ・サレ	モン・サン・ミッシェル	51	本誌P.46

買う

名称	エリア	ページ	別冊MAP
アニエス・ベー	サン・ジェルマン・デ・プレ	107	P.13-C3
▶ アリーグルのマルシェ	バスティーユ界隈	35	P.19-C1

泊まる

よい旅を！
Bon voyage!

パリ

郊外

地球の歩き方 シリーズ一覧

地球の歩き方　ガイドブックシリーズ　各定価1540～3300円

2023年11月現在

地球の歩き方 御朱印シリーズ
各定価1430円～

御朱印シリーズ　御朱印でめぐる全国の神社/関東の神社/関西の神社/東京の神社/神奈川の神社/埼玉の神社/京都の神社/福岡の神社/東北の神社/茨城の神社/四国の神社,etc.

お寺社シリーズ　御朱印でめぐる東京のお寺/高野山/関東の百寺/鎌倉のお寺/神奈川のお寺/埼玉のお寺/千葉のお寺/茨城のお寺/奈良のお寺/東海のお寺/東北のお寺,etc.

寺社シリーズ　御朱印でめぐる東京の七福神/中央線沿線の寺社/東急線沿線の寺社/関東の聖地/全国の絶景寺社図鑑,etc.

地球の歩き方 島旅シリーズ　各定価1344円～
五島列島/奄美大島/与論島/利尻礼文/天草/壱岐/種子島/小笠原/隠岐/佐渡/宮古島/久米島/小豆島/直島 豊島/伊豆大島/沖縄本島周辺離島/淡路島,etc.

地球の歩き方 旅の図鑑シリーズ
各定価1650円～　世界244ヵ国と地域/世界の指導者図鑑/世界の魅力的な奇岩と巨石139選/世界246の首都と主要都市/世界のすごい島300/世界なんでもランキング/世界のグルメ図鑑/世界のすごい巨像,etc.

地球の歩き方 Platシリーズ
各定価1100円～
パリ/ニューヨーク/台北/ロンドン/グアム/ドイツ/ベトナム/スペイン/バンコク/シンガポール/アイスランド/マルタ/ドバイ/ウズベキスタン/台南,etc.

地球の歩き方 旅の名言&絶景シリーズ
各定価1650円～　ALOHAを感じるハワイのことばと絶景100/自分らしく生きるフランスのことばと絶景100/心に寄り添う台湾のことばと絶景100,etc.

---

aruco

海外
1 パリ
2 ソウル
3 台北
4 トルコ
5 インド
6 ロンドン
7 香港
8 エジプト
9 ニューヨーク
10 ホーチミン ダナン ホイアン
11 ホノルル
12 バリ島
13 上海
14 モロッコ
15 チェコ
16 ベルギー
17 ウィーン ブダペスト
18 イタリア
19 スリランカ
20 クロアチア スロヴェニア
21 スペイン
22 シンガポール
23 バンコク
24 グアム
25 オーストラリア
26 フィンランド エストニア
27 アンコール・ワット
28 ドイツ
29 ハノイ
30 台湾
31 カナダ
32 オランダ
33 サイパン ロタ テニアン
34 セブ ボホール エルニド
35 ロスアンゼルス
36 フランス
37 ポルトガル
38 ダナン ホイアン フエ

国内
東京
東京で楽しむフランス
東京で楽しむ韓国
東京で楽しむ台湾
東京の手みやげ
東京おやつさんぽ
東京のパン屋さん
東京で楽しむ北欧
東京のカフェめぐり
東京で楽しむハワイ
nyaruco東京ねこさんぽ
東京で楽しむイタリア&スペイン
東京で楽しむアジアの国々
東京ひとりさんぽ
東京パワースポットさんぽ
東京で楽しむ英国

arucoのSNSで 女子旅おうえん旬ネタ発信中!

Instagram@arukikata_aruco
X@aruco_arukikata
Facebook@aruco55

arucoのLINEスタンプができました! チェックしてね♪

aruco編集部が、本誌で紹介しきれなかったこぼれネタや女子が気になる最旬情報を、発信しちゃいます! 新刊や改訂版の発行予定などもチェック☆

OK!!

STAFF

Producer
由良暁世 Akiyo Yura

Editor
坂井彰代 Akiyo Sakai（Office GUIA Inc.）

Writers & Photographers
オフィス・ギア（伊藤智郎、坂井彰代、山田理恵、朝倉修子）
三富千秋、青谷匡美、石澤真実
Office GUIA Inc.（Tomoo Ito, Akiyo Sakai, Rie Yamada, Hisako Asakura）
Chiaki Mitomi, Masami Aotani, Mami Ishizawa
© iStock

Designers
上原由莉 Yuri Uehara、竹口由希子 Yukiko Takeguchi

Illustration
赤江橋洋子 Yoko Akaebashi、TAMMY、一志敦子 Atsuko Issi、
オガワヒロシ Hitoshi Ogawa

Maps
曽根拓（株式会社ジェオ）Hiroshi Sone (Geo)、辻野良晃 Yoshiaki Tsujino

Illustration map
有栖サチコ Sachiko Arisu

Proofreading
鎌倉オフィス Kamakura Office

Special Thanks to
守随亨延 Yukinobu Shuzui、安藤小百合 Sayuri Ando
Collage：wool, cube, wool!、© mgmgm's

地球の歩き方 aruco ❶ パリ 2024〜2025

2023年12月26日　初版第1刷発行

著作編集	地球の歩き方編集室
発行人	新井邦弘
編集人	宮田崇
発行所	株式会社地球の歩き方 〒141-8425　東京都品川区西五反田2-11-8
発売元	株式会社Gakken 〒141-8416　東京都品川区西五反田2-11-8
印刷製本	開成堂印刷株式会社

※本書は基本的に2023年7〜9月の取材データに基づいて作られています。
発行後に料金、営業時間、定休日などが変更になる場合がありますので、最新
情報は各施設のウェブサイト・SNS等でご確認ください。

更新・訂正情報 URL https://www.arukikata.co.jp/travel-support/

✉ **本書の内容について、ご意見・ご感想はこちらまで**
〒141-8425　東京都品川区西五反田2-11-8
株式会社地球の歩き方
地球の歩き方サービスデスク「aruco パリ」投稿係
URL https://www.arukikata.co.jp/guidebook/toukou.html
地球の歩き方ホームページ（海外・国内旅行の総合情報）
URL https://www.arukikata.co.jp
ガイドブック『地球の歩き方』公式サイト
URL https://www.arukikata.co.jp/guidebook/

◎ **この本に関する各種お問い合わせ先**
・本の内容については、下記サイトのお問い合わせフォームよりお願いします。
URL https://www.arukikata.co.jp/guidebook/contact.html
・広告については、下記サイトのお問い合わせフォームよりお願いします。
URL https://www.arukikata.co.jp/ad_contact/
・在庫については　Tel ▶ 03-6431-1250（販売部）
・不良品（落丁、乱丁）については　Tel ▶ 0570-000577
　学研業務センター　〒354-0045　埼玉県入間郡三芳町上富279-1
・上記以外のお問い合わせは　Tel ▶ 0570-056-710（学研グループ総合案内）

Lineup! aruco シリーズ

感想教えてください〜♪

🎁 **読者プレゼント**
ウェブアンケートにお答え
いただいた方のなかから抽
選ですてきな賞品をプレゼ
ントします！詳しくは下記
の二次元コードまたはウェ
ブサイトをチェック☆

応募の締め切り
2024年12月31日

URL https://arukikata.jp/nybtif